晚清
汉学研究

程尔奇 著

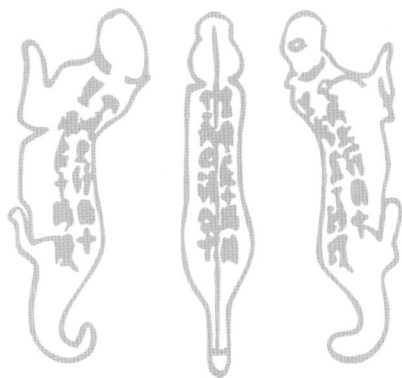

人民出版社

目　　录

绪　　论

　　清代学术发展到乾嘉时期，形成了以考据为主的学术流派，因当时的学人大多以回溯东汉经学为主旨，此时期的学术遂被后世称为乾嘉汉学。这个时期，名家辈出，经学与史学，均取得很大的成就，堪称中国传统学术之高峰。但嘉道以降，社会各方面开始产生诸多变化，学术也因之而变动。曾被清初顾炎武等学人强调的"经世"思想，被重新予以发明。隐没千年的今文经学，因为常州学派的鼓动，出现了复兴之势。理学及诸子学也都有复兴的表现。在这种政治与学术的互动中，不少士人开始重新考虑学术动向的问题。此后，士习逐渐发生改变，部分学人由纯粹的汉学考证，走向讲求义理，且甚有倡言汉宋调和者。凡此种种，都使得晚清学术呈现出复杂的面貌。在此变幻繁复的局面中，曾经占据学界主流的汉学有何表现？晚清时期依然恪守汉学的学人大体多少？其与当时的社会有何联系？在学术层面，晚清汉学自身学理有哪些发展变化，其成就有哪些？汉学学人及其学说与其他学术思想以及学术群体有何关联？其总体趋向究竟为衰落抑或发展？诸多问题，均值得深入探讨。

　　对于乾嘉汉学，学界成果颇丰[1]，但对嘉道以降至于清末的晚清汉学,整体性的研究论著尚不多见。不过,近百年来学界不同程度地论及晚清时期的汉学,也形成了一些为人所接受甚至趋于"固化"的观点。以下,就将国内外的研究情况予以总结和评论。

第一,对晚清汉学的总体评述。

大体说来,20世纪80年代以前,晚清汉学在学术言说中,呈现一种由简趋繁的走势,学界一般认为汉学在嘉道以后趋向衰落,甚至已经结束。

梁启超在《中国近三百年学术史》中认为:

> 古典考证学,总以乾、嘉两朝为全盛时期,以后便渐渐蜕变,而且大部分趋于衰落了[2]。

杨东莼同样指出:

> 嘉、道以后,庄存与崛起,提倡今文学(即常州派),以与朴学分立;到这时,朴学才渐次走到它的衰落时期。[3]

大约同时的日本学者本田成之也认为"大体乾嘉学者是古文派,道咸学者是今文派"[4]。侯外庐在《中国思想通史》第五卷《中国早期启蒙思想史》中认为,"江藩和阮元已经结束清代汉学史了",而其衰亡的主因正在汉学家"纤小细腻"的琐碎治学方法根本无法回应近代中国寻求"真理"与"人类解放"的历史主题。[5] 在侯先生这里,汉学已不是衰落的问题,而是"结束"了。

不过,也并非无异说。民国时期常乃惪就观察到:

> 晚清的思想界虽然受今文派的影响很深,但其实学界的正统仍是古文派,因为古文派虽然过于拘谨,在思想上没有什么建树,但他们所用的方法乃是严格的科学方法,所得的成绩乃是正确可靠的成绩,无论谁也推不倒。[6]

但持这种观点者毕竟不多。此后,学界对晚清汉学或不予置评,或承接前人之说,多以"衰落"论之。

近20年来,学术界陆续发表了一些论著,对晚清汉学的总体评价同样存在上述两种意见,但研究明显更为深入。

戴逸《汉学探析》一文认为,"汉学作为一种社会思潮来说,明显地具有严重的弱点",学者们"钻在圣经贤传里面,为经典做注释",汉学逐渐"成为一个狭隘、偏枯的学派","进入十九世纪,盛极一时的汉学衰落了"[7]。黄爱平也认为,在乾隆末年,由于社会诸方面的原因,"盛极一时的汉学走向衰落"[8]。

持"并未衰竭"说的学者亦不乏其人。如吴雁南主编的《清代经学史通论》,虽然承认"汉学在乾嘉时期达到鼎盛之后,即逐渐走下坡路","开始走向衰落",但提出"从'汉学'本身看,尚未至于衰竭",毕竟仍有陈奂、刘文淇、刘毓崧父子、郑珍、俞樾、孙诒让等汉学素养深厚的学者。[9]陈居渊也认为,"严格地说,嘉道以后的学术研究,并非今文经学一家独盛。而乾嘉以来的朴学研究也终究不是学界的配角,仍然保持了乾嘉朴学的传统"[10]。孙钦善《清代考据学的分期和派别》一文,讨论的是清代考据学的发展分期,其中有两个阶段在晚清时期。其一为"包括道光、咸丰、同治诸朝和光绪二十五年甲骨卜辞发现之前"的这段时期,其二是光绪二十五年(1899)"甲骨卜辞发现以后"的时段。文章认为,前一个阶段的"特点是经今文学重新兴起,倾向于经古文学的正统考据学的绝对优势受到挑战,其绝对地位亦受到冲击,但还只限于量的变化,而并不是质的衰落,从总趋势看,考据学仍在深入发展";后一个阶段的特点是,"出土文献新资料的发现受到学者的重视,开始与传世文献结合进行研究(如孙诒让),使清代考据学走上了新的阶段,并且在后世发扬光大,影响深远"[11]。

　　近些年,开始有学者对晚清汉学展开专门讨论。史革新《略论晚清汉学的兴衰与变化》一文,从学人群体、地域分布、学术成就等方面对晚清汉学做出了比较全面地评估,并提出了嘉道年间"汉学虽然走向衰落,但依然保持着一定的规模,且有局部性的回升"的看法,是目前学界所见专论晚清汉学的第一篇论著。[12]罗检秋则发表《晚清汉学传统之演变》[13]、《清末正统汉学家的学术二重性》[14]、《晚清汉学的源流与衍变》[15]等系列论文,并以此为基础完成了专著《嘉庆以来汉学传统的衍变与传承》[16]。在该书中,罗先生主要探讨的是自乾嘉以来形成的"汉学传统"如何在嘉庆以降学术与社会的互动中转化和传衍,分析了汉学、汉学家自身与政治、社会等环境的关系,认为在方法论和治学精神的层面,"汉学传统"一直延续至清末民初时期。麦哲维(Steven B. Miles)《考证学的新面貌》一文通过分析王先谦所编《皇清经解续编》认为,考证学在道光朝以后"已经变成一个被各种学派和各地学者使用的工具",考证学在晚清"并未被消灭,反而是被中国各省的学者所接受了","清末的学术并不是对于乾嘉考证学的一大反动而是它的延续发展"。[17]王惠荣《晚清汉学家与近代社会变迁》一文认为晚清汉学家"成为影响近代社会变迁不可忽视的力量",其中的重要学者在朝野均有号召力,不仅"对近代社会风气的转移、新事物的传衍起到程度不同的作用","且领时代潮流之先风,在历次大的社会变革中均有涉足"。[18]

　　第二,对晚清汉学具体问题的讨论。

　　从目前学界研究情况来看,汉宋学关系、汉学与今文经学是研究重点,一些重要汉学家也得到较为充分的关注,但对于汉学与日本学界之间的关系以及次要学人的个案研究,论著相对偏少。

　　(一)晚清的汉、宋学关系问题。大体说来,学界一般认为二

者之间以调和为主要趋势。龚书铎、孙燕京《道光间文化述论》一
文认为,"道光间,出现了汉宋调和,汉宋会通或汉宋融合。汉宋
调和是道光年间儒学的一个特点"。作者并指出汉宋调和有三种
形式,"一种情况是对汉学宋学无所偏倚",一种是"主张宗汉而不
废宋",第三种是"尊宋并兼采汉"。[19]这些观点为学界所认可,不少
论著如史革新《晚清理学研究》[20]、魏永生《清中晚期汉宋学关系研
究》[21]、罗检秋《从清代汉宋关系看今文经学的兴起》[22]、张昭军《晚
清汉宋调和论析》[23]等文,均以讨论嘉道以降汉、宋学调和为主。
暴鸿昌《清代汉学与宋学关系辨析》则认为汉宋学之间仍有争论,
但晚清汉学家面对宗宋学者的批判,很少有过激的回应,反而注意
吸收宋学的长处。[24]张昭军《义理与考据之辩——晚清时期宗宋学
者对汉学的批判与反思》以宗宋学者的言论为基点,对晚清时期
宗宋学者批判汉学的具体内容进行了总结与归纳。[25]陈居渊《论晚
清儒学的"汉宋兼采"》一文,则从"宋明以来儒学自身的发展、学
界由尊'理'向崇'礼'的转换、宋学体用与汉学经世并重、排击今
文经学与维护儒家中心正统地位等四个方面",对晚清汉宋兼采
的观念进行了论述。[26]此外,海外学者在汉宋学关系问题方面的论
述与大陆学者视角有所不同,值得注目。王家俭《由汉宋调和到
中体西用》一文认为,晚清学术界"西汉的微言大义之学与汉宋的
调和之论"相继兴起,历经"中西调和"直至"中体西用",反映了儒
学在世运中的变迁。[27]张寿安以嘉庆间张成孙与方履籛的论辩、道
光初方东树的"礼"、"理"论辩和道咸间黄式三与夏炘、夏炯兄弟
的论争为研究中心,认为汉宋之争持续甚久,而且"'礼''理'二概
念才是汉宋学在思想上产生争议的焦点"[28]。张丽珠认为,既有对
"汉宋之争"的研究,往往在汉学主训诂、宋学讲义理这样一个思
维套路中进行探讨,但实际上汉宋学难以调和的"根本歧见",是

在同属于义理之学的范畴之内,汉学家所讲的义理和宋学家的义理观念,根本不能调融,这是义理内部汉与宋的对立,而并非所习见之训诂与义理的对立。[29]艾尔曼(Benjamin A. Elman)则对清代科举考试和汉学的互动关系做了考察,发现在道咸之后,科举试卷的策论部分,渐渐出现数量较多的蕴含汉学与宋学争论的题目,并展现出汉学压倒宋学的倾向。[30]

　　(二)晚清汉学与今文经学的关系问题。刘大年《评近代经学》一文,重点讨论了近代时期今古文学之间多方面的关系。该文把近代今古文学的发展分为四个阶段:鸦片战争前夕、太平天国农民战争及其以后、维新运动时期以及资产阶级革命运动兴起和辛亥革命至五四运动。在第一个阶段,作者着重描述今文经学的兴盛情况,谈及宋翔凤、刘逢禄、龚自珍、魏源等今文学家,但指出宋、刘等人的今文经学,"名之曰讲微言大义,通经致用,其实仍没有脱离书本的旧套","他们的今文经学与同一时间的古文经学一样,著书满家,思想像个空壳",因为他们不能"像龚自珍、魏源那样参加到时务论说里去,讨论'世情民隐'",所以"人们从那里得不到认识历史发展和了解社会生活的启示"。作者认为,第二个阶段今古文经学"同时衰落,认识停滞",但"并不是从此中断","如果注入新的思想,改换一种角度,今文学还有充分发挥的余地,古文学在思想观点上更需要研究讨论"。第三阶段,"今文经学与古文经学并起,学术斗争与政治斗争相结合",今、古文学家章太炎、张之洞、刘师培和康有为、梁启超、廖平等围绕着学术与政治问题,发生了两次重大论争;最后一个阶段,今古文两派虽然仍存在不同的观点,但面对经学的衰落,两者有趋同的趋势,且在"尊孔读经上,古文学派与今文学派终于合流"。[31]刘大年此文虽以《评近代经学》为名,但主要研究嘉道以来今古文经学之间的关系问题,且重在学术与政治的合离,并未完全进入到经学学术本身中去。龚书铎《略谈张之洞的儒学》一文,以尊古文的张之洞为主要讨论对象,但提出张氏"并不绝对排斥今文经学"的观点,为深入认识晚清今古文经学之间的关系提供了新的思考。[32]罗检秋则以经世之风为切入点,认为"嘉道以后,经世致用学风逐渐弥漫士林,大致经历了一个由今文经学而理学,最后扩展至古文经学的过程"[33]。彭明辉也认为清代的今文学家如庄存与虽"强调微言大义",但治学"不拘汉、宋",于"汉学、宋学有益经世者均加以采掇"[34]。这样一来,汉学与今文经学就有了融合的基础。

　　(三)晚清汉学与日本学界的关系问题。阎红生《但论文字总相亲:俞樾与日本汉学家的交游》和张欣《俞樾与近代日本汉学》两文,论述了晚清汉学名家俞樾和日本汉学家竹添光鸿、留学生井上陈政等的交往情况。[35]张晶萍《叶德辉与日本学者的交往及其日本想像》一文,则全面展示叶德辉与日本学人的学术交往及其自身对日本的认识与理解。[36]刘岳兵《日本近代儒学研究》一书中有《狩野直喜》一章,描绘出约当于晚清之时,尊奉古学的岛田篁村、狩野直喜等人对儒学传统的承继以及同中国宗汉学者交往的情况。[37]林庆彰《竹添光鸿〈左传会笺〉的解经方法》一文,论述了日本汉学家竹添光鸿治《左传》的学术成就,并认为当时日本学者为群经作疏是受到了清朝道光年间汉学家重疏十三经风气的影响。[38]陈玮芬《近代日本汉学的"关键词"研究:儒学及相关概念的嬗变》一书,着重于研讨近代日本汉学发展中"典范"的流变,其中对日本"汉学塾"的分析,值得参考。[39]

　　(四)晚清汉学学术个案。对晚清兴起的边疆史地考证之学等,学界多所关注[40]。晚清朴学与经世思想之间的互动关系,学界亦有专论。[41]学人的个案研究,成果亦较多,特别是对于四位汉学重镇:俞樾、孙诒让、章太炎、刘师培,不但均有专著问世,专文更是不胜枚举[42]。而其他一些宗汉学者,如黄式三黄以周父子[43]、刘宝楠[44]、郑珍[45]、莫友芝[46]、王先谦[47]、陈澧[48]等人的学术思想,也都有成果出现。

从前述可见,学术界对晚清汉学已有一定的研究,对其发展的大致趋向、汉宋学之间的关系以及与今文经学关系等问题,均有讨论。但仔细讨究,则前人之研究尚难称完善。首先,对于晚清汉学的脉络与趋向问题,特别是究竟在什么意义和层面上,汉学衰落或是发展了这样的问题之上,学界尚缺乏更为深入的考察。其次,在汉、宋学关系问题上,对其"调和"一方面强调较多,但对于二者持续的对立,则有所忽略。而"汉宋调和"的观念是否与当时存在的"不分门户"之"会通"思想完全等同,也未见清晰的说明。再次,汉学与今文经学的关系究竟怎样,当时的学人对此问题有何解读,均可作更为详细的讨论。学术界主要探讨排斥的一面,而对于其吸纳的一面,虽有研究,但尚需较为系统的清理。而且,对于汉学是否包含今文经学的问题,学界也莫衷一是。最后,对于汉学家个案的研究,虽然名家备受关注,但一些学术史上的"失踪者"、"失语者",亟待挖掘和探讨。

晚清汉学上承乾嘉,下启民国,有其自身的变化和特点。鉴于学界研究现状,本书重点关注如下命题:

(一)"晚清"与"汉学"的概念。在一般近代史的研究中,晚清多以鸦片战争为开端,这在有近代史学科以来,几成定论。但海外学界有不同看法,如费正清主编的《剑桥中国晚清史》,便以1800为晚清之始[49]。而余英时"内在理路"说的提出,也为观察清代学术的发展提供了参考性的理论工具[50]。这都说明必须认真思考对于学术史意义上的"晚清",是否应该有其专属的定位。学术史的发展除和社会、政治等有紧密联系之外,其内部的衍变也是重要的动力,故以鸦片战争对中国社会所造成后果的角度来看,将学术史的"晚清"开端置于1840年,便需要进一步斟酌。近年来,不断有学者提出文化史、思想史的分期问题,或提出文化史分期与政治史、经济史往往不同步,或提出近代启蒙思想史应以康有为为节点,或认为应重视嘉道年间学术风气、思想变化等对清季学界的影响等等[51],这说明学界在厘清认识方面已经开始做出努力。如果能把学术史上之"晚清"予以界定,则一些可能产生疑惑的问题,即可稍息其争。如马瑞辰、陈奂等人,有论者视之为乾嘉学者,但从他们重要著作的撰作时间多在道光间这点来看,则当属晚清学人。

对于"汉学"的概念,目前学界也有分歧。有人认为当指东、西两汉之学,另一种意见则认为仅东汉学术才是清儒所谓"汉学"。张之洞曾说:

> 汉学所要者二:一、音韵训诂,一、考据事实。音训明,方知此字为何语;考据确,方知此物为何物,此事为何事,此人为何人;然后知圣贤此言是何意义。[52]

如此,汉学在学理上应先通小学,次则以考据通其史事,其旨归乃在明圣贤经义。汤志钧说:

> 由顾炎武"复兴"的清代"汉学",一般通称为清代古文经学;他们这一学派,也通称为清代古文经学派。[53]

朱维铮也认为:

> 所谓汉学,本指否定宋学、唐学而恢复贾、马、服、郑一系的东汉经学。[54]

可知诸家多以清代汉学为"古文经学"或"东汉经学"。但也有不同的看法。清季魏源举西汉韩婴、董仲舒,东汉班固、徐幹等人以"大义为先"之例,证乾嘉间治今文学者庄存与因治经方法与当世汉学家不同,"故世之语汉学者鲜称道之"。并慨叹庄氏所为"异于世之汉学者",实乃"真汉学"。可知魏源认为汉学是指两汉时"大义为先"之学说。[55]蒙文通则认同廖平、刘师培对清代汉学的批评,认为"考据之学无事于经术,称考据为汉学者陋矣"[56]!周予同明确提出汉学当指"两汉与清代的学术思想的主潮",但清代的汉学与"汉学""似一而实二",其"只是两汉学术之支裔的重兴,而决非两汉学术之本体的复活",但从演变过程看,则是从"后汉古文学蜕变而为前汉今文学"。[57]罗检秋对"汉学"一词的语源作了详细梳理,提出在其著作中的汉学所指,大体"既涵盖乾嘉古文经学及其流风余韵,又包括嘉庆以来的今文经学"[58]。台湾学者林庆彰则认为"乾嘉学者所崇尚的汉学,当然是东汉的汉学,所以才有'家家许郑,人人贾马'的说法"[59]。从这些论断可知,对于汉学概念的分歧,很大程度上会影响到对汉学深入研究与分析,故尽力明辨概念,是研治晚清汉学的重要前提。

(二)晚清汉学的演进与分期。对于晚清汉学的脉络与进程问题,学界尚缺乏更为深入的考察。前述孙钦善《清代考据学的分期和派别》一文,将清代考据学在晚清阶段分为"包括道光、咸丰、同治诸朝和光绪二十五年甲骨卜辞发现之前"和"甲骨卜辞发现以后"两个时期。罗检秋在其关于汉学传统的著作里,虽然没有明确提出分期,但文中多以道咸、同光为界[60],且标示出不同时段的特点,应该说在一定程度上反映了作者在此问题上的见解。笔者以为,若结合时段与特色,不妨将晚清汉学的演进分为道光、咸同、光宣三个阶段,而在光宣时期又可分为"今古文论争"、"西

学传播"及"新材料的发现"三个专题,因为此三者在光宣时期的
汉学演进中有较为典型的表现。这样,可大致归纳出三个不同时
段汉学的特点与新变化。如果同时对晚清汉学的地域分布和著述
情况按照专题作一归纳概括,即可更为细致地展示出晚清汉学的
总体状况。

　　(三)对汉学学术本身及其外围环境的分析问题。晚清汉学
作为乾嘉汉学的延续和发展,其在学理方面有哪些新的成就和变
化,需要对重点人物和重要著作做细致而深入的研讨。从目前学
界来看,对晚清汉学的研究多在"外部"问题打转,而如何深入到
学术内核去,使学术史真正成为"学术"之史而不是学术"关系"
史,是需要继续努力的方向。[61]此外,在研讨汉学自身时,如果把汉
学作为在历史社会背景中的"事件"去讨论,可以更好地看到学术
和整体社会的互动情况。进而言之,如果能把汉学视为知识体系
和意识形态的合体来做进一步深研,应该有助于观察彼时学术和
政治的互动状况。[62]这里不妨可以借鉴从马克斯·舍勒到卡尔·
曼海姆以来形成的"知识社会学"(sociology of knowledge)的观
点[63],来观照学术思想与社会群体、制度构造、民族精神等社会文
化之间丰富的联系。此外还需注意的是,在晚清尚存在一些宗汉
学者,他们读书治学是生活的一部分,而他们的"日常生活世界",
包括藏书、耕作、交游、游艺、情感,以及与盐商、幕府等群体与机构
的关系等,大多还没有得到较为完整的发掘与描述。最近几年学
界整理了一些汉学家的日记等,可以作为研究的基本材料。[64]做这
样的分析,无论是汉学本身抑或当时的政治与社会,均会使其显得
更为生动与丰满。

　　(四)晚清汉学的学人谱系。乾嘉汉学由于有章太炎、梁启超
等人的论断,其谱系为后人所熟知。但晚清汉学的学派与人脉究

竟是怎样的图景,尚需仔细地清理。罗志田曾以梁、钱二人学术史著作为例,指出近代"乾嘉汉学一线"为人所忽视,希望把章太炎、刘师培、邓实等汉学家或偏汉学者的论著汇聚表出,反映了学者对这个问题的思考。[65]从既有研究看,前述史革新所撰《略论晚清汉学的兴衰与变化》等文以地域为界分,大概介绍了晚清宗汉学的学人群体的分布情况。但要把当时汉学学人之间的脉络关系予以澄清,以见更广泛的学人群体和学术之间的关节布局,仍需通过大量的文献梳理,才能为晚清汉学描绘一幅较为精准的地图。此外,对于汉学家个案的研究,在考察重点汉学家的同时,当尽力考察晚清宗汉学的一般学人甚至是"小人物"群体。虽然俞樾、孙诒让、章太炎、刘师培等人理应受到较多关注,但一些名气稍逊,但学术上也较有成就的宗汉学者如许瀚、苗夔、曾钊、邹汉勋、蒋湘南、丁晏、陈瑑、雷浚、徐灏、周悦让、王金城、吕调阳、于鬯、王仁俊、李祖望等,却一直没有得到比较深入的研究,有的甚至是空白。而且,即便是王先谦、黄以周等身处"前台"的汉学学人,研究其学术思想真正有分量的论著,也并不多见。此外,如陈衍这样早年致力于经学研究且学宗汉学者,由于长期被定位为"同光体"诗人,以致其学术思想为人所忽略[66]。总之,学界对于晚清汉学学人的连贯谱系,较诸乾嘉学派,远没有真正建立起来。

（五）汉学与宋学、今文经学、西学的关系。汉学与宋学在道咸时期逐渐从争执走向会通、融合,学界对"调和"一面强调较多[67],但对于二者持续的对立,则有所忽略。而且即便在调和汉宋学的学者内部也存在一个"不分门户、非为调人",反对"调停"的观念。另外,有论者提出研究汉宋学关系时,还应关注如下四个方面的问题:

　　其一,汉、宋学关系不仅是精英阶层的"学术思想"的问

　　题;其二,汉、宋学之间的区别未必是壁垒分明的;其三,研究
　　中必须摆脱先入之见,回归清人的语境;其四,应该重新由史
　　料出发,完善与修正既有论述框架。[68]

这些看法力图从史料、观念等多种角度突破既有的汉宋学研究状
况,有其启发意义。

　　对于汉学与今文经学,其关系究竟怎样,当日学人对此问题有
何解读,均可作更为详细的讨论。学术界主要探讨排斥的一面,而
对于其吸纳的一面,虽有研究,但尚需较为系统的整理。而且,对
于汉学是否包含今文经学的问题,由于存在意见分歧,以致一些学
者在行文中出现前后矛盾。笔者以为,应当把今文经学排除出汉
学,然后讨论二者之间的关系,即可看出汉学与今文经学存在批评
与排斥的一面,且有学术与政治等多方面的原因。而二者也有认
可、吸纳的一面,且几乎贯穿整个晚清时期。关于晚清汉学与西学
的关系,学界已有论述[69],但需要辨析的是西学传播对汉学在学术
本身上形成了哪些影响,影响的程度究竟如何。如果仅以一些宗
汉学者阅读西学著作,就谈论西学对汉学的影响,不免显得有些
牵强。

　　(六)汉学与日本学界的关系。晚清时期在日本学界出现一
些治汉学者,且不乏小学、经学名家,如安井衡、竹添光鸿、高田忠
周等。一些中国汉学家和日本学界也有交往,如俞樾、叶德辉等,
学界已经有所探讨,但均需继续深入下去。此外,晚清宗汉学者又
常在日本寻获研究资料,得以延展学术探讨的深度。如日本发现
古文《孝经》,颇引晚清汉学家之注目,丁晏即曾据以研究《孝经》
今、古文问题,有所创获。[70]故此,怎样理清中、日两国之间汉学的
关系,确实是无法漠视的重要问题。

　　(七)晚清汉学在学术史上的定位。首先需要回答的是,晚清

汉学的趋向到底是怎样的？吴雁南主编的《清代经学史通论》一书在论及"道咸以后，'汉学'至于衰落"时提出三点原因：一、汉学虽然提倡实事求是，但其发展至道咸之时，末流已"失去早期'汉学'博大精深、治学严密的优点"，繁琐而不能贯彻其标榜的"实"字。二、汉学提倡尊古，结果研究领域日益开放，出现了学愈古而思想益开放的局面。于是汉学自身也受到冲击，发生动摇了。三、战争的震荡使得治学的基础——丰富的书籍和安宁的环境遭到破坏，加速了汉学的衰落。[71] 史革新则认为嘉道以后汉学"走上衰落的道路"，但"汉学在晚期的衰落不是直线性的下降，而是有起有伏，在总体衰落的大趋势下，也有局部性的发展和回升。大致在中日甲午战争以前，清代汉学依然保持着相当的规模，仍在学界具有举足轻重的影响力"[72]。而在甲午战后到清朝结束这段时期，由于科举制废除和西学及今文经学的冲击，传统汉学在社会转型时期出现了新变化[73]。罗检秋的研究则提出融实证学风、经世取向、调适精神和多元民主性的"汉学传统"在民初得到了阐扬[74]，这无疑为讨论晚清汉学的定位问题提供了又一种思路。事实上，据康有为弟子记载，大倡今文经说的康氏在万木草堂讲学时曾说："国朝戴东原专主小学，其弟子一为段金坛，一为王高邮父子。金坛言训诂，高邮言语气，小学至此而极"，"戴东原集汉学大成"，他并明言清中叶及其后学术之主流，乃"乾、嘉言经学，道、咸言小学，自后言高邮之学"[75]。可见，在宗今文经学的康有为眼中，甲午战前学界的主线，恐怕依然还是承乾嘉一脉的汉学。如此，汉学在晚清究竟是衰落了，抑或发展了？如果是衰落，是在什么意义上、什么层面上衰落了？是整体上的直线衰落，抑或在衰落中有所发展？如果是发展，其发展的实况是怎样的，其发展的方向又如何？而且不能不考虑的是，在晚清学术发展的整体进程中，在同其他学术思潮的对比当中，又该如何看待这些问题。

　　总之，汉学在晚清的不同时期都有什么特点，学界对这个问题没有比较系统的解释，本书试图对这个问题进行分析。大致以时间断限为主线，梳理出晚清汉学的演进历程。并在借鉴已有研究的基础之上，对晚清汉学的地域分布和著述情况作一归纳概括，更为细致地展示出晚清汉学的总体状况。同时，展示晚清汉学、宋学在道咸时期逐渐从争执走向会通、调和的过程中存在的复杂面貌，以及今文经学与汉学之间既批评、排斥又认可吸纳的丰富面相。进而更加全面、稳妥地回答晚清汉学的趋向及其地位等问题。

　　还需要交代的是，本书的研究内容，更多侧重于汉学本身，即汉学的"内在"问题，尽管在研究学者个人时会论及其生活环境等，但对于诸如政治制度、社会变迁等更加宏大的外围问题，涉及不多。这当然可以称为缺憾，但以"详人所略、略人所详"衡之，这种研究思路可更加专注于汉学自身的研究，对现有的著作或有小补之功。

　　除上述问题外，还就包括研究者自身以及学术史的范式等存在的问题与困境略费笔墨，以为研治学术史者提供参考。

　　第一，研究者的学术功底问题。晚清汉学从学术脉络而言，是中国学术史的近代形态，职是之故，其所考究的主要对象，是小学、经学等传统中国学问，而这些对于当今学人而言，特别是中年以下者，由于大多在新中国教育体制下成长起来，故常有隔膜之感。相对来说，研治古史（特别是先秦史）或古代文化史的学者，多须以传统经史之学为课业（仅程度不同），但对于治近代史者，这些学术训练则相对匮乏。此种情况必然使得对于晚清学术这样的研究领域，要么处于冷遇状态，要么研治者多在外围打转，而不去（或曰无法）深入到学术内核中去。若没有一段较为长时期的学术准备,要深入透析晚清学术,实为"不可能的任务"。也正因花费时间精力过多,不能短期"发表文章","产出成果",从而影响职称、待遇等"现实问题",即便有学人曾怀抱雄心攻克难题,也多半渐渐转向,趋为"稻粱谋"了。

第二,史料的运用问题。这里面需分三个方面来谈。首先,晚清宗汉学者人数甚多,所存留的汉学专门著作十分丰富,此外还有他们的诗文、书信、日札等,因而需要阅读的文献数量巨大,要在此过程中分类比次,实属不易。而大量的汉学著作仍以线装书的形式存放于图书馆,故抄录、影印及拍照等工作亦需花费不少精力和费用。其次,研究晚清汉学,除了要对一线学者如人所熟知的俞樾、孙诒让、章太炎、刘师培等人的著作予以研读外,还需涉猎大量二线甚至三线学人(仅以名气别之,某些所谓"三线"学人,实未予充分认识而已)。怎样把这些人的著作及其学术思想以适当的篇幅展现出来,也是一个需要考虑的问题。再次,面对这么多的专门著作和诗文、书札等,我们该用什么样的方法去读? 专门著作要不要读? 读到什么程度? 诗文、书信、日札当然要读,但能否以其为核心材料来诠释一个学者的学术思想? 诚然,要想较为全面地理解和诠释学者的学术思想,就必须广泛而深入地披览学人著述。但对于如何研读这些材料,恐怕还有一个方法的问题。笔者以为,应以学人为中心,按照文、札(包括日记)为先,诗次之,专书最后的顺序来读。当然这不是绝对的,有时会存在交叉。比如读某人书札或日记时,会提到自己的某部著作,甚至每每和他人商榷等,通常此时就要比照对看,才能了其深意。故上述顺序,只是在研治汉学著作时,面对浩瀚材料,提供一个大致的研读思路而已。

第三,包括晚清汉学在内的学术史研究的路径选择。清代学术史研究自章太炎《清儒》特别是梁启超、钱穆两部《中国近三百年学术史》以来，似乎在承接黄宗羲《明儒学案》等著作的基础上，形成了"学案体"的研究定势。以致但凡清代学术史或者清代思想史的研究，便以人物为中心，或以之为专研对象，或构成著作中的基本布局。这种写法从某种意义上讲近于学人思想小传汇编，然后附以著作选录。不能否认，学术史的核心研治对象是学人，但人是有共性的。目前的学案体路径，把学人作为个体对待，又如何提供一幅观察当时学术社会全貌的画卷？或许是学界对此有所省察，近年来晚清学术的研究出现了一个新的趋向，即"大题大做"式研究。如新近出版的史革新《晚清理学研究》[76]、罗检秋《近代诸子学与文化思潮》[77]和宋小庆未刊博士论文《晚清心学研究》[78]等，对晚清学术史上的几个重要命题，做了较为宏观的探究。这种研究方式的形成，有其必然性。晚清理学、诸子学以及心学等，均是"大题"，要把握这样的选题，特别是在攻读博士期间初步撰就，则只能以"大做"的方法来完成。但这几部著作所呈现出的问题取向以及写作方法的近似，又不能不让我们思考，研究这些学术"大"命题，是否应有多元化的研究模式？或者有更为深入的研究方向？

　　事实上，"学案"体和"大题大做"式的学术史研究，均是学术史研究的基石，先贤在此方面已做了辛苦工作，后辈正应在前人基础之上，寻求更为高远的立意，探索更为深入的"问题"，用历史来诠释历史，但也必须给出合理的"诠释"。在这方面，海外学术思想史研究者的尝试，给我们思路上的启示。特别是最近二十多年在西方世界蔚然成风的"新文化史"的研究视角，对中国学术史研究的新方向，提供了很好的借鉴。关于运用新文化史研治中国学的情况，学界已有专文介绍[79]，这里仅就与中国学术史研究最为紧密者稍作论述。艾尔曼在《经学、政治和宗族》一书中，试图通过对常州学派的研究证明，"中国思想史在引用了文化、政治和社会史，替早期的清代思想史的单面分析加上必要的面相之后，会更为丰富"[80]。其实艾氏的真正意图，还是在劝勉新一代治史者逐渐摒弃一度盛行的"现代化叙事"，使单一的史学叙述呈现出原本多线的复杂面貌。[81]而对于"叙事"所引起的史学思想的变动，海登·怀特、劳伦斯·斯通等人在二十多年前就有所讨论[82]。那么我们在新的道路上研治学术史时，就面临着如何把传统学术史研究方法与新文化史的有益观念和叙事技艺等多种史学因素整合的问题，而且绝不仅仅是简单的模仿、嫁接的过程，而是要将其在书写学术史时隐而不彰却又处处存在的表现出来的学术探索。实际上，即便老一辈的思想史学者如侯外庐、杨向奎等，均努力将思想史和社会史结合起来[83]。而且，当今用传统学术史研究路径取得成绩的例子亦不鲜见。如漆永祥《乾嘉考据学研究》一书，虽然在撰写时于某些史实认识有误，但其在乾嘉学术研究方面做出的贡献还是获得了学界较为普遍的认可[84]。这也提示我们，在较为宏大的学术史题目下，只要精读史料，并能对具体而微的问题做深入思考，便有机会获得较为重大的突破，提出言之成理、持之有故的观点。

第四，学术史的思想魅力何在？这里面首先要讨论的，是学术史和思想史的关系问题。这方面，已有学者给出了自己的答案。葛兆光说："我不相信离开知识性的学术，思想可以独立存在，也不相信没有思想，而学术可以确立知识的秩序。"他还从思想史写法的角度来追问："如果学术史研究的是知识在历史中的变化与增长，那么，使学生应当如何与学术史沟通，它应当如何看待和处理知识（knowledge）与思想（intellectual 或 thought 或 idea）的关系？"而他的结论是："离开了数术、方技和其他的知识，思想史离背景就越来越远，离开了经学史的思想史，能说清楚中国思想的历史吗?"[85]葛先生尽力以区别学术史和思想史的方法来论述,但他的指归还在表明二者的互通。类似的,李帆以康有为《新学伪经考》为例,认为"直到今天,学术与思想或学术史与思想史的界限问题,仍是尚未厘清的问题",但他提出"如果不强分畛域,面对思想史或学术史的不同课题时,依据课题具体情况,或侧重思想史视角,或侧重学术史视角,采两者之长灵活运用之,也许研究成效会更理想"。[86]似乎学界在经历了使二者对立的尝试后,有了逐渐调和"学术"与"思想"的趋势。

　　如果仅仅从研究内容言之,学术史相对偏重于叙述,而思想史则需要更多的解析与思辨。在思想史那里,研治者自身思想的渗入似乎是不可避免的事情。而学术史则以学术问题、学术事件或学人群体的客观进程为描述对象,循其脉络,探其渊源与流变,个人思想的阑入,相对较少。但学术史如果到此为止,以今天的学术程度衡之,似乎尚未最终完成。所以,探索学术史的思想魅力,把学术史演化成学术思想史,使学术史研究真正成为一种思想的旅行,而非电影的播放,应成为当下学术研究的新追求。也就是说,学术史研究必须含蕴思想的魅力。那么,怎样使得学术史研究闪出思想的光芒?笔者以为,不妨从如下几个方面努力。其一,在史料的搜集、解读和关联方面,下更大的功夫。历史研究的根本,还在史料的广度与深度,且必须将广度和深度结合起来。在史料上下多少功夫,是我们能够在历史的诠释中获取多少灵感的重要前提。然后,还要小心翼翼地在史料中摸索,竭力找寻出内在的关联与系统,努力发现问题,"讨论问题",而不是仅仅止于考释史料,"解释文句"[87]。其二,时刻用思想者的眼光去考察史料,思考问题,观照自身。如果自己不能以思想者的态度对待自己,那么史料将成为死物,创新亦无从谈起。其三,不断培养自己的理论自觉。

中国传统史学的"理论性"相较西人为弱（虽然不表明我们自己没有理论），加之大陆学人的史学研究，常年受到单一理论的影响，使得多数治史者，对理论有天然的谨慎甚至抗拒。所以，吸收运用有效的理论来对学术史予以深入的思想剖析乃至推测以给人启迪，是必须面临的问题。这里举王汎森的一个例子。王先生在其《章太炎的思想》中观察到，太炎入选诂经精舍课艺的十七篇文章，全都是经籍文字音义的诠释，而与课艺撰写大致同时的《膏兰室札记》，作为太炎私下的读书笔记，其中只有寥寥两三条涉及经学，余均以考释诸子学为主，而且所释子书十之八九都和俞樾《诸子平议》合。王先生以为，这显现出章氏受其师经、子兼治风格的影响。而且，在公开的场合太炎与精舍正统相仿佛，以经学为主，而私下则专心治诸子学（止于考释），而这是讨论太炎和乾嘉学统之关系时必需加以注意的。[88]王先生这里的诸多论断，或有可商，但其将太炎治学分出"公"、"私"二域，然后对既有学术现象给出相对合理解释的做法，无疑引人深思，颇具提示作用[89]。王先生可能本无意运用新的理论来解读材料，但这种史论所凸显出的理论色彩，却使得研究得以深入。所以，如果我们在研究中尝试合理使用更多的理论来讨论既定的史料，必会使学术史的"空间"变得开放起来。

注　释

1　当前学界专以乾嘉汉学或以之为主要研究对象的著作即有：漆永祥：《乾嘉考据学研究》，中国社会科学出版社1998年版；郭康松：《清代考据学研究》，湖北辞书出版社2001年版；黄爱平：《朴学与清代社会》，河北人民出版社2003年版；陈祖武、朱彤窗：《乾嘉学派研究》，河北人民出版社2005年版；Elman, Benjamin A. *From Philosophy to Philology: Intellectual and Social Aspects of Change in Late Imperial China*, Cambridge: Council on East Asian Studies of Harvard University, 1984；〔日〕近藤光男：

《清朝考證學の研究》，東京：研文出版1987年版；〔日〕濱口富士雄：《清代考拠学の思想史的研究》，東京：国書刊行会1994年版；〔日〕木下鉄矢：《「清朝考証学」とその時代：清代の思想》，東京：創文社1996年版。论文则更多，可参看林庆彰主编、汪嘉玲等编辑：《乾嘉学术研究论著目录1900～1993》，台北："中央研究院"中国文哲研究所筹备处1995年版。

2　梁启超：《中国近三百年学术史》，朱维铮校注：《梁启超论清学史二种》，复旦大学出版社1985年版，第118页。

3　杨东莼：《中国学术史讲话》，东方出版社1996年版，第304页。

4　〔日〕本田成之：《中国经学史》，上海书店出版社2001年版，第275页。

5　侯外庐：《中国思想通史》第五卷，人民出版社1956年版，第687—688页。

6　常乃惪：《中国思想小史》，上海古籍出版社2005年版，第124页。

7　戴逸：《汉学探析》，《清史研究集》第二辑，中国人民大学出版社1982年版，第40、42页。

8　黄爱平：《朴学与清代社会》，河北人民出版社2003年版，第89页。

9　吴雁南主编：《清代经学史通论》，云南大学出版社2001年版，第188—189页。

10　陈居渊：《清代朴学与中国文学》，百花洲文艺出版社2000年版，第322页。

11　孙钦善：《清代考据学的分期和派别》，《中国文化研究》2004年春之卷。

12　史革新：《略论晚清汉学的兴衰与变化》，《史学月刊》2003年第3期。

13　罗检秋：《晚清汉学传统之演变》，《天津社会科学》2005年第1期。

14　罗检秋：《清末正统汉学家的学术二重性》，载朱诚如、王天有编：《明清论丛》第六辑，紫禁城出版社2005年版。

15　罗检秋：《晚清汉学的源流与衍变》，《光明日报》2006年6月5日。

16　罗检秋：《嘉庆以来汉学传统的衍变与传承》，中国人民大学出版社2006年版。

17　麦哲维：《考证学的新面貌：从〈皇清经解续编〉看道光以下的学术史》，台湾大学中国文学研究所：《中国文学研究》第11期，1997年5月。

18　王惠荣：《晚清汉学家与近代社会变迁》，《安徽史学》2011年第4期。

19　龚书铎、孙燕京：《道光间文化述论》，《福建论坛》1985年第6期。

20　史革新：《晚清理学研究》，台北：文津出版社1994年版。

21　魏永生：《清中晚期汉宋学关系研究》，北京师范大学博士学位论文，1999年。

22　罗检秋：《从清代汉宋关系看今文经学的兴起》，《近代史研究》2004年第1期。

23　张昭军:《晚清汉宋调和论析》,《清史研究》2006 年第 4 期。

24　暴鸿昌:《清代汉学与宋学关系辨析》,《史学集刊》1997 年第 2 期。

25　张昭军:《义理与考据之辩——晚清时期宗宋学者对汉学的批判与反思》,《史学理论研究》2007 年第 1 期。

26　陈居渊:《论晚清儒学的"汉宋兼采"》,《孔子研究》1997 年第 3 期。

27　王家俭:《由汉宋调和到中体西用——试论晚清儒家思想的演变》,载王家俭:《清史研究论薮》,台北:文史哲出版社 1994 年版,第 87—113 页。

28　张寿安:《礼、理争议——清嘉道间汉宋学之争的一个焦点》,载"中央研究院"中国文哲研究所编委会编:《清代经学国际研讨会论文集》,台北:"中央研究院"中国文哲研究所筹备处 1994 年版,第 291—322 页。

29　张丽珠:《"汉宋之争"难以调和的根本歧见》,载林庆彰、张寿安主编:《乾嘉学者的义理学》,台北:"中央研究院"中国文哲研究所 2003 年版,第 235—280 页。

30　Elman Benjamin A. , *The Inter - Relation Between Changes In Ch' ing Classical Studies and Changes In Policy Questions on Civil Examinations*(附中译),载"中央研究院"中国文哲研究所编委会编:《清代经学国际研讨会论文集》,台北:"中央研究院"中国文哲研究所筹备处 1994 年版,第 31—102 页。

31　刘大年:《评近代经学》,《中国社会科学院学者文选·刘大年集》,中国社会科学出版社 2000 年版,第 344、353、418 页。

32　龚书铎:《略谈张之洞的儒学》,《河北师院学报》1997 年第 3 期。

33　罗检秋:《清末古文家的经世学风及经世之学》,《近代史研究》2001 年第 6 期。

34　彭明辉:《晚清的经世史学》,台北:麦田出版公司 2002 年版,第 73 页。

35　阎红生:《但论文字总相亲:俞樾与日本汉学家的交游》,《古典文学知识》1999 年第 3 期;张欣:《俞樾与近代日本汉学》,《石油大学学报》2004 年第 4 期。

36　张晶萍:《叶德辉与日本学者的交往及其日本想像》,《厦门大学学报》2006 年第 4 期。

37　刘岳兵:《日本近代儒学研究》,商务印书馆 2003 年版,第 234—301 页。

38　林庆彰:《竹添光鸿〈左传会笺〉的解经方法》,载张宝三、杨儒宾编:《日本汉学研究初探》,台北:财团法人喜马拉雅研究发展基金会 2001 年版,第 47—70 页。

39　陈玮芬:《近代日本汉学的"关键词"研究:儒学及相关概念的嬗变》,台北:国立台湾大学出版中心 2005 年版,第 285—304 页。

40　相关内容可参看吴泽主编:《中国近代史学史》上册,江苏古籍出版社 1989 年版,
　　第 100—116 页。

41　这方面可参看彭明辉:《晚清的经世史学》,台北:麦田出版公司 2002 年版。尤其
　　是该书第三章,讨论了在朴学考据"向今文经世迈进的历程"中从"理事合一到理
　　事分说"这一较少人注意的演变线索。

42　如关于俞樾,有山本正一:《俞曲园小论——清朝经学史构成の一部分として》
　　(《大东文化》第 5 号,1933)、小柳司气太:《俞曲园に就いて》(载小柳司气太:《东
　　洋思想の研究》,东京:关书院,1934)、罗雄飞:《俞樾的经学研究及其思想》(中国
　　文史出版社 2005 年版)、王其和:《俞樾校勘训诂研究:兼论〈古书疑义举例〉》(南
　　京大学博士论文,2005);关于孙诒让,有朱瑞平:《孙诒让小学谫论》(商务印书馆
　　2005 年版)、方向东:《孙诒让训诂研究》(中华书局 2007 年版)、程邦雄:《孙诒让
　　文字学之研究》(华东师范大学博士论文,2004 年);关于章太炎的专著很多,重要
　　的有姜义华:《章太炎思想研究》(上海人民出版社 1985 年版)、唐文权 & 罗福惠:
　　《章太炎思想研究》(华中师范大学出版社 1986 年版)、王汎森:《章太炎的思想
　　(1868—1919)及其对儒学传统的冲击》(台北:时报文化出版公司 1985 年版)、张
　　昭军:《儒学近代之境:章太炎儒学思想研究》(社会科学文献出版社 2002 年版);
　　关于刘师培,有陈奇:《刘师培思想研究》(贵州人民出版社 1999 年版)、李帆:《刘
　　师培与中西学术:以其中西交融之学和学术史研究为核心》(北京师范大学出版社
　　2003 年版)等。专文甚多,兹不列举。

43　参看魏永生:《黄式三学术思想评议》(《东方论坛》2000 年第 3 期)、林存阳:《黄式
　　三、以周父子"礼学即理学"思想析论》(《浙江社会科学》2001 年第 5 期)等论文。
　　另浙江舟山于 2007 年 11 月在浙江海洋学院成立"黄式三黄以周学术研究会",据
　　云已完成黄氏父子近三百万字著述的点校工作,如黄氏父子著作能够顺利出版,
　　必将推动定海黄氏学术思想的研究。

44　关于刘宝楠,既有成果集中在对《论语正义》一书的研究上,要者有陈鸿森:《刘氏
　　〈论语正义〉成书考》(《中央研究院历史语言研究所集刊》(第六十五本第三分),
　　台北:"中央研究院"历史语言研究所 1994 年版)、班吉庆:《刘宝楠〈论语正义〉征
　　引〈说文解字〉略论》(《扬州大学学报》2001 年第 6 期)等。张连生:《刘宝楠〈念
　　楼集〉学术价值述论》(《扬州大学学报》2005 年第 5 期)、《刘宝楠〈念楼集〉传本
　　考》(《文献》2006 年第 3 期),对《念楼集》的成书过程、版本情况及其在文学、史料

等方面的价值做了详细的考述。罗检秋《汉宋之间:宝应刘氏的学术传衍及其意蕴》(《清史研究》2006 年第 3 期),对刘台拱、刘宝楠、刘恭冕三代之学予以总结,兼及宝应成㻌、刘岳云等人,论述了宝应学者"发扬调融汉、宋的传统,讲求经世致用",认为他们的学术成就"折射出晚清汉学的生命力和趋向。"

45　近年来,郑珍的著作在"郑珍集"的名义下,分经学、文集、小学等专题相继整理出版,最近更结为《郑珍全集》(上海古籍出版社 2012 年版),而研究成果亦复不少。专著有黄万机:《郑珍评传》(巴蜀书社 1989 年版)、龙先绪:《郑子尹交游考》(中国文史出版社 2004 年版)等。论文方面,黄万机《评郑珍的经学成就》(《贵州文史丛刊》1986 年第 2 期)、陈奇《郑珍经学门径刍议》(《贵州文史丛刊》1987 年第 1期)等文全面探讨郑珍的经学,陈奇《郑珍对古文的研究》(《贵州文史丛刊》1987年第 2 期)、袁本良《郑珍〈汗简笺正〉论略》(《贵州文史丛刊》2001 年第 3 期)等文对郑珍《汗简笺正》一书的相关问题予以评述,而陈奇《郑珍与汉学》(《贵州师院学报》1985 年第 3 期)一文则描述了郑珍对郑众、郑玄的推崇及其对理学末流的批判,认为其表现出强烈的汉学取向。

46　参看裴汉刚主编:《莫友芝研究文集》,贵州人民出版社 1991 年版。

47　参看孙玉敏:《王先谦学术思想研究》,黑龙江人民出版社 2008 年版。

48　参看王惠荣:《陈澧思想研究》,中国社会科学出版社 2008 年版。

49　费正清、刘广京编:《剑桥中国晚清史 1800—1911》,中国社会科学出版社 1985 年版。在费正清撰写的"导言:旧秩序"中,他强调了中国在行政、经济、对外关系和社会等诸多方面在十八世纪晚期至十九世纪初期这一时段的显著变化,以此表明编者何以选取 1800 年作为中国晚清史的开端。

50　学界对余英时的"内在理路"(inner logic)说已经十分熟悉,在某种程度上甚至有近于"范式"的倾向,但我们需要对其说提出的全过程有一个明确的了解,由此才不至于"不知而行"。这里提出两点:第一,余氏此说的理论源头,是西方思想史(intellectual history)或观念史(history of ideas)所认定的"思想史本身"是"有生命的、有传统的"。也就是说,这个说法的提出是余氏对西方思想研究理路的一种借鉴,而并非在解读清代思想史的过程当中,原创出这样一种解读思路;第二,余氏在提出此说之时(至少是在其演讲此题后不久)便指出:"我的新解释决没有全面性,因而也并不必然和上面提到的任何一种旧说(按指章太炎提出的'满清压迫'说、侯外庐提出的'市民阶级兴起'说和梁启超提出的'反理学'说)处在势不两立的地位。"可见，余氏本人即承认这个理路本身不具备对学术思想史的全面解读效力，故当下试图以余氏理论作为研治学术思想史不二法门者，或批评其理论失之片面者，似乎均需深察其说。关于余氏自己对内在理路说的阐述和辩解，详阅余英时：《清代思想史的一个新解释》，载余英时：《论戴震与章学诚》，三联书店2000年版，第325、356页，《论戴震与章学诚》增订本序言，第3—4页，和余氏为三联书店出版之"余英时作品系列"所撰总序，第2页。

51　分别见王葆玹：《今古文经学新论·小引》（增订本），中国社会科学出版社2004年版，第3页；侯外庐：《中国近代启蒙思想史》，人民出版社1993年版，黄宣民先生所写"后记"；陈其泰：《论嘉道时期学术风气的新旧推移》，《中国史研究》1998年第4期；郑大华：《嘉道经世思潮与晚清思想的近代转型》，《南京大学学报》（哲学·人文科学·社会科学版）2007年第6期。

52　张之洞：《輶轩语·语学第二》，《书目答问二种》，三联书店1998年版，第293页。

53　汤志钧：《近代经学与政治》，中华书局1989年版，第37页。

54　朱维铮：《汉学与反汉学——江藩的〈汉学师承记〉、〈宋学渊源记〉和方东树的〈汉学商兑〉》，《求索真文明——晚清学术史论》，上海古籍出版社1996年版，第35页。

55　详见魏源：《武进庄少宗伯遗书序》，《魏源集》上册，中华书局1976年版，第236—238页。

56　蒙文通：《廖季平先生与清代汉学》，蒙默编：《经学抉原》，上海人民出版社2006年版，第103页。

57　周予同：《汉学与宋学》，载朱维铮编：《周予同经学史论著选集》（增订本），上海人民出版社1996年版，第323、329—330页。

58　罗检秋：《嘉庆以来汉学传统的衍变与传承》，中国人民大学出版社2006年版，第14页。

59　林庆彰：《刘文淇〈左传旧疏考正〉研究》，载杨晋龙主编：《清代扬州学术》下册，台北："中央研究院"中国文哲研究所2005年版，第601页。

60　详见罗检秋《嘉庆以来汉学传统的衍变与传承》，第220—258页。

61　张昭军撰文提倡"对'内在理路'痛下功夫"，否则"所谓的'外部环境'与'内在理路'的互动分析也难以很好地实现"。说见张昭军：《关于中国近代文化史研究对象的确定问题》，《史学史研究》2007年第3期。

62　此点承房德邻先生提示,谨致谢意。

63　一般认为,"知识社会学"由德国社会学家马克斯·舍勒开创,他在 20 世纪 20 年代出版的《知识社会学的尝试》《知识方式与社会》等,被视为该领域的奠基之作。德国社会学家卡尔·曼海姆则是舍勒之后对知识社会学贡献最大的学者,他的《意识形态与乌托邦——知识社会学导论》一书,进一步尝试阐明思想史上各种变动着的观念、知识对于思想发展的影响和作用。两人的著作均有中译本,见马克斯·舍勒:《知识社会学问题》,华夏出版社 2000 年版;卡尔·曼海姆:《意识形态与乌托邦》,商务印书馆 2000 年版。

64　如崔巍整理:《许瀚日记》,河北教育出版社 2001 年版;陈大康整理:《张文虎日记》,上海书店出版社 2001 年版。但这些日记的整理本存在整理者校勘及印刷方面等错误,需谨慎使用。

65　罗志田:《道咸"新学"与清代学术史研究》,《中国近三百年学术史论·导读》,上海古籍出版社 2006 年版,第 1—29 页。

66　陈衍早年深研经学,且守由小学入手而治经的汉学门径,撰有《说文举例》(1878)、《说文解字辨证》(1883)、《考工记辨证》(1890)、《考工记补疏》(1890)、《周礼疑义辨证》(1891)、《尚书举要》(1897)等。现均收入陈步编:《陈石遗集》(中),福建人民出版社 2001 年版。

67　此方面论著甚多,已见前述。需要提出的是,台湾学者张寿安《以礼代理》一书,受到学界广泛认可,一些学者开始尝试在此解释路径下对晚清学术予以研究。实际上,"以礼代理"之说,为钱穆已经提出。其《清儒学案》中拟撰《徽季学案》,在序中他说:"徽季少承,并尊郑君、朱子,欲以礼学代理学,即以礼学代经学,以泯汉宋之争。"见钱穆:《〈清儒学案〉序》,《中国学术思想史论丛》(八),安徽教育出版社 2004 年版,第 377 页。

68　张循:《清代汉、宋学关系研究中若干问题的反思》,《四川大学学报》(哲学社会科学版),2007 年第 4 期。另张先生所撰《论十九世纪清代的汉宋之争》(复旦大学博士学位论文,2007),亦可参阅。

69　如罗检秋《嘉庆以来汉学传统的衍变与传承》一书中,从观念、知识、方法等角度,专章讨论"西潮冲击下的汉学"(见该书页 293—361),不妨参看。

70　说详丁晏:《日本古文孝经孔传跋》,《颐志斋文集》卷三,民国间刊本,第 5b—6b 页。

71　吴雁南主编:《清代经学史通论》,云南大学出版社 2001 年版,第 196—197 页。

72　史革新:《晚期汉学谱系与近代中国学术和思想》,载王中江主编:《新哲学》第二辑,大象出版社 2004 年版,第 283 页。

73　史革新:《略论晚清汉学的兴衰与变化》,《史学月刊》2003 年第 3 期。

74　罗检秋:《嘉庆以来汉学传统的衍变与传承》,中国人民大学出版社 2006 年版,重点参看第五章及结语部分。

75　康有为:《万木草堂口说》,《康有为全集》第二卷,上海古籍出版社 1990 年版,第261 页。

76　史革新:《晚清理学研究》,台北:文津出版社 1994 年版。

77　罗检秋:《近代诸子学与文化思潮》,中国社会科学出版社 1998 年版。

78　宋小庆:《晚清心学研究》,北京师范大学博士学位论文,1997 年。

79　参看张仲民:《新文化史与中国研究》,《复旦学报》2008 年第 1 期。

80　艾尔曼、赵刚译:《经学、政治和宗族——中华帝国晚期常州今文学派研究》,江苏人民出版社 1998 年版,第 11 页。

81　艾氏该书最为学界称道的是其力图改变当前研究中思想史与社会史"断裂"的情况。但刘大年认为,要解决此"断裂","必须对社会基础结构进行研究",而"某些特殊家族与思想文化联系密切,多半是一种例外"。说见刘大年:《评近代经学》,《中国社会科学院学者文选·刘大年集》,中国社会科学出版社 2000 年版,第327 页。

82　详见 Hayden White. *The Content of the Form*: *Narrative Discourse and Historical Representation*, Baltimore: The John Hopkins University Press, pp. 185 – 213；劳伦斯·斯通:《历史叙述的复兴:对一种新的老历史的反省》,载舒文执行主编:《新史学》第四辑"新文化史",大象出版社 2005 年版,第 13—27 页。

83　关于侯外庐在这方面的成就,陈祖武《思想史与社会史相结合的典范》(《中国史研究》2003 年第 2 期)有全面介绍。杨向奎则运用历史唯物主义原理,本着"有哪样的社会经济就有哪样的思想意识"的基本看法,将其著作分为"中国古代社会"和"中国古代思想"甲乙两编,对清嘉道以前的中国从社会史和思想史的双重角度分别予以探讨,同样展现出把社会史与思想史结合研究的倾向。见杨向奎:《中国古代社会与古代思想研究》(上下册),上海人民出版社 1962 年、1964 年版。

84　王俊义在序言中称该书"内容丰富,分析透彻,不囿成说,颇有创见","无论是广度与深度都有新的开拓和发掘"。台湾"中研院"近代史所张寿安所撰书评也认为该书"是一本摆脱意识形态纯从学术与学术史角度探讨清代乾嘉考据学的专著","用心缜密,下笔谨慎,是一本非常扎实严谨的著作"。分别见王俊义:《乾嘉考据学研究·序二》,中国社会科学出版社 1998 年版,第 7 页;张寿安:《评漆永祥教授著〈乾嘉考据学研究〉》,《中国文哲研究所集刊》第十七期,台北:"中央研究院"中国文哲研究所 2000 年版,第 493 页。

85　葛兆光:《中国思想史·导论》,复旦大学出版社 2001 年版,第 25—26、29 页。

86　李帆:《中国近代学术史研究的若干思考》,《史学史研究》2007 年第 3 期。

87　陈寅恪曾批评清代"朴学之徒",认为"其谨愿者,既止于解释文句,而不能讨论问题",亦"不能综合贯通,成一有系统之论述"。陈先生对清儒之批判然否暂且不论,但治学当以"问题"为中心,且需重视材料"贯通"与形成"系统",洵为的论。见陈寅恪:《陈垣〈元西域人华化考〉序》,《金明馆丛稿二编》,三联书店 2001 年版,第 269、270 页。

88　详见王汎森:《章太炎的思想 1868—1919 及其对儒学传统的冲击》,台北:时报文化出版事业有限公司 1985 年版,第 24—25 页。

89　关于"公"、"私"观念,可参考黄克武:《从追求正道到认同国族:明末至清末中国公私观念的重整》,载黄克武、张哲嘉主编:《公与私:近代中国个体与群体之重建》,台北:"中央研究院"近代史研究所 2000 年版,第 59—112 页。不过,该文所论主要为政治层面的"公"与"私",在个人学术生活层面的情况如何,并未予以研究,但并不能排除这种方法对于王汎森有所影响。王先生后来撰有《近代中国私人领域的政治化》一文,就至少表明其对此理论是熟知并认可的。王先生文,载王汎森:《中国近代思想与学术的系谱》,台北:联经出版公司 2003 年版,第 161—180 页。

第　一　章

晚清汉学的演进

　　汉学一词出现甚早,其义涵后迭经变化,至乾嘉时期确立其典范的概念及相应的学术内容,汉学亦于此时达到巅峰状态。此后,经世思潮逐渐兴起,汉学内部出现反思的声音。加之宗宋学者对汉学持续的批评和今文经学的复兴,汉学在学界的主流地位受到强烈冲击。不过,汉学并未就此迅速衰落,也谈不上归于"结束"。相反,面对新的内外挑战,汉学却在晚清持续演进,并有新的发展和变化。对此,学界近年来已有相当数量论著问世[1]。这些成果或探讨学术脉络、地域分布,或勾勒"汉学传统"的传承与衍变,晚清汉学的基本面貌得以逐步呈现。本章首先叙述"汉学"语词自出现至乾嘉时概念确立的演变历程,继而以时间发展为段限,着力描述晚清汉学的演进过程,并力图揭示在各个时期内,汉学所呈现出的不同的阶段性特点。[2]

一　清中叶以前"汉学"语词的演变与"汉学"概念的形成

　　清代汉学作为宋学末流的对立面而出现,至乾嘉时期而大盛,自清末以至民国论者不趚[3]。但"汉学"一词究竟如何逐渐确立为乾嘉时期内涵与外延之所指,学界探讨似尚不充分,需做更为细致的梳理与讨究[4]。

(一)"汉学"语词之早期

"汉学"一词,学人多以为自清代始出。如刘师培云:

> 古无"汉学"之名,汉学之名始于近代。[5]

周予同也说:

> "汉学"一派学术的存在,固远在两汉时代,但"汉学"这名词的采用,却在于清代"汉学派"复兴的时候。[6]

盖两位先生从学术内容的角度立说,但从语词角度言,则"汉学"一词最早出现于南宋时期。

南宋诗人赵师秀(1170—1220)《秋夜偶书》有云:

> 此生漫与蠹鱼同,白发难收纸上功。辅嗣《易》行无汉学,玄晖诗变有唐风。[7]

观赵氏诗中所言"汉学",盖泛指两汉经学,且当以《周易》为重。这与同时期的刘克庄(1187—1269)大体接近。刘氏也说:

> 《易》学有二:数也,理也。汉时如京房、费直诸人,皆舍章句而谈阴阳灾异,往往揆之前圣而不合,推之当世而少验。至王辅嗣出,始研寻经旨,一扫汉学。然其弊流而为玄虚矣![8]

可见,汉代《易》学之所以被王弼击溃,是因为汉《易》"皆舍章句而谈阴阳灾异",而王弼"研寻经旨",少谈怪诞虚玄之事。也就是说,王弼的做法比汉儒更接近经义,又少妄言怪谭。虽后来宗王弼

之末流也走入空虚,甚至有人批评两晋灭亡与王弼有关,但刘克庄为其辩护说:

> 京房、严君平辈,以《易》为占书,郑司农区区训诂,不离汉学,至王弼始一扫凡陋,以理求《易》,……呜呼! 亡晋者,玄也,非《易》也;衍也,非弼也。[9]

魏晋以前,论《易》者多重象数,而王弼注《易》,特重义理,并以此攻击汉代《易》学,从而使得汉学逐渐衰落。这一点十分值得注意。因为清代复兴"汉学",毛奇龄、惠栋等人,均是从《周易》入手,从而彻底建立起来新的学术门径。由此可见,清儒的选择正是追本溯源之法。

到元代,"汉学"的内涵较诸宋代有承接,亦有变化。承接的一面,是同样主要指汉代《易》学。如袁桷(1266—1327)认为:

> 《易》学以辞象变占为主,得失可稽也。王辅嗣出,一切理喻,汉学几于绝熄。[10]

这种认识不脱赵师秀、刘克庄二人藩篱。变化的一面,则是已有前后比照、初立门户之意。如戴表元(1244—1310)感叹说:"秦祸息,汉学兴。"[11]又说:"儒者欲求汉学,惟齐鲁诸生训注,犹近古哉?"[12]戴氏特意表出汉学,并与秦相对立。但相较而言,戴表元更加侧重宋代学术。他指斥汉代学术发展过程中,"传言者杂灾祥、谶纬,尚象者拘巫史、推步,明理者溺清、虚、释、老,千有余年之间,学者醒行寱语,诿天为茫茫无预吾事"。这种情况如何得以解决? 戴表元认为因"周、邵、程、张诸大儒,同时参立于隆平之代",方才"药其狂昏,震其冥聋"[13]。戴氏此说,明显要突出宋儒之功,已有为宋学张目之势。

至明朝,学人多习理学,表彰宋学之说随处可见。如宋讷

（1311—1390）作《理学须知序》，不但提倡宋学，且具有较为明显的抑汉扬宋之倾向。他说：

> 周道衰，学校之政废，战国胶扰，圣学不绝如线。秦汉而下，失其传焉，为儒者惟知训诂为事，而不知复求圣人之意，……濂、洛诸子者出，推原性命之理，于是道学之传，复续于千载之下，学者既有以知夫前日之为陋矣！[14]

宋讷对于"秦汉而下"的"训诂"之学进行了批判，认为不求圣人之意，只有周敦颐、程颢、程颐兄弟等人才接续圣道。如此，则宋儒之学自然比只讲"训诂"的汉学高明。同时，宋讷的这段话也提示我们，其所言"汉学"并不专指汉代《周易》之学，而是带有总括性质。而且他重点抨击"训诂"之学，这与元代的戴表元又有不同。戴氏虽批评汉学，但主要认为其学驳杂，懵懂不得要领。但宋氏则就"训诂"而发，则针对的是东汉古学，这使其无意中成为后来清代批评汉学者的先驱人物。总之，此时宋学与汉学对立的局面已初步形成，但还处于宋学批评、汉学默然的状态。

由上述可见，"汉学"一词，最早应出现于南宋时期，赵师秀、刘克庄为较早论之者。其所指，以汉代《易》学为主。元人多守宋人之说，并注意到了汉儒的"训诂"功夫，提示了汉学的主旨。但已有将其与宋学相对立之意。明代学人特别表出汉学中"训诂"的部分，并予以批评。汉学、宋学的门户对立，至此时实已初现端倪。

（二）"汉学"观念在清代中期的确立

自元明以来，学人对汉学的看法，似渐有以训诂为主旨的倾向，而训诂的典范人物是许慎。那么，许慎所引导的训诂之学，真的就是汉学的全部？此看法在明清之际即遭到了否定。方以智（1611—1671）在论及赵宧光《说文长笺》时说："乌知《说文》新附非尽许氏书，又乌知许氏之未尽汉学邪？"[15]方以智于清代汉学有开创之功，梁启超曾言："密之学风，确与明季之空疏武断相反，而为清代考证学开其先河，则无可疑。"[16]方以智之小学颇有造诣。许慎作为东汉学术代表人物，其《说文解字》成为乾嘉汉学治学的入门书籍，以至有不通《说文》即不能言汉学之趋势。但许慎之学与方以智所理解的"汉学"，并非全然一事。此可大略看出方以智"汉学"之轮廓，至少训诂名物之学，不能括然囊之。

　　如果说方以智侧重于点出汉学"未尽"之处的话，与之同时的一些学者，则开始致力于正面确立"汉学"的内容。毛奇龄（1623—1716）在其中即起到了重要的作用。他所做的工作主要有两点：第一，攻击宋学；第二，确立汉学。对于第一点，毛奇龄撰多种著作攻击宋儒，不遗余力，并重点驳斥朱熹的论点。他攻评朱熹的"理"说，认为其说多不可通。晚年，毛奇龄撰《四书改错》一书，针对朱熹《四书章句集注》展开批评，称朱熹之注"无一不错"，措辞激烈。他提出，圣贤主要讲"善"、"恶"，而"春秋以前，自尧、舜、禹、汤至夫子口中，并无有言理欲者"[17]。尽管其立说及方法均招致非议，但仍被凌廷堪赞为"如医家之大黄，实有立起沉病之效，为斯世不可无者"[18]。

　　至于第二点，毛奇龄通过撰写《推易始末》等书，着力阐发汉代《周易》之学来落实。他重建的起点，是对王弼《周易注》的反击。毛氏认为王弼注"卤莽蔑略，不可为训"，可宋人剿袭其说，以至逐渐"仅晓王学，而不识汉学"[19]。所以，他用"以经解经"之法，努力通过恢复汉代《易》学本来面貌的方式来回到汉学中去。这种做法，从某种程度上回应了南宋时期"辅嗣《易》行无汉学"之说,在清代汉学发展历程中带有启蒙的色彩。

当然,比毛奇龄年龄略长的顾炎武(1613—1682),作为清代
汉学开山,虽然其《日知录》全书并无"汉学"二字,但提出"古之所
谓理学,经学也"之说以及由理学回归经学的思想,加之其古音韵
学研究导引了日后自宋返汉局面的形成,使其坐实了"汉学"祖师
的地位。稍晚于顾、毛的臧琳因生前不为人所知,尽管其"汉学"
意识较为明显,但在当时学人圈中并无多少影响。因此,至康雍之
时,汉学虽然内指已渐明,但作为一种学术流派的概念没有完全建
立。而最终促成此事,确然竖起"汉学"旗帜者,为惠栋。其建构
汉学的努力,主要反映在《易汉学》一书中。该书序云:

> 六经定于孔子,毁于秦,传于汉。汉学之亡久矣!独
> 《诗》、《礼》二经犹存毛、郑两家,《春秋》为杜氏所乱,《尚书》
> 为伪孔氏所乱,《易》经为王氏所乱。杜氏虽有更定,大较同
> 于贾服,伪孔氏则杂采马王之说。汉学虽亡,而未尽亡也。惟
> 王辅嗣以假象说易,根本黄老,而汉经师之义,荡然无复有存
> 者矣!故宋人赵紫芝有诗云:"辅嗣易行无汉学,玄晖诗变有
> 唐风。"盖实录也。栋曾王父朴茇先生,尝闵汉《易》之不存
> 也,取李氏《易解》所载者,参众说而为之传。天崇之际,遭乱
> 散佚,以其说口授王父,王父授之先君,先君于是成《易说》六
> 卷。又尝欲别撰汉经师说易之源流而未暇也。栋趋庭之际,
> 习闻余论,左右采获,成书七卷,自孟长卿以下,五家之易,异
> 流同源,其说略备。呜呼!先君无禄,即世三年矣,以栋之不
> 才,何敢辄议著述?然以四世之学,上承先汉,存什一于千百,
> 庶后之思汉学者,犹知取证,且使吾子孙无忘旧业云。[20]

在这段话中,惠栋首先就暗示了汉人之经学,才是真正的孔子

之学。汉学为王弼等人所乱,致使汉学"荡然无复有存者"。惠氏称其四代子孙致力恢复汉代经师之说,而先人发愿考察汉儒"说易之源流"不克,自己庚续完成。

不难看出,惠栋的想法是:从《周易》入手,考源细绎。其目的就是要以著《易汉学》等书为依托,"上承先汉,存十一于千百,庶后之思汉学者,犹知取证",这无疑明确表达了对汉学更加蓬勃发展的期望。

惠栋又说:

> 系辞曰:"天数五,地数五,五位相得而各有合。"仲翔曰:五位,谓五行之位。甲乾乙坤相得合木,谓天地定位也。丙艮丁兑相得合火,山泽通气也。戊坎己离相得合土,水火相逮也。庚震辛巽相得合金,雷风相薄也。天壬地癸相得合水,言阴阳相薄而战于乾,故五位相得而各有合。……《月令》所谓"孟春之月,其日甲乙孟夏之月,其日丙丁"是也。《月令》又云:"孟春其数八,孟夏其数七。"盖以土数乘木、火、金、水而成,即刘歆大衍之数也。朱子发作《易图》及《丛说》,据仲翔'甲乾乙坤相得合木'之注,以为甲一、乙二、丙三、丁四、戊五、己六、庚七、辛八、壬九、癸十,乾纳甲、壬,配一、九,坤合乙、癸,配二、十。殊不知纳甲之法,甲与乙合,生成之数,一与六合,两说判然。朱氏合而一之,汉学由是日晦矣。[21]

惠栋斥朱熹晦暗汉学,并指出乃因其不通五行纳甲之义所致。他进而认为,宋儒不通纳甲之义,近乎通病。他说:

> 宋人所造纳甲图,与先天相似,蔡季通遂谓《先天图》与《参同契》合,殊不知纳甲之法,乾坤列东,艮兑列南,震巽列西,坎离在中,别无所谓乾南坤北离东坎西者。道家所载乾坤

方位,亦与先天同,而以合之《参同契》,是不知《易》,并不知有《参同》者也。盖后世道家亦非汉时之旧,汉学之亡不独经术矣。[22]

宗汉学者多指宋学参合二氏,淆乱经义,《周易》尤甚。因《周易》先为王弼等人所乱,"王辅嗣以假象说《易》,根本黄老,而汉经师之义荡然无复有存者矣"[23],要重树汉学旗帜,自然要从重新清理《易》经入手,从而开始具体的恢复汉学工作。所以惠栋说:"识得汉《易》源流,乃可用汉学解经"[24]。《易经》后又被宋儒破坏,而"汉人通经有家法,故有五经师。训诂之学,皆师所口授,其后乃著竹帛。所以汉经师之说立于学官,与经并行"[25],因此则要求真经学,就必须返回汉学。

因惠栋对汉学复兴的重要对象——汉《易》及古文经皆有触及,其观点又较毛奇龄为平实,故得到更多学人的认可,学者们对惠栋在重扬汉学方面的功绩深表赞佩。钱大昕说:"今士大夫多尊崇汉学,实出先生绪论。"[26]他为惠栋作传,称:

> 年五十后专心经术,尤邃于《易》,谓:"宣尼作《十翼》,其微言大义七十子之徒相传至汉,犹有存者。自王弼兴而汉学亡,幸存其略于李氏《集解》中。"精擘三十年,引伸触类,始得贯通其旨,乃撰次《周易述》一编,专宗虞仲翔,参以荀、郑诸家之义,约其旨为注,演其说为疏。汉学之绝者,千有五百余年,至是而粲然复章矣[27]。

洪亮吉也认为,惠栋"以经学名东南,其所著《九经古义》、《易汉学》、《明堂大道录》等,精博有过阎、顾诸君"[28]。《四库总目》赞誉惠栋说:

> 《易》本为卜筮作,而汉儒多参以占候,未必尽合周孔之

法。然其时去古未远，要必有所受之。栋采辑遗闻，钩稽考证，使学者得略见汉儒之门径，于《易》亦不为无功矣。[29]

在学界众人的力推之下，惠栋复举汉学大旗的局面渐次形成。

此时，汉学派学人对宋学的批评反击开始明显增多，已非明代默然无对的状态。钱大昕批评宋学对汉学的危害，认为"宋元丰以新经义取士，而汉学殆绝"[30]。毛奇龄弟子范家相在言及《诗经》之时，亦就诗序问题对王安石极力批驳，认为王氏所论乃为"妄谈"。因为"汉学上接周秦，古序岂尽无据"？不应随便质疑。他奉劝学人"读书要在得间创义，非以求新序之可通者。"[31]处处表现出对汉学的尊崇。

约于惠栋同时的沈彤，赞赏惠氏"宗汉学"的做法。在为惠栋《古文尚书考》所作序中，他不仅述说该书大旨，并在方法论上称道惠氏之书"高出于群言"，他说：

> 吾友惠君定宇淹通经史，于五经并宗汉学，著述多而可传。其《古文尚书考》二卷，能据真古文以辨后出者之伪，……得是而后出古文之为伪，虽素悦其理而信之者，亦无以为之解，而所谓足以解者，皆转而为浮说矣。[32]

阎若璩《尚书古文疏证》一书虽然早于《古文尚书考》，但沈彤认为惠栋与阎氏实属不谋而合，且"词未及其半而辩证益明"，可谓称誉有加。

至于宗汉学的缘由，学人亦多所道及。钱大昕说：

> 训诂必依汉儒，以其去古未远，家法相传，七十子之大义犹有存者，异于后人之不知而作也。三代以前，文字、声音与训诂相通，汉儒犹能识之。[33]

可见,"去古未远"是这些学者至为重要的判断标准。所以他们反复强调:"汉儒说经,遵守家法,诂训传笺,不失先民之旨。"[34]"汉人去古未远,其所见多古字,其习读多古音,故其所训诂要于本旨为近,虽有失焉者,寡矣。"[35]稍晚的阮元,对此观念作一比喻道:

> 汉人之诂,去圣贤为尤近。譬之越人之语言,吴人能辨之,楚人则否,高、曾之容体,祖、父及见之,云、仍则否。盖远者见闻终不若近者之实也。[36]

四库馆的成立与《四库全书总目》的颁行,促进了"汉学"的传播,"汉学"概念愈来愈深入学者之心。以江藩《国朝汉学师承记》为例,不少学者在论学时都提及"汉学"之词,以标榜自己的学术宗旨。如朱筠谓"经生贵有家法,汉学自汉,宋学自宋"[37],而孔广森序戴震《遗书》,推崇戴氏"绎郑君生质之训,诵《周雅》教木之笺,所谓受中自天,秉彝攸好,孔提可案,汉学非讹"[38]。诸如此类的说法随处可见。

由上可见,大体在十八世纪中叶前后,"汉学"语词的含义已较为明确,不但指代汉代(两汉)之学,且带有与宋学明显的对立意味。明代虽然已经有汉宋学对立的初步倾向,但尚未形成明确的概念。而到了乾嘉时期,"汉学派"着力复兴汉学,"汉学"名词在同宋学强烈的对立中成立[39]。同时,由惠栋等人所阐扬的"汉学"观念也已经基本确立[40]。汉学作为学术流派的一种,在此后成为学术界的主流。

(三)乾嘉时期对"汉学"的批驳

随着汉学语词含义的逐渐统一,以及作为学术的"汉学"逐渐走向强盛,批评者亦随之而起。

　　浙东学者全祖望对讲汉学者自相夸耀颇有微辞,他说:"今世之自以为熟于汉学,沾沾焉腾其喙者,弗思耳矣。"[41]而不宗汉学的姚鼐、章学诚等人的批评更为直接。姚鼐在给孔㧑约的信中,抱怨当今学界"纷然未衷于一",各家学说纷纭登场,却不过是"长竞争之气"罢了。在他看来,汉学家同明代那些不闻汉唐注疏的学人相比学虽有变,其弊端则十分相近。他说:

> 　　当明时,经生惟闻宋儒之说,举汉、唐笺注屏弃不观,其病诚隘;近时乃好言汉学,以是为有异于俗。夫守一家之偏,蔽而不通,亦汉之俗学也。其贤也几何? 若夫宋儒所用禘说,未尝非汉人义也,但其义未著耳。夫读经者,趣于经义明而已,而不必为己名;期异于人以为已名者,皆陋儒也。[42]

　　在姚鼐看来,讲汉学者偏守一家,强立门户,不过是刻意标新立异,以博当世之名,于明白经义并无实质性帮助。他斥责凡是如此者,皆为"陋儒"。虽然他承认元明以来,以宋学取士,致"利禄之途一开,为其学者以为进趋富贵而已,其言有失,犹奉而不敢稍违之,其得亦不知其所以为得,斯固数百年以来学者之陋习也"。但更让人不能容忍的,是"今世学者,乃思一切矫之,以专宗汉学为至,以攻驳程、朱为能,倡于一二专已好名之人,而相率而效者,因大为学术之害"。姚鼐认为,汉学家对宋儒的批评,纵然有对的地方,但若"守一先生之说",实为"失于隘者"。故此,朱熹的论说"诚亦有误者",然绝非全误,不可一概抹杀。[43]他还曾赋诗赞宋儒启蒙复义,鄙汉学琐细妖戾。诗云:

> 　　圣人不可作,遗经启蒙愚。大义乖复明,实赖宋诸儒。其言若澹泊,其旨乃膏腴。我朝百年来,教学秉程朱。博闻强识士,论经良补苴。大小则有辨,岂谓循异途? 奈何习转胜,意

纵而辞诬。竞言能汉学，琐细搜残余。至宁取谶纬，而肆诋河图。从风道后学，才杰实唱于。以异尚为名，圣学毋乃芜！言多及大人，周乱兆有初。彼以不学散，今学亦可虞！嗟吾本孤立，识谬才复拘。抱志不得朋，嘅叹终田庐。[44]

言语之间，右宋左汉之意甚明。姚鼐为桐城古文开山之人，袒护宋儒。他曾想拜师于汉学大家戴震门下，但遭戴婉拒。故其对汉学多有批评，实属难免。从纯学术的角度言，他本人认为，"于群儒异说，择善从之，而无所徇于一家"，方才为"学者之善术也"[45]。

章学诚本在学术选择上有过犹豫，但最终还是走上了反对汉学的道路。他对汉学的批评，主要集中在对戴震的驳斥上。章学诚认为，戴震本出于朱子之学，却以抨击朱熹理学为能事，实不应该。他说：

> 戴君学术，实自朱子道问学而得之，故戒人以凿空言理，其说深探本原，不可易矣。顾以训诂名义，偶有出于朱子所不及者，因而丑贬朱子，至斥以悖谬，诋以妄作，……此则谬妄甚矣！[46]

戴震汉学成就甚大，后人尊为皖派领袖，对其考据制度、训诂、声韵之学等，皆多推服。但其自己所重者，却在《孟子字义疏证》等书，称"生平著述之大，以《孟子字义疏证》为第一，此正人心之要，今人无论正邪，尽以意见名之曰理而祸斯民，故《疏证》不得不作"[47]，意在阐发义理。章学诚与时贤不同，他认为戴震学术源自朱熹，故此章氏对戴震反朱子理学的做法极为不满，斥其谬妄。尽管章学诚是站在批评的角度上，但不得不说，章氏堪称戴震之学术知音。

之所以仔细绅绎姚鼐、章学诚等人对汉学的批评，是因为从中可看出，在乾嘉时期，无论是支持汉学者，抑或反对汉学者，其运用汉学语词之方式及意义内指,已基本趋同,而汉学也逐渐成为乾嘉时代汉学的学界主流话语。虽然汉学作为一个"话语",其流播之地,究竟是如后儒所叹的"家家贾马,人人许郑",还是如今人所考之只是限于江南学界,尚言人人殊,但毫无疑问,彼时凡是关注汉学者(正面抑或反面),都在运用意义相接近的语词,进行论辩或学术讨论,这是汉学作为一个学术派别,或者说作为一时代之学术,在乾嘉时期真正形成的一个重要标志。

厘清汉学语词的变化与清代"汉学"概念的确立,既有语言学的意义,亦有思想史的意义。因为只有这样,才能更明确的知道清代汉学之所本,也才能理解进入清代晚期,汉学所真正承接的,依然是在乾嘉意义上的"汉学",也就是本书所理解和书写的"汉学"。

在经过乾嘉时代如日中天的时期后,面对学术内部的分化和经世思想的冲击,汉学于嘉道之际开始出现新的局面,从而进入到晚清的历史行程中。统而观之,此历史行程可分为三个时段,并有各自特点。

二　道光时期:汉学学理的延续与新特点

道光时期,汉学尚在乾嘉年间汉学的余韵之中,虽总体上较诸鼎盛时期略显逊色,但基本上延续了乾嘉汉学的学术理念,同时也有新的特点。

第一,考据之学仍然是这个时期学术的主流,学术的核心依旧是对经学、史学的考求。同时,经世之风在学界扩散开来,对汉学产生了一定影响。

就学术成就而言,道光时期汉学家的经学研究成果较为显著,惠栋、戴震等人的弟子及再传弟子,继承先人衣钵,致力于小学、经学、史学等方面的研究,使汉学得以继续发扬光大。

小学方面,朱骏声、张成孙、王筠、苗夔等人的《说文》研究,方成珪等的古声韵研究,均有一定创获。朱骏声《说文通训定声》为其代表作,朱氏也由此被视为清代治《说文》四大家。张成孙庚绪其父张惠言遗志,完成《说文谐声谱》一书,重在论《说文》之谐声问题。王筠《说文释例》、《说文解字句读》等著作,是文字学方面的重要成果,颇便初学《说文》者。苗夔精治《说文》,有《说文四种》传世。此外,严章福《说文校议议》、朱士端《说文校定本》、柳荣宗《说文引经考异》、葛其仁《小尔雅疏证》等,在小学方面均能成其一说。方成珪(1785—1850)的《集韵考正》十卷,在汪远孙、严杰等人校本的基础上,对《集韵》中的"讹字讹音"进行辨正,"拾遗订误"[48],是治音韵学比较重要的一部著作。

经学方面,《易经》研究以李道平、姚配中、方申、胡祥麟等为代表。李道平《周易集解纂疏》是清儒研汉《易》较善者。姚配中《周易姚氏学》能成一己之说。方申有《方氏易学五书》,包括《周易互体详述》、《诸家易象别录》、《周易卦象集证》、《虞氏易象汇编》、《周易卦变举要》、《虞氏易象汇编》等,形成一定体系。胡祥麟治虞翻《易》说,著有《虞氏易消息图说》等。《毛诗》研究以陈奂、马瑞辰为代表。陈奂治学以《毛诗》为主,注重发挥《毛传》本旨,著《诗毛氏传疏》,是研究《毛诗》的重要著作。马瑞辰著《毛诗传笺通释》,是晚清汉学家研治《毛诗》的又一部重要著作。治《仪礼》者,此时有胡培翚,其《仪礼正义》一书,旁征博引,申说、补正汉儒之说,在治《仪礼》著作中堪称一家。《春秋左氏传》以刘文淇为代表。刘文淇撰《左传旧注考正》八卷,虽未成书,但其后人继续其业,成为仪征地区对中国学术史的重要贡献。治《春秋》者尚有陈熙晋(1791—1851),他认为"集两汉之大成者康成也,集六朝之大成者,光伯也。……古来注经之多,未有过于康成者,疏家疏注之多,未有过于光伯者"[49],故其撰《春秋述义拾遗》等,对汉唐经师之说考求补阙,有所发明。《论语》以刘宝楠为代表,其《论语正义》是研治《论语》的重要著作。此外,沈涛的《论语孔注辨伪》,条列诸说,证何晏《集解》引孔安国注乃何氏伪托,并不可信。

此外,还有一些汉学家,治学领域较为广泛,亦颇有学名。山东许瀚,乃王引之弟子,虽并不专治《说文》,但精于经学、古文字学、古韵学等,是道光时期重要的汉学家。湖南邹汉勋,在经学、小学、声韵学、历法学、舆地学等诸多方面颇有造诣。其著作编为《邹叔子遗书》,于光绪年间刊行,大致反映了其学术思想。

道光时期的史学,较诸乾嘉时期出现了新的变化。因经世之学逐渐兴起,受其影响,一些学者开始把史学研究和现实意义联系起来,留心西北边疆史地之学,且附带兴起了蒙元史的研究。这其中,以张穆、何秋涛为代表。

张穆撰《蒙古游牧记》十六卷,对蒙古诸部落的历史发展给予研究。何秋涛治学本于汉学,又能留心经世学问,撰《北徼汇编》,后增订为八十卷,进呈咸丰帝,赐名《朔方备乘》,对于边疆的考察研究有重要作用。

总体来说,道光时期的汉学研究,由于一些汉学大家如王念孙、王引之、阮元等尚在世,其学术思想以及学术风格对其弟子、信众都有比较直接的影响,汉学研究依然较盛。为数众多的宗汉学者,恪守汉学研究的方法,精心著述,取得一定成绩。从治学方法上来讲,以《说文》为根柢,从小学入手,通过对字、句的训释,对经、传文字中的名物、制度加以考证疏说,从而诠释古书义恉。同时他们多泛览群籍,广搜博采,最大限度地扩充著述的材料。在经学、小学保持了延续性的同时,史学出现了新的动向,一部分学者开始留心边疆史地之学,带有比较明显的经世倾向。

就地域而言,江苏仍为汉学研究重镇,经学、小学均有不斐成就。山东、直隶等北方地区的汉学家,则以研治小学为主,长于《说文》的研究。特别是山东的金石学在这个时期有比较明显的发展,而学者们也善于运用金石学的方法来深入探讨《说文》,促进文字学的研究。浙江地区的学术虽然积淀深厚,但黄宗羲治经与顾炎武不同,章学诚更是汉学的直接批评者,所以浙江省并不以汉学见长。至道光时期,经过学界钜公的推动,浙江出现一些讲求考据汉学的学者及著作,但其学术成就较诸江苏而言,尚不可同日而语,其治学风气亦多以会通汉宋为主。广东地区在道光以前,学风受明儒陈献章、湛若水等人学说影响,主讲心性。阮元任两广总督后,仿抚浙时所立诂经精舍之例,于嘉庆二十五年(1820)开设学海堂,培养士子的淳朴学风,广东汉学遂渐有气象。但岭南之地由于心性之学曾居主流,故粤省汉学也带有一定的"汉宋调和"特色。福建汉学与浙江、广东有类似的地方。其地因纪昀、朱珪等大员的提倡,加之陈寿祺在京师受学于钱大昕、段玉裁后返乡传播,逐渐开始研治朴学,不凿空说,闽省汉学由此有所起色。在全国的其他地方,出现了河南蒋湘南等汉学家,但毕竟是少数,难以形成地域性的影响。

第二,汉宋会通的趋势逐渐加强。

汉宋的融合并非在晚清才出现,乾嘉时期,一些汉学家即提倡治学遵从汉儒,学行取法宋儒。惠氏家有楹联,说"六经尊服、郑,百行法程、朱",显示出对宋学家制行的认可。道光年间,这种汉宋会通的趋势进一步加强,许多原本治汉学者开始采纳宋儒义理之说。

　　陈庆镛"精研汉学而服膺宋儒,谓'六经宗许、郑,百行学程、朱'"[50],对宋学并不排斥。胡培翚则认为,汉学、宋学兴盛一时,都是时代"运会使然",二者各有长处,不可分割。他说:

> 人之言曰:汉学详于训诂名物,宋学详于义理。以是歧汉宋而二之。非也。汉之儒者未尝不讲求义理,宋之儒者未尝不讲求训诂名物,义理即从训诂名物而出者也。[51]

　　黄式三是会通汉宋的代表人物。黄氏博综群经,尤长于《三礼》,谨守郑学而兼宗朱子。黄式三认为,汉宋之学无分轩轾,互相依存,他对戴震、凌廷堪、阮元等人会通训诂与义理之学的路向十分看重,著《申戴氏气说》、《申戴氏理说》、《申戴氏性说》等文,阐述会通汉宋学观点。对于汉儒、宋儒的经学,他说:

> 汉之儒有善发经义者,从其长而取之。宋之儒有善发经义者,从其长而取之。各用所长,以补所短。经学既明,圣道自著。经无汉宋,曷为学分汉宋也乎? 自明季儒者疏于治经,急于讲学,喜标宗旨,始有汉学宋学之分。轻汉学者曰:汉学杂图谶,即训诂声音文字制度名物事迹,孳孳考核,而圣人之道不在是尽零碎也,是直以汉学皆支离也。轻宋学者曰:宋儒无极、太极、先天、后天之辨,于经外多丛谈,即考验身心推阐诚正,亦空言耳,是直以宋学皆支离也。不知汉宋学各有支离,支离非经学也。[52]

在黄氏看来,对汉宋诸儒之学,当"各用所长,以补所短"。

　　丁晏同样是"能以汉学通宋学"的重要学者,他反对汉宋门户之见,主张归一于"经学"。他说:"汉学、宋学之分,门户之见也,汉儒正其诂,诂定而义以显。宋儒析其理,理明而诂以精。二者不可偏废,统之曰经学而已。"[53]他还反对将经学与理学歧而为二的做法,认为"自汉宋之学分,党同伐异,经学与理学歧而二之,非通儒之论也……所冀后之学者,正世道以正人心,慎毋歧经学、理学而二之,以流为伪学也。"[54]

道光时期,汉宋会通趋势的加强,反映了汉学自身的反思。汉学家逐渐认识到琐碎的训诂考据不能完全通经明义,而吸取宋学的义理之说,以期能够更为全面地考求圣贤经说。这种思路为较多的宗汉学者所接受。

三　咸同年间:汉学风气的扩展

至咸同年间,江南地区遭遇战乱,但江苏、浙江一带仍有不少汉学家,他们或在战乱之时继续从事学术研究,或在咸同后期整理旧稿、重拾旧业,而一些在咸同年间成长起来的汉学家,更是继承先业,把江南地区的汉学传承下去。实际上,在咸同前后的一段时间里,汉学虽然受到了侵扰,但学风并未被彻底摧毁。学术薪火,毕竟传承有人,在战争中虽死去一些治汉学者,他们的弟子、友人却有不少继续光大其学。图书经籍也并非荡然无存,战后书局的出现及藏书楼的复建,均有益于汉学的恢复。相较道光时期,咸同年间的汉学所呈现出的新特点是:江南一带尽管受到战争的侵扰,江苏、浙江地区的汉学依然能够保持发展的态势,且治汉学者逐步向全国范围扩散,就流风所及的区域来看,要广于道光时期。

江苏和浙江地区,在太平天国运动时期受到的冲击比较严重,但依然活跃着不少汉学家。在太平天国运动遭到镇压之后,文化事业得到重建,汉学研究有了新的发展,在小学、经学、史学方面,取得了新的成就。

小学方面,较著者有陈瑑、雷浚等人。陈瑑的小学著作有《说文引经考证》等。雷浚著有《说文引经例辨》、《说文外编》、《韵府钩沉》等著作，其中《说文引经例辨》因驳陈瑑《说文引经考证》而成。

经学方面，陈寿熊《读易汉学私记》一书，举正惠栋《易汉学》考核失疏之处，且对惠栋的义理之说，有所纠摘。刘毓崧继续其父刘文淇之志业，续纂《春秋左传旧注疏证》，并提倡研经兼重训诂与义理，能承仪征之学。刘宝楠之子刘恭冕，补其父之著作，完成《论语正义》一书。张星鉴（1818—1877？），字纬馀，江苏新阳人，陈奂弟子，"学守师承，说经一以汉儒为法"[55]，对许慎十分推重，曾上疏请将"汉儒许慎从祀孔庙，以隆祀典，而振儒林"[56]。他仿江藩《国朝汉学师承记》例，撰《国朝经学名儒记》，收清朝汉学名家自顾炎武至陈奂共计113人，为江书所无者61人，其中不少是道光以来属于晚清时期的汉学家。

其余治经较为知名者，尚有王宗涑、陈倬等。王宗涑善治《周礼》，撰《考工记考辨》，孙诒让著《周礼正义》时曾参看其书。陈倬从陈奂治经，其《畋经笔记》能疏通今古文经学。

史学方面，张文虎精于《史记》研究。太平天国运动失败后，曾国藩召张文虎入金陵书局，负责《史记》的校勘工作，卓有成效。徐鼒治经也有一定成就，撰《周易旧注》、《读书杂释》等。其《小腆纪年附考》等书，因纪晚明史事，更为后人所熟知。

浙江地区在咸同年间同样被乱于兵燹，但其汉学较诸道光时期却有较明显的发展，特别是在同治年间，逐渐展现蓬勃气象。此时浙江汉学以俞樾、黄以周两人最为重要。

俞樾传王念孙、王引之父子之学，治学规模宏大，在小学、经学、诸子学等方面均有重要成就，著作集为《春在堂全书》四百余卷。其《群经平议》一书，即撰作于太平天国运动时期。咸丰七年

（1857），俞樾"闭户发箧，取童时所读诸经，复诵习之，于是始有撰述之志矣。……同治建元之岁，由海道至天津，寓于津者三载，而《群经平议》三十五卷乃始告成。"[57]此书可谓咸同年间汉学一显著成果。此外，俞樾在太平天国运动结束后掌诂经精舍，对浙江地区的朴学产生重大影响，培养出章太炎、蔡启盛、孙雄、尤莹、宋文蔚等能治汉学的弟子，促成了浙江汉学学风的巩固与发展。

　　黄以周著《周易故训订》、《礼书通故》等，成就较大。特别是《礼书通故》一书，是继秦蕙田《五礼通考》之后，清儒治《礼》学的一部重要著作。黄以周上承其父黄式三之学，下启其子黄家岱、黄家辰等人，是定海黄氏之学的中坚人物，代表了当时浙江汉学的又一座高峰。

　　如果说江、浙汉学是原有汉学的延续，西南地区汉学的进一步拓展，则是咸同年间汉学扩散的重要表现。

　　贵州属偏远地区，交通不便，难以形成学术交流。但嘉道年间莫与俦游于京师，结识王念孙父子及阮元等人，受到汉学学风的浸染。回乡之后，汉学种子在贵州得到传播。其子莫友芝、弟子郑珍等，都能传汉学。莫、郑二人精研小学，对《说文》多有研究，且能本小学以说经，被视为清季西南两大儒。郑珍子知同，姻亲黎庶昌，还有朱大韶等人，或传家学，或受学风影响，治小学、经学，均能守汉学门径。

　　四川汉学在嘉道时期已有所显露，出现刘沅、杨国桢等人，但专宗汉学者并不多见。至咸同年间，汉学获得初步发展，王劼、饶炯等人，皆宗古文经学。王劼能治经，主要著作有《毛诗读》、《毛诗序传定本》、《尚书后案驳正》等。《尚书后案驳正》一书，撰于咸丰六年（1856），主要是针对王鸣盛《尚书后案》一书而作，力主东晋梅赜所献《古文尚书》非为伪书，斥责王鸣盛"譬入魔趣，不辨昏晓"[58]。饶炯以治小学为主,著《许书发凡类参》、《文字存真》等,对"转注"说有一定见解。

此外,云南则有方玉润能治《诗经》,撰《诗经原始》,亦有汉学之风。

岭南汉学的崛起也颇引人瞩目。陈澧是这个时期的标志性人物。陈氏早年肄业学海堂,打下了汉学的底子,后来屡试不售。咸丰二年(1852)最后一次参加科举考试仍名落孙山,遂回到故里,绝意科场,专意学术。此时的广东,学海堂在鸦片战争时遭到一定破坏,太平天国运动又已兴起,学术环境比较混乱。但在这样的条件下,陈澧却坚持研究,编著《汉地理志水道图说》、《汉儒通义》等。他说:

> 广东群盗蜂起,省城戒严,逾年未解,时事可忧。然忧之如何?闭门读书而已。此澧之近状也……近刻所著《地理志水道图说》,因省城戒严,久未刻成。又有《汉儒通义》一书,采两汉经师义理之说,分类排纂,欲与汉学、宋学两家共读之。[59]

另有徐灏、桂文灿等人,均为此时广东卓有成就的汉学家。徐灏治经崇汉学,于"近儒高邮王氏父子,尤为生平服膺"[60],著《通介堂经说》三十七卷,提倡考据、义理兼之,认为"舍义理而言考证,吾未见其可也"[61]。桂文灿《南海桂氏经学丛书》收《易大义补》、《禹贡川泽考》、《毛诗释地》、《郑氏诗笺礼注异义考》、《周礼今释》、《孝经集解》、《孟子赵注考证》、《弟子职解诂》等治经著作。他们共同把粤省的汉学推向新的高度。

此时福建的汉学以林昌彝为代表,主要著作有《三礼通释》、《诗玉尺》、《读易寡过》、《左传杜注刊讹》、《说文二徐本互校辨讄》等。

相较而言,山东汉学在咸同年间,其经学研究略显衰落,小学、金石学有一定发展。治汉学者群体呈现缩小趋势,但仍有孔广牧、周悦让等人,有一定成就。其中周悦让是咸同年间一位重要的汉学家。其一生不善交游,唯闭门读书著述,故颜其斋曰"倦游庵"。著有《倦游庵椠记》等,遍研群经,时贤凡见其文者无不叹其精博。殁后,其书稿由王懿荣抄录,几经辗转方才刊行。

从整体上言,咸同年间的汉学依旧保持了一定的发展态势。江苏汉学确实经受了巨大的冲击,但并没有就此衰竭,而是较快得到恢复。浙江一带更是有明显的飞跃,出现了俞樾、黄以周等人引领新的汉学风潮。两地学者治学能够承接前贤,故名儒辈出,虽开创性的研究略不及乾嘉时期,但集大成的著作不断涌现。在西南地区,由于受到战争干扰相对较小,汉学有比较迅猛的发展。特别是贵州,虽然群体数量不如江、浙两省,但出现郑珍、莫友芝等大家,成就较高。四川汉学逐渐兴起,这为后来其地治经风气的形成打下了基础。此外山东、广东的汉学也有持续的发展,广东甚至出现汉学的高峰。在其他地区,湖南汉学风气虽不浓厚,但亦有周寿昌、胡元玉兄弟等偏重汉学的学者。新的汉学学术格局在咸同年间逐步形成。

四 光宣时期:集大成与遭遇新问题

光宣时期的汉学,从学术研究的角度来看,经学与小学的研究依旧持续,且出现了总结性的学术巨擘。新材料的出土和运用,对文字学的发展起到了关键的推动作用。一些汉学家的经世取向明显增强,甚至产生革命意识。同时,西方知识传播加强,在光宣汉学家的读书世界中,开始不可避免的掺入西学,新的学科体系也使传统儒学架构产生震荡。和此前的两个时期相比,光宣年间的汉学显示出三个方面的特色。

第一,汉学的地域分布此起彼伏,整体上略呈缩小态势,但宗汉学者依然众多,且出现了学术巨擘。

江苏金石学有新的进展,出现吴大澂、叶昌炽等金石名家。而治经最有成就的,当属陈玉澍、于鬯、曹元弼、刘师培诸人。陈玉澍善治《毛诗》,其《毛诗异文笺》十卷,精审博洽,刊于王先谦所辑《南菁书院丛书》中。于鬯著《香草校书》、《香草续校书》、《于氏易说》、《读周礼日记》、《读仪礼日记》、《读小戴日记》等,显示出淹贯之功。曹元弼治经,成就较大,尤善于《礼》,著有《礼经校释》、《礼经学》等。刘师培承三世家学,治《左传》及礼学皆有成绩。其余治经者,尚有徐天璋、徐寿基、潘任、吴翊寅、张锡恭、胡玉缙、王仁俊、孙雄等人。

浙江汉学自咸同间大振之后,在光宣间达到极致。其卓然成家者,计有孙诒让、章太炎等人,其影响已非汉学学术所能包含。其中孙诒让学术气象十分庞大,虽然其在音韵学方面较诸乾嘉戴、段、王诸人为逊,《说文》亦无明显突破,但孙氏利用甲骨文撰写《契文举例》,绝非乾嘉诸儒仅据《说文》、《玉篇》等文献资料者所能想望,为文字学研究带来新的方向。孙氏亦善经学,能独治《周礼》。其《周礼正义》乃清儒经部新疏中最佳著作之一。其余著作如《札迻》,精覈堪比王念孙《读书杂志》,《十三经注疏校记》可追阮元,《大戴礼记斠补》不下王聘珍。如此种种,使其足以厕身清代汉学大家之列。章太炎曾师从俞樾、孙诒让,又问学于黄以周,可谓尽取浙江汉学之精华。在诂经精舍肄业时即撰《膏兰室札记》、《春秋左传读》等著作,熟于经学及考据方法。后又专研小学,著《小学答问》、《文始》等书,在声韵、训诂方面,颇有创获。

此外李慈铭、黄家岱、林颐山、蔡启盛、许克勤、尤莹等,在研治、传承汉学方面,也都有一定的贡献。可以说,浙江学人在光宣间所取得的成就,使汉学在晚清走上了新的高峰。

光宣间北方汉学以山东为重镇。宋书升、王懿荣、吴秋辉诸人,治学各具特色,且都能恪守汉学途径,不流于空疏之说。

西南地区的贵州省,较诸咸同时期,其汉学已经明显走向下坡路,除郑珍之子郑知同尚能传父亲考据汉学,研治《说文》外,鲜有名家。但四川汉学,则有明显的发展。涌现出王金城、张慎仪、李天根、吴之英、李滋然等人。

王金城精于《说文》。其光绪年间掌尊经书院之时,见弟子冉鸿慈《说文一曰例》及曹仁虎《转注古义考》之后,受到启发,撰《转注本义考》,专明"转注"之义。他说:

> 去诸家之弊,莫若恪守许君本义,而不敢妄有出入。今特细考全书,合乎本义者收入,异乎本义者汰之。其有与转注本义吻合无间,豪无出入者,共得十二字。由其义而推广之,虽若小异,实则大同者,又得六十二字。《说文》转注之字略备。[62]

张慎仪著有《诗经异文补释》、《方言别录》、《续方言新校补》等。其中《诗经异文补释》较为重要。该书以李富孙等人著述为基础,参考清儒对经籍异文假借之考释,并能用方言材料,有一定价值。

吴之英长于三《礼》,著有《仪礼奭固》、《礼器图》、《仪礼事图》等,可知其治《礼》学甚勤。在这些书中,《仪礼奭固》是一部疏解《仪礼》的著作,考证颇细。

　　李滋然崇尚汉学,但又不拘牵汉儒之说,所撰《周礼古学考》较有影响。该书辨别《周礼》记载与制度之别,指出今古文学说之不同。他虽然承认刘歆窜易《周礼》,但否定康有为的刘歆伪造古文之说。《周礼古学考》在严分今古文的基础上,对今古文学说有所折中,直面关键问题,值得关注。

　　和咸同时期相比,光宣年间汉学已不再呈现几乎流播全国的局面。江苏、浙江一带的汉学由于学人聚集,能够持续发展。四川汉学则较诸咸同年间有了明显的提升。山东汉学基本处于守成的态势。其他地区的汉学则有所衰退。如曾一度成为重镇的贵州,汉学已有萎缩趋势,广东、福建等地,汉学的风气更是逐渐淡化。

　　第二,学术上新材料的涌现,使得汉学研究的内容有所变化。

　　在学术史上,每一次新材料的出现,都会对学术的动向发生刺激作用。如孔壁藏书、汲冢书、石鼓文等,都曾引起学者的兴趣,并用很大气力去考订。光宣年间,甲骨等新材料的发现,使得学术上能够获得新的研究资源。特别是对作为汉学一部分的小学,无疑起到了推助作用。王国维认为:"古来新学问起,大都由于新发见。"[63]他列举的新发现有"殷墟甲骨文字"、"敦煌塞上及西域各地之简牍"、"敦煌千佛洞之六朝唐人所书卷轴"、"内阁大库之书籍档案"、"中国境内之古族外文"等。其中,属"殷墟甲骨文字"对汉学影响为大。

　　甲骨文被发现后,并没有马上得到学术利用。光绪二十九年(1903),刘鹗将所得大量龟甲兽骨编次影印成《铁云藏龟》一书,但无人能够释读。该年底,孙诒让购得其书,"穷两月力卒读之,以为刀笔书契刻文字也"。凭借湛深之金文功底,孙诒让"以前后复重者参互审绎,乃略通其文字",认为这些文字"在周以前",十分重要,故以之为"奇迹,爱玩不已"。[64]光绪三十年(1904)十一月,孙诒让撰《契文举例》二卷,分别是:释日月、释贞、释卜事、释鬼神、释人、释官、释地、释礼、释文字、杂例。"用补有商一代书名之佚,兼以寻究仓后籀前文字流变之迹"。通过孙氏的研究,人们才知道,这些文字所记,"虽多琐屑小故,然间有称述典礼者,即多与《礼经》符合,殷礼足征,瘉于求野,亦旷代之佚闻"。[65]这是学术界首次对甲骨文加以研究。孙氏又于次年撰成《名原》一书,"摭金文、龟甲文、石鼓文、贵州红岩古刻,与《说文》古、籀互相勘校,楬其歧异,以著省变之原。而会最比属,以寻古文、大小篆沿革之大例"[66]。虽然两部书中存在讹误之处,但作为甲文先驱,孙诒让功不可没。

孙氏研究甲骨,重在对字形本身的考释。对甲文予以进一步考释并能够运用到古代史事和典制研究中的,是罗振玉。罗氏早岁治经,并精于碑板之学。宣统元年(1909),日本学者林泰辅撰《清国河南省汤阴县发现之龟甲兽骨》发表在《史学杂志》上,并将该文寄给罗振玉。罗氏"服其赅博,惟尚有疑而未决者。于是以退食余晷,尽发箧中刻辞墨本,又从中州估人博观所得,遴选尤异,并询知发见之地乃安阳县西五里之小屯而非汤阴,又于刻辞中得殷帝王名谥十余,乃恍然悟此实殷王朝之遗物,太卜之所掌,其文字可正史家之违失,考小学之源流,求古代之卜法"[67],遂撰《殷商贞卜文字考》。罗氏不但通过甲骨探究古代文字,他并能以之探索"古代之卜法",并正"史家之违失",足见其研究之深入。后来,王国维在入民国后,以自己总结之"二重证据法"[68],阔清千年疑谶,实赖孙诒让、罗振玉之先导。

此外,敦煌卷子等古文献的出现,也为学术研究取得新进展产生了影响。

不难发现,以光绪二十五年(1899)发现甲骨文为界,汉学有了新的变化。在此之前,汉学仍然维持了和此前百余年的研究相近的形态。甲骨文问世后,虽还没有较快地应用到对经书、古史的研究中去,但已有了初步成果。新材料的出现,势必使汉学在经学和古文字学等方面,有取得新突破的可能。而纸面材料与地下出土物相印证的考据方法,发展了乾嘉以来汉学家研究思路,逐渐成为新时期汉学研究的重要观念。

第三,西学冲击下汉学作出回应。

鸦片战争前后,西学知识纷至沓来,对读书人发生持续的影响。但就汉学而言,与西学互动最为明显的时期,是在光宣年间。戊戌维新时期,学习西方知识逐渐成为一种风潮,不少书院开设"算学"、"译学"等介绍西学的课程。不少宗汉学的学者,表示出对西学的容纳。但是,讨论汉学面对西学作出的回应,究竟应该以什么样的标准来定位? 换句话说,汉学在哪些方面的变化可以直接表明其对西学作出了回应?[69]乾嘉时期的汉学家与西学有一定关系,但似难以直接说明西学对汉学的影响及汉学如何回应[70]。至晚清,这种情况固然有较大变化,宗汉学者学习"西艺"、"西政"的例子很多,但严格来讲,也难以算作汉学对西学的回应。因为只有最直接反映汉学与西学的互动者,如汉学家采用西学知识来研治汉学,或者以汉学的方法来探讨西学,并有以此思路完成的专书、文章等,并逐渐形成一部分人共有的观念和意识,似乎才能定位为汉学对西学的直接回应。如以此为准绳,则光宣间不乏例证。孙诒让即是其中之一。

孙氏大概在光绪十一年(1885)开始知晓西学。是年,他"阅大字刊本徐继畬《瀛寰志略》","有笺记"。又"阅古微堂重刊本魏源《海国图志》","随手识记于册中"。[71]自光绪十二年(1886)起,孙诒让"开始阅览中译本西籍之有关科学技术者,如外人在上海译印出版之《格致汇编》等。阅时每用朱笔略加圈点"[72]。次年,孙诒让更"经常订阅上海《申报》,又向上海广学会订阅《万国公报》"[73],表现出对西学强烈的求知欲。这为其治经能够贯通中西之学奠定了基础。孙氏在研治《周礼》之时,不仅仅如前辈诸儒那样纯粹治经,他还颇留心与西方典制之会通。他说:"今泰西之强国,其为治非尝稽核于周公、成王之典法也,而其所为政教者,务博议而广学,以橐通道路,严迫胥化土物芔之属,咸与此经冥符而遥契。"[74]孙诒让虽是汉学名家,但因有一定的西学基础,故能够在考求中国古代典章制度之时,与西方整体等相关内容加以联系,使得对古史的认识更为深入,其《周礼政要》即为此方面的代表之作。此外,孙诒让还研究光学、动植物学等。

和孙诒让思路接近的,还有平江李元音所撰《十三经西学通义》一书。这是一部典型的会通中西学的著作。李氏在该书的《叙》中说:

> 今日中国非新旧二学柄凿之患,患在伪守旧与伪维新者之两途。……京师大学堂经学科讲义有《通变篇》,皆南皮言会通之意也。元音不揣扉陋,师此意,著为《十三经西学通义》十四卷。……意在使伪旧之流推广智识,不以锢蔽而坏和平之局也。又欲使伪新之辈,折衷圣言,不以诐邪而驰世道之优也。[75]

此《叙》作于光绪三十二年(1906)十月,时科举初废,西学已经成为热门知识。但旧学、新学之异暴露无疑,李元音希望能够把新、旧之学融会贯通在一起,并以旧学的核心——经学为载体表现出来,从而打破新、旧的绝然两立和囫囵吞枣的盲目学习现象。

刘师培同样以西学诠释中学,他在《周末学术史序》中说:

古代学术,以物理为始基,而数学发明于黄帝……东周以降,儒家者流,虽侈言格物,然即物穷理之实功,茫乎未之闻也。墨家则不然,学求实用,于名、数、质、力之学,咸略引其端。墨子而外,若庄子之明化学、数学,关尹子之明电学,亢仓子之明气学,孙子之明数学,或片语仅存,或粹言湮没,然足证百家诸子,咸重实科。[76]

章太炎也是光宣时期善于运用西学的汉学家。章氏著《菌说》、《视天论》等,能够将西学融通于传统学术之中。他还引用西方社会科学理论,来表达对中国学术的见解。如他说:"物苟有志,强力以与天地竞,此古今万物之所以变。变至于人,遂止不变乎?"[77]这显然带有进化论的色彩。诸如此类的论述,在章太炎那里比较多见。

总之,晚清汉学的演进过程,可分为三个较为明显的时段,且各时段均有其自身的特点。道光时期,乾嘉汉学的余绪代不乏人,汉学仍是学术研究的主流,但汉宋会通的趋势已经出现。至咸同年间,在太平天国与清政府的战争中,作为汉学中心的江南地区,其学术事业遭到一定程度的破坏,但汉学的地域分布却有扩展的趋势,浙江、西南、东南等地相继出现一批汉学名家名著。光宣时期,汉学群体依然庞大,虽地域所及稍有萎缩,但随着西学传播的加速和甲骨文等新材料的发现,汉学研究出现了新的内容和研究取向。后面两章,将对此作更加详细的论述。

注　释

1　除"绪论"中提及者外,这些论著尚有:史革新:《晚清汉学谱系与近代中国学术和思想》(载王中江主编:《新哲学》(第二辑),大象出版社 2004 年版);罗检秋:《西潮冲击下晚清汉学的调适与演进》(载郑大华、邹小站编:《传统思想的近代转换》,社会科学文献出版社 2007 年版);陈国庆、徐晓霞:《试论晚清汉学与宋学之关系》(《长安大学学报(社会科学版)》2004 年第 1 期);王惠荣:《从晚清汉学区域之发展看汉宋调和》(《安徽史学》2009 年第 2 期)。以及最近几年陆续出现的一些学位论文,如安树彬:《晚清朴学流变研究》(西北大学硕士论文,2005 年);王元琪:《清代道咸同时期的汉学研究》(西北大学博士论文,2007 年);魏立帅:《晚清汉学派礼学研究》(山东师范大学硕士论文,2007 年)等。

2　"晚清"固然是时空性表述,但更多是一个政治概念。因此,以政治意味的帝系代嬗为学术史划分时段,难免引起争议。故本文的时段划分,实存一定隐忧。首先,这种划分方式略显机械;其次,学术发展的延续性与朝代的更迭通常并不是(也不可能)那么紧密吻合;最后,学人的学术活跃期与其著作的撰写及完成,时有错位现象。虽如此,本书仍旧如是处理,一方面是因循学术史研究的传统(如习惯称谓有"乾嘉学派"等),另一方面则是诚恳地期望得到前辈同好的不吝赐教。

3　参见刘师培的《近代汉学变迁论》(《刘申叔遗书》下册,江苏古籍出版社 1997 年版);章太炎的《汉学论》(《太炎文录续编》卷一,《章太炎全集》第五册,上海人民出版社 1985 年版);熊十力的《论汉学》(《熊十力全集》第八卷,湖北教育出版社 2001 年版);钱穆的《汉学与宋学》(《磐石杂志》第二卷第七期,1934 年 7 月 1 日);周予同的《汉学与宋学》(《周予同经学史论著选集》(增订本),上海人民出版社 1996 年版);柳诒徵的《汉学与宋学》(《国学研究会演讲录》第一集,商务印书馆 1924 年版)等文。

4　罗检秋《晚清汉学的源流与衍变》(《光明日报》2006 年 6 月 5 日)一文,及《嘉庆以来汉学传统的衍变与传承》(中国人民大学出版社 2006 年版)一书的导论中,对汉学语词的流变做了概述,有开创之功。本节力图细化其说,并有所补正。

5　刘师培:《近代汉学变迁论》,《刘申叔遗书》下册,江苏古籍出版社 1997 年版,第 1541 页。

6　周予同:《汉学与宋学》,朱维铮编:《周予同经学史论著选集》(增订本),上海人民出版社 1996 年版,第 323 页。

7　赵师秀:《秋夜偶书》,《清苑斋诗集》,见陈增杰校点:《永嘉四灵诗集》,浙江古籍出版社 1985 年版,第 270 页。

8　刘克庄:《季父易稿序》,《后村集》卷二十四,《景印文渊阁四库全书》本。

9　刘克庄:《恕斋读易诗》,《后村先生大全集》卷一百十一,《四部丛刊》本。

10　袁桷:《龚氏四书朱陆会同序》,《袁桷集》,李修生主编:《全元文》(二十三),江苏
　　古籍出版社 1999 年版,第 226 页。

11　13　戴表元:《天原发微后序》,《戴表元集》,李修生主编:《全元文》(十二),江苏
　　古籍出版社 1999 年版,第 167 页。

12　戴表元:《急就篇注释补遗自序》,《戴表元集》,李修生主编:《全元文》(十二),江
　　苏古籍出版社 1999 年版,第 91 页。

14　宋讷:《理学须知序》,《西隐集》卷六,《景印文渊阁四库全书》本。

15　方以智:《通雅》卷首二,中国书店 1990 年版,第 44—45 页。

16　梁启超:《中国近三百年学术史》,朱维铮校注:《梁启超论清学史二种》,复旦大学
　　出版社 1985 年版,第 263 页。

17　毛奇龄:《四书改错》卷一。

18　凌廷堪:《与阮中丞论克己书》,《校礼堂文集》卷二五,中华书局 1998 年版,第
　　235 页。

19　毛奇龄:《推易始末》,中华书局 1985 年版,第 5 页。

20　23　惠栋:《易汉学原序》,《周易述·附易汉学易例》下册,中华书局 2007 年版,第
　　513 页。

21　惠栋:《五位相得而各有合》,《易汉学》卷三,《周易述·附易汉学易例》下册,中华
　　书局 2007 年版,第 565—566 页。

22　惠栋:《辨先天后天》,《易汉学》卷八,《周易述·附易汉学易例》下册,中华书局
　　2007 年版,第 632 页。

24　惠栋:《本朝经学》,《九曜斋笔记》卷二。

25　惠栋:《九经古义述首》,《松崖文钞》卷一,漆永祥点校:《东吴三惠诗文集》,台北:
　　"中央研究院"文哲所 2006 年版,第 300 页。

26　钱大昕:《古文尚书考序》,《潜研堂文集》卷二十四,《潜研堂集》上册,上海古籍出
　　版社 2009 年版,第 384 页。

27　钱大昕:《惠先生栋传》,《潜研堂文集》卷三十九,《潜研堂集》下册,上海古籍出版
　　社 2009 年版,第 699 页。

28　洪亮吉:《惠定宇先生后汉书训纂序》,《洪亮吉集》第一册,中华书局 2001 年版,第
　　195 页。

29　永瑢等:《四库全书总目》卷六,《经部·易类》六,上册,中华书局 1965 年版,第

44 页。

30　钱大昕：《西沚先生墓志铭》，《潜研堂集》卷四十八，《潜研堂集》下册，上海古籍出版社 2009 年版，第 840 页。

31　范家相：《诗序四》，《诗沈》卷二，《景印文渊阁四库全书》本。

32　沈彤：《古文尚书考序》，《果堂集》卷五，《四部丛刊》本。

33　钱大昕：《臧玉林经义杂识序》，《潜研堂文集》卷二十四，《潜研堂集》上册，上海古籍出版社 2009 年版，第 391 页。

34　钱大昕：《经籍籑诂序》，《潜研堂文集》卷二十四，《潜研堂集》上册，上海古籍出版社 2009 年版，第 393 页。

35　卢文弨：《九经古义序》，《抱经堂文集》卷二，中华书局 1990 年版，第 25 页。

36　阮元：《西湖诂经精舍记》，《揅经室二集》卷七，《揅经室集》上册，中华书局 1993 年版，第 547 页。

37 38　江藩：《国朝汉学师承记》卷六，中华书局版 1983 年版，第 98、103 页。

39　周予同：《汉学与宋学》，朱维铮编：《周予同经学史论著选集》（增订本），上海人民出版社 1996 年版，第 329—330 页。

40　一些学者认为，四库馆的开办，是汉学比较彻底地在上层学界居主流的标志。如张寿安就认为，从三礼馆到四库馆的开办，显示了汉学的发展和地位的确立。她的研究也可佐证，大致在大概 1770 年前后，上层学界的主流话语，已然成为汉学。参看张寿安：《十八世纪礼学考证的思想活力——礼教论争与礼秩重省》，台北：“中央研究院”近代史研究所 2001 年版，第 52—72 页。

41　全祖望：《经史答问》卷六，朱铸禹：《全祖望集汇校集注》下册，上海古籍出版社 2000 年版，第 1941 页。

42 45　姚鼐：《复孔㧑约论禘祭文》，《惜抱轩诗文集》，上海古籍出版社 1992 年版，第 92—93、90 页。

43　姚鼐：《复蒋松如书》，《惜抱轩诗文集》，上海古籍出版社 1992 年版，第 95—96 页。

44　姚鼐：《题外甥马器之长夏校经图》，《惜抱轩诗文集》，上海古籍出版社 1992 年版，第 515 页。

46　章学诚：《书朱陆篇后》，《文史通义校注》上册，中华书局 1985 年版，第 276 页。

47　段玉裁：《答程易田丈书》，《经韵楼集》卷七，上海古籍出版社 2008 年版，第 183 页。

48 方成珪:《集韵考正序》,《集韵考正》,道光二十七年(1847)刻本,第 3 页。

49 陈熙晋:《春秋述义拾遗叙》,《春秋述义拾遗》,光绪十七年(1891)广雅书局刊本,第 1 页。

50 徐世昌等编:《清儒学案》(六),中华书局 2008 年版,第 5709 页。

51 胡培翚:《答赵生炳文论汉学宋学书》,《研六室文钞》卷五,道光十七年(1837)泾川书院刊本,第 24—25 页。

52 黄式三:《汉宋学辩》,《儆居集·经说三》,光绪十四年(1888)续刻本,第 21—22 页。

53 丁晏:《读经说》,《颐志斋丛书》第 20 册,同治元年(1862)刻本,第 1 页。

54 丁晏:《左传杜解集证自叙》,《颐志斋文集》卷三,民国间刊本,第 2 页。

55 陈倬:《仰萧楼文集序》,《仰萧楼文集》,光绪六年(1880)新阳朱氏刻本,第 1 页。

56 张星鉴:《拟请汉儒许慎从祀孔庙疏》,《仰萧楼文集》,第 4 页。

57 俞樾:《群经平议自序》,《春在堂全书》,光绪二十三年(1897)石印本,第 1 页。

58 王劼:《自序》,《尚书后案驳正》,《四库未收书辑刊》第六辑第 2 册,北京出版社 1997 年版,第 80 页。

59 陈澧:《复王悼甫书》,《东塾集》,沈云龙主编:《近代中国史料丛刊》461(文海本),第 249—251 页。

60 徐灏:《通介堂经说序》,"学寿堂丛书"本,第 1 页。

61 徐灏:《考证论》,《通介堂文集》,民国十三年(1924)刊本,第 5 页。

62 王金城:《转注本义考》上篇,无刊刻年月,第 1 页。

63 王国维:《最近二三十年中国新发见之学问》,《静安文集》,辽宁教育出版社 1997 年版,第 203 页。

64 65 71 72 73 孙延钊:《孙衣言孙诒让父子年谱》,上海社会科学院出版社 2003 年版,第 316、320—321、214、228、233 页。

66 孙诒让:《名原叙录》,《名原》,齐鲁书社 1986 年版,第 1—2 页。

67 罗继祖编:《永丰乡人行年录》,《雪堂类稿》附,辽宁教育出版社 2003 年版,第 39 页。

68 王国维曾总结自己的方法说:"吾辈生于今日,幸于纸上之材料外,更得地下之新材料,由此种材料,我辈固得据以补正纸上之材料,亦得证明古书之某不分全为实录,即百家不雅驯之言,亦不无表示一面之事实。此二重证据法,惟在今日,始得为之。虽古书之未得证明者,不能加以否定,而其已得证明者,不能不加以肯定,可断言也。"见王国维:《古史新证——王国维最后的讲义》,清华大学出版社 1994 年版,第 2 页。

69　黄兴涛先生观察到,学界一度认定西学与清代学术有直接影响,但"90 年代初期以后,研究者逐渐认识到,由于当时的经学家们'讳言'等因素,西学对清代经学的影响,缺乏直接昭彰的经学文本根据,必须从经学家的学术经历、具体观念等众多因素的"细处"入手,不断积累,最终在此基础上得出更为逼近真实的结论"。黄先生进而指出,"当时西学的影响,也的确是具体落实到了接触西学的士大夫个人和群体身上的,他们在学术交往中对西学各持己见,又相互影响,而西学的作用就在这一过程中得以'呈现'出来"。但截至目前,学界仍有两种不同的看法,或认为西学对清代汉学有明显的影响,或认为对于西学的影响要审慎评价。详见黄兴涛、湛晓白:《清代初中期西学影响经学问题研究述评》(《中国文化研究》2007 年春之卷)。按,就西学对汉学"影响"问题,黄先生曾以"西学在场"之说当面赐教,笔者闻后思之,以为深具洞见,值得玩味斟酌,故书此誌谢。

70　学界讨论西学对汉学的影响,常以乾嘉时期为例。但从当前研究来看,诸家先进所论似乎更多指向西学与经学(或汉学)之间的"关系"(并列比较),而非西学对经学(或汉学)的"影响"(融合会通)。之所以如此,是因为乾嘉汉学与西学最相近者,在天文、历算之学,至于其他学术领域,则难以寻找到大量直接关联的例证。而即便是天文、历算之学,所近者更多在"方法"、"知识"的层面上,至于旨趣、精神、意义等构成复杂学术体系的部分,则通者不多。此外,乾嘉诸儒对是否受到西学影响,多"讳言"其事,这也增加了论证的难度。故西学对清前中期经学(或汉学)的"影响"状况及程度,目前虽不乏个案分析,但尚无法坚实地断言已然"证成其说"。可见,取得"直接"材料是其中的关键问题。

74　孙诒让:《籀膏述林》卷四,民国五年(1916)刻本,第 16 页。

75　李元音:《十三经西学通义叙》,《十三经西学通义》卷首,光绪三十二年(1906)刻本。

76　刘师培:《周末学术史序・理科学史序》,《刘师培辛亥前文选》,三联书店 1998 年版,第 242—244 页。

77　章太炎:《原变》,《訄书》重订本,三联书店 1998 年版,第 195 页。

第 二 章

晚清汉学的地域分布与学脉传衍

学术发展与地域风气关系密切,一地学风往往对当地读书人有直接影响。尽管有些学者出于某地但非必尊此地之学,但地域风气对于学人成长(特别是初始阶段)所起到的作用决不能忽视。因此,讨论学术史,通常会把地域的因素考虑进去。早期的学术史著作如《伊洛渊源录》、《新安学系录》、《关学编》、《洛学编》等,皆以地域来划分学脉。故而有濂、洛、关、闽学宗之分类。梁启超认为:

> 盖以中国之大,一地方有一地方之特点,其受之于遗传及环境者盖深且远,而爱乡土之观念,实亦人群团结进展之一要素。利用其恭敬桑梓的心理,示之以乡邦先辈之人格及其学艺,其鼓舞濬发,往往视邈远者为更有力。地方的学风之养成,实学界一坚实之基础也。[1]

梁氏不但谈到了地域风气与学术之关系,更撰《近代学风之地理的分布》[2]一文以实践自身的看法。

讨论晚清汉学,同样需要细致地域分布的问题。汉学学脉在晚清时期于稳定基础上有所扩展。之所以如此,是因为地域分布较诸乾嘉之时有一定程度的扩大。如果说乾嘉时期宗汉学者主要分布在江南及京师的话，那么到晚清，则扩散到内地甚至西南一带。同时，在一定时期以内，宗汉学者从总体上来说呈扩大趋势。这些都说明，虽然最终由于经学地位的失堕，作为其中一部分的汉学也不可避免地趋于衰落与转化，但汉学的统系在晚清的大部分时段内不但稳定发展，且有不断加强的趋势。本章即以地域为框架，细致论述晚清治汉学者在江苏、安徽、浙江地区，云贵、四川地区，顺天、京师、直隶、山东地区，湖南、湖北地区，福建、广东地区，其他地区（山西、江西、广西、河南）的分布状况，并讨论不同区域内汉学传承比较有特色的如师承、家学、交游等传衍方式，以初步呈现出晚清汉学的学人谱系[3]。

一　江苏、安徽、浙江地区

（一）江苏

晚清江苏治汉学的学者，就目前材料所及，其数量大概可居全国之首。主要有：陈奂、蒋彤、夏炜如、陈瑑、朱骏声、刘文淇、刘宝楠、朱士端、丁晏、柳荣宗、张文虎、承培元、雷浚、成蓉镜、刘毓崧、陈倬、刘恭冕、王韬、吴大澂、刘寿曾、吴翊寅、于鬯、王仁俊、刘师培等。

惠栋的弟子江声、余萧客等，他们的学生以及江氏之门者居多。陈奂（1786—1863），字硕甫，号师竹，晚自号南园老人，江苏长洲人。其治学专攻《毛诗》，著《诗毛氏传疏》。他认为，郑玄"初从东郡张师（张恭祖）学《韩诗》，后见《毛诗》义精，好为作笺，亦复间杂《鲁诗》，并参己意，故作《笺》之旨，实不尽同毛义。"故此，他舍《郑笺》而专为《毛传》作疏,以为此"宗《毛诗》义也"。[4] 其《诗毛氏传疏》对《毛诗》做了全面精审的校勘。陈氏校《毛诗》选取精当善本,运用内证、外证,并对各种材料之间的逻辑关系进行推断,显其卓识,但其"卤莽灭裂"处亦复不少。如《秦风·小戎》云:"龙盾之合,鋈以觼軜。"《毛传》:"龙盾,画龙其盾也。"《正义》:"盾以木为之而谓之龙盾,明是画龙于盾也。"陈奂《传疏》:"《传》云'龙盾,画龙其盾也'者,'其'当作'于',《正义》不误。画,刻画也。画龙于盾,刻画龙文于盾也。"[5] 陈奂认为《正义》所说画龙于盾,更为合理,而《传》中所言"画龙其盾",则缺少介词,很难说通,故当依《正义》改《传》"画龙其盾"为"画龙于盾"。事实上,《传》云"龙盾,画龙其盾也",乃"画龙于其盾"之省文,陈氏妄自推说,实正失理。

陈奂为段玉裁弟子,承师学颇多,其后自己亦门人甚众,弟子中著名者,江苏有陈倬、马钊、丁士涵,浙人有戴望、李善兰、蒋仁荣等。

陈倬(1825—1881)字培之,江苏元和人,陈奂称其"熟《文选》,能背诵,好明古人制度"[6],著有《文选笔记》、《毄经笔记》、《香影余谱》等,据云尚有《隐蛛庵日记》稿[7]。丁士涵(1828—1860)字泳之,江苏元和人,从陈奂游,著《管子校议》,陈奂每有批点。戴望(1837—1873),字子高,浙江德清人,曾治今文学,著作有《颜氏学记》十卷、《论语戴氏注》、《管子校正》、《谪麐堂遗集》等。有人说他"学凡三变,始为诗古文词,已而研求性理,最后谒陈奂遂专力于考据训诂"[8],可见其学受陈奂影响之深。蒋仁荣撰《孟子音义考证》,集《孟子》中重要的字词,广证他书,训释音义。

朱骏声(1788—1858),字丰芑,号允倩,江苏吴县人。少时从学于钱大昕,钱氏甚是爱之,曾说:"衣钵之传,将在子矣!"[9] 对其寄予厚望。朱氏一生勤于著述，著作颇多，计有《六十四卦经解》、《尚书古经便读》、《仪礼经注一隅》、《春秋三家异文核》、《说雅》、《传经室文集》等。不过使其在学术史上留名的，是《说文通训定声》一书。该书分《说文》、通训、定声三部分，每部分都有各自的重点。《说文》为许慎原文，标明字形；"通训"以训释，通释字义；"定声"以分韵，重于字音。所谓《说文》四家，段玉裁、桂馥、王筠等人的著作，各有所长，而朱骏声这部书能够从比较综合的角度探讨《说文》，无怪乎张之洞说此书"甚便初学"[10]。

雷浚（1814—1893），字深之，号甘馥，江苏吴县人，乃吴派江沅弟子。雷氏精于小学，深入经学，《清儒学案》将其附于江声名下，因其师江沅乃江声之孙。俞樾赞赏其学，认为"吴中学者，自陈硕甫先生后，断推先生为巨擘"[11]。可见其在晚清学界之地位。雷浚的主要著作，都汇刻在《雷刻八种》里面，该书共收入八种著作，属于雷浚自己的，有《说文引经例辨》3 卷、《说文外编》15 卷补遗 1 卷、《韵府钩沉》5 卷、《睡余偶笔》2 卷和《乃有庐杂著》不分卷。雷浚弟子王仁俊（1866—1914），字杆郑，号籀许，江苏吴县人。著有《毛诗草木今名释》、《读尔雅日记》、《仓颉篇辑补斠证》、《说文解字引汉律令考》、《说文解字学讲义》、《金石通考》等书，著述颇富，亦能传吴派之学。

吴翊寅（1852—?），字孟棐，号悔庵，江苏武进人。撰有《周易象传消息升降大义述》、《周易消息升降爻例》、《易汉学考》、《易汉学师承表》、《曼陀罗花室文》等。其《易汉学考》以惠栋《周易述》、《易汉学》为依傍，考求两汉《易》学，附以己说，考证精详。

汪喜孙（1786—1848），一名喜荀，字孟慈，江苏江都人，乃乾嘉汉学名儒汪中之子。汪中早亡，汪喜孙承其学业，肆力读经，也有一定的成就。著有《丧服答问纪实》、《汪孟慈文集》、《尚友

记》、《孤儿篇》等。汪氏对阮元所编的《经解》表示不满,认为遗漏大量重要著作,实不应该。他说:

> 广州《经解》未刻《古文尚书疏证》。今《经解》盛行,《疏证》无重刊本,恐久遂弗得。……仆(架)上只一册,亟取奉寄,非徒一时传播,实欲千古长留。……至《易图明辨》、《洪范正论》、《易汉学》、《孟子字义疏证》,皆《经解》所缺,不可不读之书。又,韵学至魏晋以后,三百篇古韵遂亡。明陈季立第《毛诗古音考》始渐复古。至顾亭林炎武《音学五书》始昌明之。至江慎修永,变顾之十部,分为十三部,名《古韵标准》。戴东原分为十五部,名《声均表》、《声韵考》。戴东原之门人段懋堂分为十七部,王先生念孙分为二十一部。段亦晚年分二十一部。江晋三有诰,闭门著书,与段暗合,深为段、王所许。……今《经解》有顾之十部,戴之十五部,而无江之十三部,是有祖无祢。又无王、江之二十一部,是有父无子。不有十三部,何从引而申之为十五部? 不有二十一部,古韵之说,何以定论? 且《经解》刻《音学五书》亦略而不全,此犹四肢五体不备不全。未观其《五书》,不能得其会通也。《四书》朱注,毛西河攻之太过,《经解》刻毛书不刻戴氏《孟子字义疏证》,亦未观止也。有好事者,补刊《经解》,岂非千秋盛事哉?[12]

汪喜孙认为《经解》不刊阎若璩《尚书古文疏证》、惠栋《易汉学》、戴震《孟子字义疏证》等不可不读之书甚为不妥。而不收江永《古韵标准》、江有诰《音学十书》等著作,使研治古韵之论说不能完备,很难会通。所以他冀望"有好事者,补刊《经解》",以成"千秋盛事"。

因承其父汪中之学，汪喜孙对于学界人物常有品评，亦善交游，并每每记录交游盛况，保存学者交往资料较多。同时，汪喜孙在当时的学人中，较早提倡汉宋学之会通。他说："平昔读书，特有定旨，则以汉儒言学，不废义理，宋儒论学，不废考据是也。"他还认为，汉学最尊崇的许慎、郑玄，其学并非与后来宋儒无想通者。许慎撰《说文解字》，段玉裁、桂馥、王筠、苗夔诸人均视其为声音训诂之书，并奉为汉学圭臬，然"平心察之，观《说文》之解'性'字，标明'性善'之说，合于《孟子》，而其解'情'字、'欲'字，亦与孟子相合"，所以，"彼以声音训故之学概《说文》者，浅之乎视许君矣"。而郑玄所注经说，为朱熹所本者"十有五六"，采撷甚多。宋儒所解字义，"大抵一本汉儒"。因此，当"化说经门户之见，以归于圣人大道为公之旨"[13]这些见解，在当时汉学强盛的背景下显得殊为难得。

扬州一带的学术，受到吴、皖两派的直接影响，在晚清汉学中颇具特色。其中，刘宝楠、刘恭冕、朱士端、成蓉镜、刘文淇、刘毓崧、刘寿曾、刘师培等可作代表人物。而仪征、宝应两地的刘氏家学脉络，十分值得深入考察。

清代学人十分重视家族内部的传衍，尝期待晚辈能够"亢宗继述"，故而能够形成父子之学、祖孙三代之学，甚至祖孙四、五代皆有治学之才的情况。清初至中叶的元和惠氏家族，相继有惠有声、惠周惕、惠士奇、惠栋传经授业，号称"四世传经，咸通古义"。惠栋更是扛起汉学大旗，成为乾嘉汉学的代表人物。江苏仪征、宝应的刘氏家学，成就固可再议，但其学术传衍方式与惠氏家族可谓十分近似。

晚清仪征刘氏汉学，始自刘文淇（1789—1854）。文淇字孟瞻，著有《左传旧疏考正》、《青溪旧屋文集》等书。其中，《左传旧疏考正》虽至其去世仅成八卷,但开启了刘氏祖孙共撰一书的序幕。此书经三代之手最终并未能蒇其事,止于襄公五年,不免留下遗憾,但铸成学术史上的一段佳话,且该书之成就也当得后人的认可。刘文淇子毓崧(1818—1867),字伯山,一字松崖,继承父业继续撰作《左传旧注疏证》外,还撰有《周易旧疏考证》、《尚书旧疏考证》、《通义堂文集》等著作,在经史之学方面提出不少新见。刘毓崧治经主张先通小学,但要以"求大义之通"为旨归。他说:

> 自来通经者以大义为重,说经者以小学为先。汉儒所以必精小学,正欲其明大义耳。未施小学之功,而遽言大义已得,则不知途径,安识门庭。但夸小学之业,而不寻大义所归,则谨守藩篱,弗窥堂奥。盖不明大义,则难溯微言。古之人固以小学为始基,而非以小学为止境,沉潜于经学者,所当由训诂声音文字而进求大义之通。况《易》冠群经,其大义贯彻天人,尤儒者当务之急哉。……余所望于生,则更在不囿小学之藩篱,渐登汉儒之堂奥。诚以汉学可贵,在乎大义之克明;汉儒可尊,在乎大义之克践。[14]

刘寿曾(1838—1882),字恭甫,一字芝云,刘毓崧侄,其著作今人总成为《刘寿曾集》[15],可窥其学。刘师培(1884—1919),一名光汉,字申叔,号左庵,刘文淇曾孙,刘毓崧孙,刘寿曾侄,刘贵曾子。刘师培乃清末著名学者,年轻时便富文名,春秋虽短,著作却丰,且多可传世。钱玄同等人广搜其著,总为《刘申叔遗书》,而刘师培亦堪为江苏汉学之殿军。

宝应刘氏汉学,启自刘台拱(1751—1805)。台拱字端临,学识渊博,精于礼学。治学不分门户,讲求实事求是。同祖兄弟刘履恂(1738—1795),字迪九,一字子芟,著《秋槎杂记》内外篇,考释经史,用力颇深。台拱、履恂二人有汉学之风,但宝应有理学传统,故二人虽启汉学,而将刘氏家学光大者,乃履恂子刘宝树、刘宝楠兄弟。

刘宝树(1777—1839),字幼度,号鹤汀,嘉庆十二年举人,屡试会试不中,晚年补五河县教谕。著《娱景堂集》三卷。刘宝楠(1791—1855),字楚桢,号念楼,自幼受经于刘台拱,读书广博,特专注于《论语》。所撰《论语正义》可谓清儒研治该经的集大成著作。此外,他还著有《念楼集》、《愈愚录》、《汉石例》等,究心碑刻经文,并注意到所谓"中文尚书",他说:

> 古文、今文尚书之外,又有中文尚书。《后汉书·刘陶传》:"陶推三家尚书及古文,是正文字三百余事,名曰中文尚书是也。"其在秘阁者,亦称中书。[16]

刘宝楠子刘恭冕(1824—1883),字叔俛,撰《论语正义补》、《广经室文钞》等。其最具特色之论点,在提出所谓"广经"之说,即在十三经的基础之上,加上《大戴礼》、《国语》、《说文解字》、《九章算术》、《周髀算经》、《逸周书》、《荀子》,合为二十经。[17]

宝应刘氏之学虽自有特色,但因世家无显赫官宦,故其社会地位不高。这也折射出学者的生存状态,如果在政治、社会方面无法获得较高的地位,则其学难以为世人所充分了解。宝应刘氏虽数代孜孜矻矻于学术,在汉学研究方面亦颇有成绩,但因缺乏足够的政治与社会资本,其学名多靠后世的挖掘与表彰,方更显著。

刘氏之外,宝应学者尚有朱士端,字铨甫,朱毓楷子,朱彬侄,曾亲炙王念孙。著《说文校定本》、《强识编》、《宜禄堂收藏金石记》等书。《强识编》被认为"于声音训诂中独抒心得,其淹贯精确,洵与伯申尚书所著《经义述闻》相匹敌。辅翼传注,嘉惠后学,名山不朽之业"[18]。成蓉镜(1816—1883)，又名成孺，字芙卿，亦江苏宝应人，毕生以著述为事。治经主张不分门户，考据、义理并重。他的《禹贡班义述》，刘文淇作序赞其"引史证经，实事求是"[19]。

此外，江苏还有一些学者，虽然难以考察其与惠、皖直接的师承关系，但从其治学方法以及宗旨来看，有着比较明显的汉学倾向。这类学者并不在少数，而且也正是这样的学者，使得汉学在晚清的江苏得以更为广泛的传播。

陈瑑，字聘侯，号恬生，江苏嘉定人。撰《六九斋谟述稿》、《国语翼解》、《说文引经考证》等书。特别是《说文引经考证》一书，"由文字以究声音，由声音以通训诂"[20]，为学林所称道。

丁晏(1794—1875)，字俭卿，号柘堂，江苏山阳人。其治学早年崇尚汉学，晚年颇讲为学不分门户。他治学规模宏大，无书不观，对经、史、诸子均有研究，对经学尤为深通，遍治群经，长于《尚书》、《毛诗》、《三礼》，著有《周易述传》、《尚书余论》、《毛郑诗释》、《诗考补注》、《毛诗陆疏校正》、《周礼释注》、《仪礼释注》、《礼记释注》、《颐志斋文集》等。

张文虎(1808—1885)，字孟彪，一字啸山，号天目山樵，江苏南汇人。张氏年轻时即与胡培翚、陈奂等人交游，受到他们的赞赏，并入钱熙祚书局校刻书籍几30年，为日后扎实学风奠定基础。后曾国藩办金陵书局，招张文虎入局，经其校勘的《史记》堪称善本，所撰《校刊史记集解索隐正义札记》也是研究《史记》的重要参考著作。其余著作有《舒艺室随笔》、《舒艺室杂著》、《舒艺室诗存》等，对诸经以及《史记》、《汉书》、诸子均有心得。

徐鼒(1810—1862)，字彝舟，号亦才，江苏六合人。徐氏关乎经学的著作有《周易旧注》、《未灰斋文集》、《读书杂释》等。其《读书杂释》一书，最彰显汉学功力。这部书大概从道光十一年

（1831）开始着手，每读一书，辄作札记，随读随录，积 20 余年之功，至咸丰十一年（1861）付梓，成 14 卷。该书恪遵汉学方法，每考一辞，尽力从《说文》入手，然后标列汉以来诸儒之说，疏解辨证，最终下以己意。如《尚书·金縢》："王亦未敢诮公。"徐鼒说：

> 《说文·言部》："譙，娆譊也。从言，焦声，读若嚼。'诮'，古文'譙'，从肖。《周书》曰：'亦未敢诮公。'"今孔传训"诮"为"让"，与《史记》"诮让项羽、英布"诸文同。又《方言》七："譙，让也。齐、楚、宋、卫、荆、陈、之间曰譙。自关而西，秦、晋之间，凡言相责让曰譙让。"又，《一切经音义》二十引《苍颉》云："譙，呵也。亦娆也，譊讼声也。"上文解"譊"字云："恚呼也。"知娆譊之训，本古义也。[21]

徐鼒引《说文》训"诮"字，又引《史记》、《方言》证孔安国《传》训"譙"为"让"，又引《一切经音义》中《苍颉》文字，证"譙"、"娆"、"譊"可互训。则《说文》中"诮"、"譙"、"娆"、"譊"通训，实为古义。类似的考释例子在该书中俯拾皆是。

活跃在同光年间的一些江苏学者，也颇能守汉学方法，治经著书，均有可观者。

王韬（1828—1897），原名利宾，字兰卿，江苏长洲人。其在近代中国史上最为人所熟知的，是他对中国出路所进行的思考及提出的种种措施，均闪烁着引人注目的思想光芒。但他也尝究心经术，研经遵从汉学，长于天文历算研究，著有《春秋朔闰至日考》、《春秋日食辨证》、《春秋朔闰表》等，不乏新见。

吴大澂（1835—1902），字清卿，号愙斋，江苏吴县人。精于《说文》之研究，曾入陈奂之门。大澂对金石之学十分措意，勤奋搜求，精心研治，从金石学的角度，对《说文》学的研究起到了较大的推动作用。其《说文古籀补》等书，以字形比较法考释古文字，并有所发展，注意到用辞例推勘之法进行释读，使古文字研究更加精细化。[22]

陈玉澍（1853—1906），字惕庵，江苏盐城人。善治《毛诗》，其《毛诗异文笺》十卷，精审博洽，王先谦编辑《续皇清经解》后，又以搜得41种著作，刻为《南菁书院丛书》，于光绪十四年（1888）刊行，陈玉澍的《毛诗异文笺》即获选刊刻其中。

于鬯（1854—1910），字醴尊，一字东厢，自号香草，江苏南汇人。于氏博览群籍，经、史、子、集皆能措手。他秉承阮元等人学术方法，校勘古籍，成就较大。著有《于氏易说》、《读周礼日记》、《读仪礼日记》、《读小戴日记》、《香草校书》、《香草续校书》等。特别是《香草校书》和《香草续校书》，考核发微，对每书的字进行形、音、义多方面的讨论，是两部比较重要的学术著作。他自己也颇为自得，认为"自高邮《述闻》后有德清《平议》，德清《平议》后有此书"[23]。

宋文蔚，字澄之，江苏溧阳人，俞樾弟子。精研文字学，著《侯官陈恭甫辑说文经字考疏证》、《湖楼笔谈说文经字疏证》、《朱氏说文通训定声序注》等。其中《湖楼笔谈说文经字疏证》为俞樾所欣赏，曾希望他能更为疏证张维屏《经字异同》一书。[24]

徐天璋，字睿川，江苏泰州人，著《尚书句解考正》、《诗经集解辨正》、《论语实测》、《孟子集注笺正》等，多有心得。潘任，江苏常熟人，遍治群经，尤尊郑玄。撰《孝经郑注考证》、《希郑堂经义》、《博约斋经说》、《郑君粹言》等。潘氏学宗汉学，亦尊朱子，认为"宋儒惟朱子深于汉学"[25]。但他最服膺者还是郑玄，认为"郑君注三《礼》，每多改字处。或通古音以易其字，或据古字以定其误，易一字必体会上下文，融贯经传，非若宋元明儒者，徒凭肛见妄改经文"[26]。

可以看出,汉学在晚清的江苏迎来勃勃生机,除了亲及段玉裁、王念孙父子之门的学者外,不少学人受到汉学风气的浸染,恪守以小学为基,实事求是,发明古义的治经传统,孜孜以求。仪征、宝应两地的刘氏家学,不仅传承汉学之风,从细部梳理经史著作,还以家族之力,结撰经学新疏,贡献尤多。虽然并未出现阮元、王念孙父子那样的学术巨匠,但其中原因复杂,未获得如阮元等人的政治与社会地位是因素之一。就纯学术层面而言,晚清江苏学人沿前辈汉学之路,有新的创获,是不争的事实。可以说,此时的汉学在江苏得到了较大发展。

(二)安徽

安徽在晚清治汉学的学者,较诸江苏为少,但也有以胡培翚为首的胡氏家族学脉胡绍勋、胡绍煐、胡肇昕,以及马瑞辰、姚配中、马寿龄、倪文蔚、胡澍等。

胡培翚(1782—1849),字载屏,号竹村,安徽绩溪人。其《仪礼正义》,乃十三经清儒新疏中的名著。该书在胡培翚逝世时尚有《士昏礼》、《乡饮酒礼》、《射仪》、《燕礼》、《大射仪》未及完成,由其族侄胡肇昕及弟子杨大堉合力补撰完成。[27]除《仪礼正义》外,胡培翚还著有《燕寝考》一书,考察"燕寝"古制甚为精详,他认为:一、天子以至大夫士,后至大夫士之妻,均有燕寝,天子燕寝有五,诸侯有三,大夫士又减,以示隆杀;二、天子燕寝乃左右房之制,诸侯以至大夫士,燕寝皆为东房西室之制;三、天子之燕寝,室南向开户,无东西户以通房,诸侯以至大夫士,燕寝之室有南向牖而无南向户,有东向户以通于房,房有南向户以达于堂。[28]针对胡培翚的观点,洪颐煊、张聪咸、胡承珙、夏炘及稍后包慎言、张文虎、顾观光、俞樾、张锡恭等人,皆有争言,而争论的焦点,在燕寝"室南向无户,东向有户通于房,房南向有户达于堂"之说。

胡培翚承其祖胡匡衷、叔胡秉虔之学,本就有家学渊源,自己又收族弟绍勋、绍煐,族侄肇昕为弟子,亦各有所成。胡绍勋撰《四书拾义》,培翚赞其"虽篇帙无多,而能博求之周、秦古书与汉、魏以来相传旧诂,于音训、假借源流,亦自了然于胸"[29],可自为一说。胡绍煐(1792—1860),字耀庭,号枕泉。一说字药汀,一字枕泉。绍煐精于《文选》之学,"校读李注,触类引申","朝夕钻研,无间寒暑,阙者补之,略者详之,误者正之,稿经屡易"[30],以汉学理路撰《文选笺证》32卷。是书运用"由音求义,即义准音"的训释方法,旁搜互考,正讹纠谬,在校订《文选》正文及董理旧注方面,创获较多。胡绍煐所著尚有《蠡说丛钞》、《洵阳学舍杂著》、《还读我书室文》、《毛诗证异》等,皆未付梓,稿"皆藏于家"[31]。

胡肇昕,字晓庭、筱汀,为胡培翚族侄。肇昕在胡培翚晚年助其校写《仪礼正义》剩余篇章。培翚殁后与培翚弟子杨大堉合力完成《仪礼正义》,虽补撰水准引后来学人质疑,但襄助之功,当不可殁[32]。

胡培翚另有弟子马寿龄(?—1870),字鹤船,安徽当涂人,私淑段玉裁,著《说文段注撰要》,护翼段书。

胡氏学脉外,马瑞辰(1782—1853),字符伯,安徽桐城人,著《毛诗传笺通释》,广采说《诗》之作,多有发明。马著与胡承珙《毛诗后笺》、陈奂《诗毛氏传疏》,并称为研治《毛诗》的三部重要著作。胡著重《郑笺》,陈著专申《毛传》,而马瑞辰则《传》、《笺》并重,各具特色。

姚配中(1792—1844),字仲虞,安徽旌德人,擅长说《易》,《周易姚氏学》一书,在晚清治《易》诸家中有其地位。他还撰有《周易通论月令》、《书学拾遗》、《一经庐文钞》等,阐发经旨。

倪文蔚(1823—1890),字茂甫,号豹岑,安徽望江人,著《禹贡说》、《两强勉斋文存》等,研治舆地之学较有心得。

由上可知,安徽省在道光年间尚有胡培翚、马瑞辰、姚配中等颇负盛名的学者潜研汉学,而咸同以后,虽然胡培翚学脉诸人亦有著述,但名于学界且有一定成就的治汉学者,已经为数不多,这与乾嘉时期安徽汉学名家辈出的盛况已不可同日而语,显示了晚清汉学在安徽式微的趋向。

(三)浙江

清中叶以前,浙江学术颇有特色,特别是浙西经学与浙东史学,以黄宗羲、万斯同、章学诚等为代表,成就巨大,为晚清浙江学术的新发展打下根基。乾嘉时期,吴派、皖派汉学均对浙江汉学的出现产生影响。而阮元担任浙江学政时期创办的诂经精舍,对于汉学在浙江的坐实,无疑起到重要的作用。如刘师培所言:

> 及阮元秉钺越省,越人趋其风尚,乃转治金石校勘,树汉学以为帜。[33]

其后,虽诂经精舍在阮元离开浙江后一度被闲置,但风气已成,并非一时所能更替。道光以降,汉学学者在浙江地区不断壮大,涌现出不少知名学者,除前书所提到者外,如钱仪吉、钱泰吉、沈涛、严章福、管庭芬、汪曰桢、龚橙、林兆丰、赵之谦、李慈铭、谭献、傅云龙、陶方琦、张行孚、沈曾植、黄家岱、林颐山、宋恕、罗振玉、王国维等。尤为重要的是,学风熏染、家学、师承等最为主要的学术传衍方式,在浙江均得到较为突出的展现。

钱仪吉(1783—1850),字蔼人,号衎石,浙江嘉兴人,学识广博,编辑《经苑》一书,勤搜经著,用力颇深。从弟钱泰吉(1791—
1862),字辅宜,号警石,著《曝书杂记》等,与从兄并称嘉兴"二石"。

段玉裁弟子沈涛(1792—1861[34]),原名尔振,字季寿,一字西
雍,号匏庐,浙江嘉兴人。沈氏长于考据,论经力主实事求是,主要
著作有《说文古本考》、《论语孔注辨伪》、《瑟榭丛谈》、《交翠轩笔
记》、《铜熨斗斋随笔》、《柴辟亭读书记》、《十经斋文集》等。

严章福,号秋樵,浙江归安人,擅长小学,对《说文》较有研究,
著《说文校议议》。他还"以十三经假借字,依《说文》部次,而以正
字别之"[35],撰《经典通用考》一书。

管庭芬(1797—1880),字培兰,号芷湘、芷翁,浙江海宁人。
其治学广博,广览群籍,特别注重对本地经籍的搜讨,辑《海昌艺
文志》、《海昌经籍志略》等书,表彰乡贤学术。读书每有心得,则
笔诸纸簿,积《笔记》若干。著《日谱》、《芷湘吟稿》、《渟溪老屋自
娱集》2卷、《补遗》7卷、《一瓻笔存》、《待清书屋杂抄》、《销夏录
旧》等,多为稿本,存北京、上海、天津、浙江海宁等地图书馆。

龚橙(1817—1878),字孝拱,号昌匏,浙江仁和人,龚自珍子。
其治学受段玉裁、龚丽正影响,曾受业于陈奂,根柢小学,精于经
学,且颇喜金石之学。著有《诗本谊》、《六经传记逸诗逸周书韵》、
《郑典》、《汉碑文考释》等。

晚清浙江汉学的家族传衍方式,以定海黄氏家族最为突出。
黄式三(1789—1862),字薇香,治学主张不分汉宋门户,精于考
据,善说义理,著有《易释》、《春秋释》、《尚书启蒙》、《史说》、《经
说》、《论语后案》、《儆居集》等。其子黄以周(1828—1899),字符
同,号儆季,赞同其父治学不分门户之说,著《周易故训订》、《礼书
通故》、《经训比义》、《群经说》、《儆季杂著》等。其《礼书通故》一
百卷,乃是正秦蕙田《五礼通考》而作[36],对经中的重要条目,旁征

博引,详作考订,申说己意,堪称清代治《礼经》的佳作。黄以周子
黄家岱(1853—1891),字镇青,能传黄氏家学,著《娱艺轩杂著》,
对《礼记》、《论语》多有讨究。然壮年亡故,令以周叹读书种子陨
殁,哀伤不已。

黄氏除以家族学脉方式影响晚清浙江学术外,又培养、造就学
术人才,特别是黄以周,曾掌江阴南菁书院多年,名下弟子甚多,多
能守其师法,传承汉学,其地虽不在浙江,但确然促进了汉学发展。
其弟子中有一定成就者有林颐山、张锡恭等。

林颐山,字晋霞,浙江慈谿人,博览群籍,著《经述》、《鸣阴楼
文存》等,考释经籍中的疑点。张锡恭(1858—1924),字闻远,号
殷南,江苏娄县人,著《丧服郑氏学》、《茹荼轩文集》等,治学宗汉
学,精于《礼经》。其论孔壁藏书事,语甚审慎,平澹中显其识见。
论胡培翚《仪礼正义》,说及胡氏发明燕寝古义并与诸贤论辩事,
言不凿空。[37]其余弟子较著名者如章际治、陈庆年等,可从所辑《南
菁讲舍文集》中约略观其学术。

如果说黄以周掌南菁书院,所造学风所及并非以浙江为主的
话,俞樾则为晚清时期浙江本地的汉学发展贡献良多。

俞樾(1821—1907),字荫甫,号曲园,浙江德清人。俞氏治经
以王念孙父子为宗,精于小学、经学,对诸子之说,多能发其微旨。
虽其《春秋》学讲《公羊》较多,但若以其为公羊家似为不妥。主要
著作有《群经平议》、《诸子平议》、《古书疑义举例》、《茶香室经
说》等。两《平议》分别仿王引之《经义述闻》、王念孙《读书杂志》
体例,深研探赜;《古书疑义举例》为训诂名作;晚年所撰《茶香室
经说》,俞樾自认更为精深。他在《序》中说,自己治经"所得亦极
粗粝",而《茶香室经说》则"稍胜于前",并认为若有人继编辑《皇
清经解》三编的话,其书必当入选。俞樾从同治七年(1868)起掌

诂经精舍三十余载,培养出了一大批学者,且声名甚著者较多,前面已有介绍的如孙雄、宋文蔚等外,还有章太炎、蔡启盛、尤莹等。有人说"俞曲园先生樾主讲杭州西湖诂经精舍,自是施教逾三十载,浙江朴学之风于是振起"[38],当非溢美之词。

章太炎(1869—1936),原名学乘,字枚叔,后改名炳麟,号太炎,浙江余杭人。太炎早年在诂经精舍习《左传》,精小学。后治学益广,于经学、诸子学、佛学等均有深厚造诣。晚年多次主讲席,造就了一批学术人才。主要著作有《春秋左传读叙录》、《古文尚书拾遗》、《说文部首均语》、《国故论衡》、《文史》、《新出三体石经考》等。章太炎自1890年至1897年初肄业于诂经精舍[39],习文字、音韵、训诂之学。因循俞樾所宗奉的汉学方法,对儒家经籍、周秦诸子逐条考释,撰《膏兰室札记》。又因不满刘逢禄之说,撰《春秋左传读》,反驳今文经学。虽然在诂经精舍时期,章太炎对今文经学偶有采纳,对"公羊、齐诗之说"并非"以为诡诞",但其秉承传统汉学的家法、护佑古文经学的立场是非常明确的,认为"章太炎早年并不是一个经古文学者"的看法,似难成立[40]。

蔡启盛,浙江诸暨人,治经颇能守家法,勤于著述,屡有新意。撰《经窥》、《皇清经解检目录要》等书。俞樾为其《皇清经解检目录要》作序,称赞该书"不分经而分类,以经证经,一展卷而咸在,可使学者触类贯通于治经之事,事半而功倍"[41]。尤莹(1858—1896),字尧顺,又字逯孙,又作蘑苏,浙江临海人,受俞樾之命编纂《式古堂目录》(即《皇清经解续编》之索引),可与蔡启盛所编之《皇清经解检目录要》合用,便于学人读两部《经解》。

受汉学学风影响的学者,复有赵之谦(1829—1884),原名铁三,后改名益甫,中年后定名为之谦,字㧑叔,浙江绍兴人。精于金石之学,擅长书法。治学颇右汉学,纂《汉学师承续记》以表彰汉学,与宋学抗衡。

陶方琦(1845—1884),字子缜,浙江会稽人。为学以郑玄、许慎为宗,考《礼》精详,精研《说文》,著《郑易马氏学》、《郑易小学》、《许君年表》、《汉孳室文钞》等,对小学、经学均有发明。

张行孚,字子中,号乳伯,浙江安吉人,治学以《说文》为主,对其声韵之探讨颇有心得,著《说文发疑》、《说文揭原》、《说文审音》等。俞樾序《说文审音》一书,赞其"于此事用力独深,故能得不传之秘,而成此必传之书",堪称"凿破混沌"。[42]

孙诒让(1848—1908),字仲容,号籀庼,浙江瑞安人。孙氏幼承其父孙衣言庭训,初学经义,遍览群经,后治学以汉学为宗,旁及诸子、古文字等,每及一处,皆能有其精博独到之处,学术成就巨大。其著《周礼正义》一书,受到后来学者如章太炎、梁启超等人的激赏。《墨子间诂》一书以治经之法疏证子书,为近代墨学研究之名著。《札迻》解字释经,多确凿不易。《十三经注疏校记》,乃乾嘉汉学家校读古书治经恉趣之余韵。《古籀拾遗》、《古籀余论》、《契文举例》诸书则以钟鼎彝器等地下材料释正古文,推进了古文字学的研究。章太炎在《孙诒让传》中评价其学术时说:

> 《札迻》者,方物王念孙《读书杂志》。每下一义,要钮宁极,淖入凑理。书少于《诸子平议》,校雠之勤,倍《诸子平议》。诒让学术,盖笼有金榜、钱大昕、段玉裁、王念孙四家,其明大义,钩深穷高过之。……诒让治六艺,旁理墨氏,其精博足以摩拿姬、汉,三百年绝等双矣![43]

沈曾植(1850—1922),字子培,浙江嘉兴人。学无明显师承,然其治经朴实无华,讲求实事求是。这方面的著作,集中在《海日楼札丛·题跋》当中。该书仿王应麟《困学纪闻》、顾炎武《日知录》形式,论经论史,看似随意,实蕴深厚功力。如孙处认为《周礼》虽周公所作,但"实未尝行","故建都之制不与《召诰》、《洛诰》合,封国之制不与《武成》、《孟子》合,设官之制不与《周官》合,九畿之制不与《禹贡》合,凡此皆预为之而未尝行也"。沈曾植则以为,孙氏之说义证不坚,即便"以春秋时官制不合而论,唐有六典,宋有元丰官制,明有诸司职掌,皆实行于当时,而其后代不能无因时之变。岂能以不合之事迹病其书哉!"[44]

罗振玉(1866—1940),字叔蕴,一字叔言,号雪堂,又号贞松老人,浙江上虞人。罗氏天资聪颖,据云 7 岁通文义,15 岁已遍读群经,嗣后又精读《皇清经解》,打下坚实治学基础。17 岁时由经学而涉猎小学、史学、金石、目录、校勘等领域,弱冠之年以平日读碑版文字,辑为《读碑小笺》、《存拙斋札疏》等著作,俞樾曾"采《札疏》语入所著《茶香室丛钞》中",致"海内遂亦疑乡人(按指罗振玉——引者)为老宿"。[45]此外,罗振玉还注重发掘、保存新史料,为后人治学提供便利。其重要著作,有《殷虚书契前编》、《殷虚书契菁华》、《殷虚书契后编》、《殷虚古器物图录》、《流沙坠简考证》、《干禄字书笺证》、《集蓼编》等。

总体而言,晚清浙江的汉学,成为一时重镇,其呈现出由弱到强的趋势,可谓比较明显的上升与进步。从原本治汉学者寥若星辰,到逐渐蔚为大观,治学群体与晚清其他省份相较,无疑扩展的广度更大。而就治学内容及水准而言,小学、经学、诸子学均出现大师级学者及典范著作,更说明晚清浙江汉学在某个时段内有着迅猛发展。同时,一些汉学名家如孙诒让、章太炎等人,在严守汉学家法的同时,因为不断接触西学,其知识体系不断发生变化,由此带来新的学术趋向,也是浙江汉学发展过程中值得关注的地方。

二　贵州、云南、四川地区

(一)贵州、云南

西南地区的贵州、云南,本无甚经学底蕴。但随着汉学流传渐广,两省也逐渐有了治经的学者。特别是贵州,在莫与郑的尽心传播下,汉学得到推广,产生了不少崇尚汉学的学者,且其中不乏名家。主要有:郑珍、莫友芝、黄彭年、黎庶昌等。云南则有方玉润等。

郑珍(1806—1864),字子尹,号柴翁,贵州遵义人。毕生潜心学问,治学方法与汉学院派十分接近,主张实事求是。精研小学,对《说文》有独到研究,治经善于取各家之长,亦可观。著有《说文逸字》、《说文新附考》、《仪礼私笺》、《巢经巢经说》、《巢经巢文集》、《郑学录》等。其子郑知同(1831—1890),亦博览群籍,从小学入手,说经不流于空泛,能恪守汉学之本。曾协助父亲共治《说文》,《说文新附考》一书,实际上体现了郑氏父子二人戮力同心之成果。郑知同还著有《说文本经答问》、《六书浅说》、《漱芳斋文钞》等。

莫友芝(1811—1871),字子偲,自号郘亭,晚号眲叟,贵州独山人。幼从父与郑研经读史,与郑珍总角即为同窗,成年后又结为姻亲,关系非同一般。莫友芝治学谨守从文字入手之道,自幼即偏爱小学,甫入学时,友芝即与友人胡长新"讲六书、故训、诗、古文辞以为乐"[46]。后接触理学,曾竭力谋刻张履祥的《张杨园先生全集》,但其父殁后,即与理学日渐疏离,并沉潜于小学、经学、碑刻的研究中。所撰《唐写本说文解字木部笺异》,一时颇引起争议,但仍以信之者为主。刘毓崧看到之后,根据避讳等例,断“此本写于元和十五年穆宗登极之岁,尚在改元长庆之前”[47]。晚年,莫友芝入曾国藩幕府,任职金陵书局,自此埋首在古籍碑刻之中,流连于版本铅椠之间。所校《史记》,学界称为善本。

黎庶昌(1837—1898),字莼斋,与郑珍同里,并受业于郑珍,且是莫友芝的妹夫,故有贵州三儒“郑、莫、黎”之说。黎氏勤勉好学,广搜善本,曾与杨守敬合刻《古逸丛书》,传衍古学。著有《春秋左传杜注校勘记》、《拙尊园丛稿》等。

黄彭年(1823—1890),字子寿,号陶楼,贵州贵筑人。黄氏虽然算不上卓然经师,但治学亦宗汉学,推崇许慎、郑玄,著《陶楼文钞》、《陶楼杂著》等。其于莲池等书院掌教席多年,弟子中如许克勤等,亦负学名。

云南有方玉润。方玉润(1811—1883),字友石,一字黝石,宝宁人。方氏是云南为数不多的治经学者,有《诗经原始》、《鸿蒙室文钞》等。《诗经原始》一书是其代表作。方氏作是书,不满于以往“说《诗》诸儒,非考据即讲学两家。而两家性情,与《诗》绝不相近。故往往穿凿附会,胶柱故鼓瑟,不失之固,即失之妄,又安能望其能得诗人言外意哉?”[48]他“务求得古人作诗本意而止,不顾《序》,不顾《传》,亦不顾《论》(按指姚际恒《诗经通论》),唯其是者从而非者正,名之曰《原始》”[49]。“是书持论务抒己见”[50],而注重阐发诗篇的文学意义为其特色。

(二)四川

晚清四川汉学成就亦值得瞩目,主要的宗汉学者有:王劼、何志高、王金城、吕调阳、饶炯、张慎仪、李天根、冯世瀛、吴之英、李滋然、姜国伊等。

王劼,字子任,一字海楼,四川巴县人。精于《诗》、《书》,撰《尚书后案驳正》与王鸣盛商榷,另有《毛诗序传定本》、《毛诗读》等,专讲《毛诗》微旨。

王金城,研治《说文》六书之学,因见学界对《说文》"转注"之义含混不清,遂著《转注本义考》上下篇,认为《说文》中完全吻合转注本义者计12字,近者62字。其书还对曹仁虎、江声、郑珍父子相关著作加以辨正。

吕调阳(1832—1892),字晴笠,号竹庐,四川彭县人。吕氏学问淹通,勤于治学,著作等身。治学以汉学为旨归,遍治群经,且对小学、金石、舆地、乐律等都有一定造诣,规模比较宏大,乃晚清川蜀名儒。撰《易一贯》、《诗序义》、《周官司徒类考》、《三代纪年考》、《群经释地》、《逸经释》、《商周彝器释铭》、《六书十二声转》等。

张慎仪(1846—1921),字淑威,四川成都人。精于文字之学,长于《方言》等训诂之书的研究,著《诗经异文补释》、《续方言新校补》、《方言别录》、《愍叟摭笔》等。《诗经异文补释》初名《诗考异》,后见李富孙《诗经异文释》,遂改今名。其书以阮刻《十三经注疏》为本,异者采次于下,可补李书。

李天根,字澄波,四川双流人。以小学为治经之基,精研《说文》,有《说文部首韵语》、《音韵析义》、《六书释义》等。

冯世瀛,号壶川,四川酉阳人。著《雪樵经解》等书,把《易》、《书》、《诗》、《春秋》、《礼记》之经解,纂述而成,间下己意,虽发明无多,但用力甚勤。

李滋然,字命三,四川长寿人。治经不分门户,实事求是,长于《礼》经,著《周礼古学考》阐发古学微谊。他还究心小学,对《说文》、《尔雅》、《仓颉篇》等均有研究,著《说文解字引汉律令考补正》、《尔雅旧注考证》、《仓颉辑补斠证小笺》等，是同光年间四川颇有成就的汉学家。

西南地区相对而言受到战争影响较小，学术保持了连续性。从学人情况来看，晚清贵州、云南治经者数量不算多，但名家辈出。蜀地宗汉学者有增多的趋势。同时，四川不乏能够从小学入手，训诂名物，考核经旨的汉学家。就治学内容言，四川汉学的《说文》研究、三礼研究较有特色[51]。

三　顺天[52]、直隶、山东地区

（一）顺天、直隶

晚清，该地区出现了雷学淇、沈道宽、王萱龄、苗夔、刘书年、张之洞、王树枏等各具特色的宗汉学者。

雷学淇，字瞻叔，号竹卿，又号介庵，顺天通州人，是北方一位比较重要的汉学家。雷氏幼年即承其父雷鐏习经，以汉学为尚。其治学以训诂为先，每下一义，必旁征博引，以安其说。著《介庵经说》、《竹书纪年义证》等。其研究《竹书纪年义证》一书，认定《竹书纪年》非伪书，且以之正经、史等讹误之处颇多，为后人所称道。钱穆曾说，清儒治《竹书纪年》者，"前后无虑十许家，独通县雷氏之书用力最深，而流传转最狭"[53]。

沈道宽（1772—1853），字栗仲，其先为浙江鄞县人，后落籍顺天府之大兴。嘉庆九年举人，二十五年成进士，历官湖南宁乡、道州、茶陵、耒阳，补酆县知县。擅诗歌，精于字母声音之学。所著有《论语比》一卷、《话山草堂文集》一卷、《话山草堂诗钞》四卷、《话山草堂词钞》一卷。[54]工书画，湖南炎陵有其亲笔所题"飞香旧迹"、

"味草遗踪"、"永康桥"、"奉圣寺"、"炎帝神农氏之墓道"等碑刻，并著《八法筌蹄》阐发书学思想。

王萱龄，字北堂，昌平（今属北京）人。治学以汉学为帜，精于训诂，曾受业于王引之，"《经义述闻》中时引其说"[55]。著《周秦名字解故补》、《昌平志》（稿本）等。《周秦名字解故补》一书，补释王引之著作，"究声音之统贯，察训诂之会通，有裨经学，良非浅显"[56]。

苗夔（1783—1857），字先路，号仙麓，直隶肃宁人。治《说文》，推崇顾炎武的音韵学。著《说文声订》、《说文声读表》、《说文建首字读》、《毛诗韵订》等，受到王念孙父子的称许，声誉日隆。随祁寯藻"衡文江苏"，"又以其暇编摩撰述，从事于其所谓声韵之学"。回京后，祁寯藻刻其《说文声订》诸书。[57]又结识曾国藩，曾氏服其学，于其殁后撰《墓志铭》，传扬其事。

刘书年（1811—1861），字仙石，直隶献县人，历任贵州安顺、贵阳等地知府。刘氏治经本于小学，从诂字入手，今古文字，多厘定清楚，方说经义。"晚尤好三《礼》之学，其说经笃守本朝诸大师，益务为详密，欲有所著述，未就"[58]，惟有《刘贵阳经说》、《涤滥轩说经残稿》等》。民国时朱启钤曾将其《黔乱纪实》、《黔行日记》、《归程日记》、《涤滥轩诗钞》辑为《刘贵阳遗稿》行世。

张之洞（1837—1909）字孝达，号香涛，晚年自号抱冰，直隶南皮人。张氏不是专门学人，但为官之余亦常究心学术，每到一地，总以振兴当地学术为务。学术著作有《读经札记》、《论金石札》等[59]。其说经尚汉学，主张不分门户，实事求是。自称"平生学术最恶公羊之学，每与学人言，必力诋之"[60]。他批评董仲舒"治《公羊》多墨守后师之说，几陷大愚之诛"[61]，认为《春秋公羊传》解经中"隐元年，春王正月"一语，"用纬书文王改元受命之说，遂为后世僭逆悖乱之祸首"[62]。他指责《春秋公羊传》臆改史实,误解字义,"迂曲刻深不合于理者,不可胜计"[63]。为排击《公羊》学,他甚至"贿逼"尊今文经的廖平"著书自驳"。[64]不过,张之洞对今文经并非一味排斥,之所以一度力诋《公羊传》,有其政治目的。

王树枏(1852—1936)字晋卿,直隶新城(今高碑店)人。王氏乃黄彭年弟子,年轻之时便已崭露头角。他博览群书,经史子集无书不观,治学以考证训诂为业,对王念孙父子至为钦敬。著述甚多,主要有《费氏古易订文》、《尔雅说诗》、《郭氏尔雅订经》、《尚书商谊》、《广雅补疏》、《校正孔氏大戴礼记补注》、《夏小正订传》等,多有真知灼见。余复有《墨子斠注补正》、《陶庐文集》等。

(二)山东

山东汉学,有其渊源与传统。清初即有张尔岐等人,说经崇尚实学。乾嘉间,山东汉学名家辈出,如牛运震、牟庭、孔广林、孔广森、桂馥、郝懿行等。有这样的汉学土壤,晚清山东自然不乏学者传承其学,并不断发展。其要者有:翟云升、王筠、许瀚、周悦让、陈介祺、宋书升、王懿荣、丁以此等。

翟云升(1776—1858),字舜堂,号文泉,山东掖县人,《说文》名家桂馥弟子。翟云升潜心学术,治学以汉儒为宗。精研小学,所著《隶篇》,"取顾氏《隶辨》偏旁之意而引申之"。因《说文》皆以篆字分类,此书则"以隶为纲,凡隶同而篆异者属焉。经纬参互,曲尽其蕴,所以观其变与变之变者,于是乎在矣"。[65]初成书十五卷,后又陆续见到各种新材料,遂不断补苴,相继成《隶篇续》十五卷、《隶篇再续》十五卷,启古文字研究分类方法之新风。后吴大澂《说文古籀补》、杨守敬《楷法溯源》皆沿此式。《隶篇》外,著作尚有《说文伪经证》、《说文辨异》、《肄许外篇》、《说文形声后案》、

《韵字鉴》、《焦氏易林校略》等。

　　王筠（1784—1854），字贯山，号菉友，山东安丘人。王氏治学，以《说文》为主，兼及声韵之学，号称清代《说文》四大家。著《毛诗双声迭韵说》、《说文解字句读》、《说文释例》、《说文韵谱校》、《文字蒙求》、《菉友臆说》等。其中《说文释例》以六书为纲，探求字义，与其他诸家有别，自成体系。《说文解字句读》便于初入小学者，在文字学上不失其价值。王氏十分注重校勘，他曾以《史记》、《汉书》互校，发现"其中异文，凡有数端。……至其用字，或《史》用古则《汉》用今，《史》用今则《汉》用古，互相触发，意蕴或然。……至于微文大义，概未之及也。"[66]但他也感觉到校书常有不安处，即如他以《汉书》校《史记》，"所据《史记》乃张齐贤本，《汉书》乃汲古阁本，未尝广征，亦恐以今人之讹，指为古人之误也"[67]。所以对校法虽然十分重要，但如果不能"广征"，则难免出现讹误。

　　许瀚（1797—1866），字印林，山东日照人，王引之弟子。幼年便博综经、史及金石、文字之学。治小学，深于声韵训诂。与苗夔等人常互相砥砺，以学问相切劘。曾力疾协助编纂《史籍考》，惜不传。著作有《别雅订》、《古今字诂疏证》、《攀古小庐杂著》等。许瀚读书广博，为时人所推重，龚自珍甚至称许"北方学者君第一"[68]。许瀚的著作主要分为四个部分：经说、古文字说、古韵学说和金石学。相比较而言，其说经的文字并不是很多，但由于他有深厚的古文字和音韵学的基础，特别是以韵说经，着实有比较高的见识。音韵学发端以《毛诗》为主要材料，许瀚却把《尚书》、《论语》、《孟子》、《左传》、《孝经》之韵逐条考出，丰富了古韵的材料，对于研究上古音韵提供了助益。[69]有论者说清代汉学家虽然治《说文》者多，唯有许瀚和孔广森是北方仅有的两位"能精通文字、声韵两门学问"的学者[70]。此说非必确凿,但以许瀚为晚清山东通声韵之学的汉学大家,当不为过。

周悦让,字孟白或孟伯,一字梦伯,又号梦白,山东莱阳人。其一生学术菁华,尽在《倦游庵椠记》一书中。该书是周悦让的读书笔记,包括"经隐"、"经逸"、"史悟"、"子通"、"集通"、"丛考"六部分,按照旧的四部分类,把读书心得顺序排列。其中"经隐"本名"经通",后入《倦游庵椠记》时定为今名,而"经隐"和"经逸"占据该书的绝大部分。据说这部书尚在周悦让撰作的时候,已经博得声誉,索求者众,但他却很少示人。从全书内容看,《倦游庵椠记》是典型的汉学家撰述风格。每考经义,列出条目,多以《说文》起首,续列先儒之说,然后能断者断,不能断者附以己意,存疑而俟诸来日。其论证的方法,基本上为以经证经,主要在考订名物制度,以疏说经义为旨归。赵录续跋文称该书"精湛浩博,不亚高邮王氏《读书杂志》"[71]。赵氏评价可能有所夸大,但细读此书,可知周氏之学确实精微细密,湛湛宏通,而周悦让也堪为咸同年间山东一流的汉学家。《倦游庵椠记》外,周悦让曾协助增修《登州府志》,主要撰写其中的《金石志》、《艺文志》。

陈介祺(1813—1884),字寿卿,号簠斋,晚号海滨病史、齐东陶父,山东潍县人。自幼随父在京读书,渐好金石考证之学。咸丰四年(1854)丁母忧归里,不复出仕。陈介祺与当时研究古文字、金石学的学者李方赤、吴式芬、吴云、潘祖荫、吴大澂、王懿荣多有交往,互通信息,交流治学心得。陈介祺收藏古器物甚多,所编《簠斋藏古册目并题记》,录其所藏古器物二百四十五件。不仅收藏宏富,陈介祺亦作尽心研究。与山东海丰人吴式芬合辑《封泥考略》,著录四川、陕西、山东等地出土的秦汉及少量战国封泥共849方,每种皆有原大拓片,并附考释。后人将其与潘祖荫之收藏比较,认为"陈氏收藏彝器,鉴别精审,远胜攀古"[72]。

宋书升(1842—1915),字晋之,又字贞阶,号旭斋,山东潍县人。少即聪慧,博闻强识,常手不释卷。为学不分门户,善考据之学。精《周易》研究,追根求源,择善而从。考析清儒毛奇龄、惠栋、焦循之说,融会贯通,著为《周易要义》十卷。又纂《夏小正释义》,推算古历,以为《周易》研究之辅助。其余著作尚多,惜晚年北京政府邀入内阁,催逼甚急,因不愿就,避祸家中,积郁恍惚,自焚书稿而亡。存世著作除《周易要义》、《夏小正释义》外,仅《古韵微》、《旭斋文钞》几种而已。

王懿荣(1845—1900),字正孺,一字廉生,山东福山人,周悦让弟子[73]。治学不分汉宋门户,唯求其是。精金石、文字之学,功力深厚。他发现甲骨文字,对中外学界震动很大,学术研究自此出现新的材料,研究内容发生改变,对旧有的成说也产生了冲击。所著有《攀古楼藏器释文》、《汉石存目》等。

丁以此(1846—1921),字竹筠,山东日照人。精于音韵之学,著《毛诗正韵》、《尔雅声类》、《春秋疑义录》等。曾与章太炎论韵,太炎赞其"所论三叠韵、四叠韵","实发千古未祛之秘"[74]。

顺天、直隶和山东,是晚清北方汉学研究的代表地区。概而言之,顺天为清代汉学中心之一。因京师为学人集散之地,各省经师、儒生、文士麋集于此,交游唱和,相互浸染,遂构成一时学风。即以乾嘉时期而言,吴派、皖派汉学,与京师学术圈亦关系密切。晚清时期,顺天乡试依旧容纳大量外省学子,而京师作为会试重地,来此赴试待考者、试毕留寓交游者、中式留京居官者,更不胜枚举。京师一带,继续成为学风形成与转换的关键之地。直隶地区受京师汉学圈影响,研治小学、经学者逐渐增多。山东由于有清初以降汉学学术的浸淫,其汉学自成一个比较完整的发展脉络。如果说乾嘉年间山东汉学以小学为基,进而研治经学,晚清的山东汉学,则逐渐专注于小学研究,其金石学成绩尤为突出,经史之学显得稍有不足,但一些学者的经学著作仍然值得关注。其学风犹存,加之由金石学而演化出的考古学较为发达,才有民国时期吴秋辉等人撰写出经学宏著。

四　湖南、湖北地区

晚清两湖地区亦出现治汉学者。湖南乃理学重镇,但由于学术风气之流播,加之外来宗汉学者的影响,汉学逐渐萌生。湖北虽治汉学者不多,但也有可称道者。

(一)湖南

湖南主要的汉学家有:邹汉勋、周寿昌、王先谦、胡元玉、胡元仪、叶德辉等。

邹汉勋(1806—1854),字三杰,号叔绩,湖南新化人。邹氏读书广博,勤于著述,虽大量著作于太平天国时期焚毁,但仅从留下的著作即可看出其在经学、小学、声韵学、历法学、舆地学等诸多方面颇有造诣。其《邹叔子遗书》收入《读书偶识》、《五均论》、《颛顼历考》、《红崖碑释文》、《敩艺斋文存》等七种著作。《读书偶识》乃其二十余年读经、子之笔记,其中又以读《礼》札记为最多,饱含其研治汉学的重要心得。

周寿昌(1814—1884),字应甫,一字荇农,晚号自庵,湖南长沙人。学宗汉学,长于考史。其《汉书注校补》、《后汉书注补正》是奠定学术地位之作。余有《三国志注证遗》、《思益堂日札》、《思益堂集》等,说经论史,均可见其实事求是之学风。

王先谦(1842—1917),字益吾,号葵园,湖南长沙人。王氏治学崇尚汉学,说经不分门户,主张义理、考据、经世并用。仿阮元《皇清经解》体例,编辑《皇清经解续编》,汇集了嘉道至同治年间汉学家的主要经学成果,"有清一代汉学家经师经说每赖以传"[75]。王氏著作有《诗三家义集疏》、《释名疏证补》、《汉书补注》、《庄子集解》、《荀子集解》、《虚受堂文集》等。

胡元玉,字子瑞,湖南长沙人。撰《雅学考》、《驳春秋名字解诂》、《璧沼集》、《郑许字义异同评》等。其弟胡元仪(1848—1907),字子威,著《毛诗谱》、《始诵经室文录》等。两人治学初以汉学为尊,对经学、小学,均有一定见解。

叶德辉(1864—1927),字奂彬,号郋园,又号直山,湖南长沙人。叶氏治学宗汉学,说经虽不分门户,但力避调和,著述宏富,涉足经学、小学、版本目录学等诸多方面,遍览群籍,治学颇具规模。著《说文籀文考证》、《同声假借字考》、《说文读若字考》、《说文读同字考》、《六书古微》、《经学通诰》、《书林清话》等。

(二)湖北

湖北治学宗汉学的主要有刘传莹、杨守敬、关棠等。

刘传莹(1817—1848),字实甫,号椒云,湖北汉阳人。著《群经大义录》、《汉魏石经考》、《音韵学稽古录》、《刘椒云先生遗集》等。刘氏一生短暂,其治学于去世前一年出现重大转变,由服膺汉学,推重顾炎武、江永等名家,到养疴时读宋五子书而"恍然大悟从前之谬",后"竭力以尽伦复性为事"[76]。同里关棠,字季华。有《读易札记》、《汉阳关先生遗集》等行世。

杨守敬(1839—1915),字鹏云,号惺吾,晚号邻苏老人,湖北宜都人。杨氏于学无书不观,涉猎经史、舆地、金石、书法等领域,皆有所成。著《禹贡本义》、《晦明轩稿》、《水经注疏》、《学书迩言》、《日本访书志》、《丁戊金石跋》、《历代舆地沿革险要图》等。其光绪间在清政府驻日公使随员任上，留心搜集流传于日本的中国古书，合力刊成《古逸丛书》，尤为有功于中国学术，受到学者们的赞扬。

　　由上可见，湖南理学固然发达，在清代乾嘉汉学大盛之时其地尚无治汉学者。但至道光以后，汉学风气方流播湖湘，随后"汉学大盛，风流湘楚，人人骛通博以为名高，而耻言程朱"[77]。就此，湖湘学风发生转变，原本讲求理学的地方，汉学转盛，成为晚清汉学流风所及的新区域。湖北汉学未形成强劲风气，但所出学人仍对当地学术趋向产生影响，且一些学者颇引后来学界域外访古之学术潮流，故不可轻视之。

五　福建、广东地区

（一）福建

　　清代康雍乾时期，福建学界以宗程朱理学为主，讲汉学者凤毛麟角。嘉道以后，汉学有所发展，提倡者如林春溥、陈寿祺等。受到他们的影响，福建学坛逐渐涌现出一批有所成就的汉学家，主要有陈庆镛、林昌彝、何秋涛、陈衍等。

　　陈庆镛（1795—1858），字乾翔、笙叔，号颂南，福建晋江人。陈氏治学力主实事求是，不分门户。治经以小学为根柢，提出"治经必先于声音训诂文字，而声音训诂文字莫备于许书"[78]，推服许慎之义。著作有《籀经堂类稿》等。

　　林昌彝（1803—1876），字惠常，号五虎山人，福建侯官（今福州)人。林氏与陈庆镛俱为陈寿祺弟子,于经学精研《礼》经。著《三礼通释》,卷帙浩繁,规模庞大,亦晚清治《礼》经之重要著作。唯逊于黄以周《礼书通故》,不甚显。余有《读易寡过》、《左传杜注勘譌》、《说文二徐本互校辨譌》、《三传异同考》、《温经日记》、《小石渠阁文集》等。

何秋涛(1824—1862),字愿船,福建光泽人,陈庆镛弟子。精舆地之学,著有《朔方备乘》、《蒙古游牧记补注》。其经说有《周易爻辰申郑义》、《禹贡郑氏略例》、《一镫精舍甲部稿》等。

陈衍(1856—1937),字石遗,福建侯官人。为学庞杂,经史、文学均有著述。说经以小学入手,进而言及经义。撰《尚书举要》、《考工记辨正》、《考工记补疏》、《说文解字辨证》、《说文举例》、《石遗室文集》等。

(二)广东

清代中叶之前,岭南地区学术以理学为重。嘉道之际,阮元任两广总督,创办学海堂,编辑《皇清经解》,提倡汉学,使岭南学风为之一变。以学海堂等主汉学之书院为核心,广东逐渐出现一批讲求汉学的学者,较著者有曾钊、朱次琦、徐灏、陈澧、桂文灿等。

曾钊(1793—1854),字勉士,广东南海人。精研经学,尤长于《易》、《毛诗》、《周礼》,著有《周易虞氏义笺》、《诗毛郑异同辨》、《周礼注疏小笺》。《周礼注疏小笺》一书,对《周礼》注多补正其说,对贾疏则稍及之。曾钊曾建言阮元设学海堂,建成后,即以曾氏为学长。人谓"粤东经学、训诂,倡于阮元,而实导于勉士"[79]。曾钊为学力主汉学,其治学较诸陈澧实更为纯粹,唯影响不及陈氏。

徐灏(1809—1879),字子远,一字伯朱,号灵洲,广东番禺人。

生平服膺金坛段氏、高邮王氏之学,肆力于经学,并致力《说文》段注的研究。有《通介堂经说》,集其一生研治经学之心得,卷帙较多,常有新见。《说文解字注笺》专为笺证段注,其中能正段氏臆改之失。另有《通介堂文集》、《灵洲山人诗录》等。

陈澧(1810—1882),字兰甫,号东塾,广东番禺人,在岭南学术史上具有举足轻重的地位。为学不分门户,他认为当今学术之弊为:

> 说经不求义理,而不知经;好求新义,与先儒异,且与近儒异;著书太繁,夸多斗靡;墨守;好诋宋儒,不读宋儒书;说文字太繁碎;信古而迂;穿凿牵强;不读史,叠床架屋。[80]

甚至提出:

> 百年以来,讲经学者训释甚精,考据甚博,而绝不发明义理,以警觉世人。其所训释考据,又皆世人所不能解,故经学之书,汗牛充栋,而世人绝不闻经书义理。此世道所以衰乱也。[81]

故他特重调和汉宋两学,强调以义理为旨归。钱穆认为陈澧乃"目击汉学家种种流弊,而有志于提倡一种新学风以为挽救者也"[82]。为倡此新学风,陈澧治学涉足多种领域,在经学、乐律学等方面均有造诣。著作有《东塾读书记》、《东塾集》、《切韵考》等。陈氏弟子众多,要者有桂文灿、廖廷相、林国赓等。

桂文灿(1823—1884),字子白,号昊庭,广东南海人。一生精心治学,遍治群经,成就颇著。撰《易大义补》、《禹贡川泽考》、《毛诗释地》、《郑氏诗笺礼注异义考》、《周礼今释》、《孝经集解》、《论语皇疏考证》、《孟子赵注考证》等,后合为《南海桂氏经学丛书》。此外,桂氏有感于嘉庆以降汉学风气虽有变化,但"三十年来,继起之士,浅深虽异,指归则同",仍孜矻于汉学研究,然而"寒儒不能整齐众家,登之梨枣,聊欲撖其梗概以广见闻",故而编《经学博采录》一书以表彰汉学:"有著述未成,刊布未广,逝者不作,知者益稀,潜德幽光,理宜表著,此又区区撰录之愚心也"。[83]

晚清闽、粤地区的学术,从主宋儒理学,逐渐倾向宗汉学,表现出比较明显的过渡性质。福建、广东汉学的出现,均与外来宗汉学的大员主政有一定关系。纪昀、朱珪等先后督学福建,对福建学风的转变起到一定的作用。阮元任两广总督,创办学海堂,造士颇多,更是直接改变了广东的学术理路。但同时,由于两地理学风尚毕竟曾较为普遍,福建、广东的宗汉学者,比较多的崇尚讲求义理。这虽是晚清汉学的一个发展趋势,但较诸他地,闽、粤两地更为明显。另外,虽然晚清广东汉学成就突出,但如果就此说广东是晚清汉学的殿军,"一枝独秀",则未免有些夸大其词,至少浙江汉学的成就并不逊于广东。

六　其他地区

在山西、江西、广西、河南等地,也出现一些讲汉学的学者,且其中不乏名家。如山西祁寯藻、张穆,江西龙起涛,广西龙启瑞,河南蒋湘南等,在研治汉学方面,均有一定的成就。

祁寯藻(1793—1866),字叔颖,号淳甫,又号春圃,山西寿阳人。祁寯藻博极群书,嗜好汉学,并主张义理和训诂不可偏废。长于诗文、书法,以帮助刊刻学人书籍为学界所称道。曾在刊刻《说文解字通释》时,附上江苏江阴学者承培元所作《校勘记》。承氏《校勘记》对小徐《说文系传》中所引子、史、文集等书中的讹错作了考订,有参考价值。又,苗夔曾入祁寯藻幕,追随时间较长。所著《说文声订》、《说文声读表》、《说文建首字读》、《毛诗韵订》由祁寯藻出资刊行,题为《苗氏说文四种》。此外,张穆所撰《阎潜丘先生年谱》、《月斋文集》、《月斋诗集》,亦由祁寯藻刊刻行世。祁氏自著有《〈馎飦〉亭集》、《〈馎飦〉亭后集》等,今人结为《祁寯藻集》。

张穆(1808—1849),字石洲,号月斋,山西平定人。张穆治学质朴,长于蒙元史及西北史地的研究,著《蒙古游牧记》、《月斋诗集》、《月斋文集》、《阎潜丘先生年谱》等。其《蒙古游牧记》一书影响较大。此书为补祁韵士《藩部要略》而作,广搜《一统志》、《大清会典》、《理藩院则例》、《亲征朔漠方略》、《平定准噶尔方略》、《蒙古王公列传》诸书,参互考证,成书十六卷。该书记载蒙古、青海、新疆等地的蒙古各部落的历史、王公系谱世纪、游牧所在、四至、盟旗沿革,对清王朝对蒙古王公的政策以及蒙古各部落所在地区的山川城堡等都予以了详细的记载,对研究蒙古各部落的历史、满蒙关系史,以及蒙古、青海、新疆等地的历史地理有重要学术价值,成为当时汉学圈中研治西北史地之学的代表著作之一。

龙起涛(1832—1900),字仿山,自号禹门,江西永新人。研经较有心得,善治《毛诗》,撰《毛诗补正》二十五卷,另有《天霞山馆文存》六卷、《诗存》二卷等。会试出王先谦房,后二人过从较密,王氏称其一心学术,"或与言治生,蹙眉不答,相质以诗文经史,则讲论忘疲","天怀皓洁,表里洞彻,服官三十年,于世俗嫕婉软媚气习,一无擩染"[84]。

龙启瑞(1814—1858),字辑五,号翰臣,广西临桂人。尊崇汉学,但亦讲朱子,可谓汉宋兼采者。精于音韵之学,撰《古韵通说》,采撷顾、江、戴、王等人之说,出以己意,认为"论古韵者,自亭林以前失之疏,自茂堂以后过于密。江慎修氏酌乎其中,而亦未尽善"[85]。其他著作还有《经籍举要》、《尔雅经注集证》、《经德堂文集》等。

蒋湘南(1793—1854),字子潇,回族,河南固始人。河南自宋代以来即世传理学,晚清也以理学为重,治汉学者除乾嘉间堰师武亿外,声誉著者唯蒋湘南。蒋氏博览群书,"以五十之年,成书百卷。解经者十之四,辨史者十之三,衍算者十之二,述刑名、钱谷、河监诸大政者,十之一"[86]。著有《周易郑虞通旨》、《十四经楼日记》、《中州河渠书》、《华岳图说》、《七经楼文钞》等。

从上述各省的情况可以看到,晚清除了个别省份外,汉学不但保持了原有的基础,甚至出现了扩大的趋势。在一些原本无甚汉学积淀的地区,如福建、湖南、河南、广东、贵州等地,涌现出一些治汉学的学者,且取得一定的成就。而原本汉学比较发达的江苏、浙江、山东,则继续保持发展的态势。北方的直隶和西南的四川,则是在原有基础上,续有研治者。还有另外一些地区如山西、广西、江西等,也可以看到汉学家零星的影子。安徽治汉学者则有所减少。

就传衍方式而言,晚清汉学主要以家学、师承和游幕为主。这其中,家学带有比较明显的地域色彩,师承以书院为中心,游幕则大多根据幕主的迁徙而迁移,从而对当地的汉学发展产生影响。

不过需要说明的是,以地域来论述晚清汉学,虽然眉目清楚,但同时有明显的局限性,甚至并非绝对准确。如贵州人黄彭年,其主要学术活动在直隶莲池书院等地,把他放在贵州汉学群体中,不如郑珍等人那样恰当。又如张穆,其学术思想主要在寓居京师时形成,若视为山西汉学,似不甚妥当。但学术活动与学术思想本身即在不断变动、变化和变迁当中,因而这种难以"妥当",恰恰从某种程度上反映了晚清汉学传衍的实际情况。

注　释

1　梁启超:《中国近三百年学术史》,朱维铮校注:《梁启超论清学史二种》,复旦大学出版社 1985 年版,第 456 页。

2　梁启超:《近代学风之地理的分布》,《饮冰室合集》文集之四十一,中华书局 1989 年版,第 48—81 页。

3　需要说明的是,为了避免与第三章部分内容过分重叠,这里的讨论以学人的身世背景等情况为主,对于著作,若后文涉及不多则详细论述,若有重复则点到为止。

4　陈奂:《诗毛氏传疏叙录》,《诗毛氏传疏》上册,中国书店 1984 年版,第 1—3 页。

5　陈奂:《诗毛氏传疏》上册卷十一,第 8 页。

6　陈奂:《师友渊源记》,邃雅斋丛书本,第 33 页。

7　见陈左高:《历代日记丛谈》,上海画报出版社 2004 年版,第 152 页。

8　〔日〕今关寿麿:《宋元明清儒学年表》,北京图书馆出版社 2002 年版,第 208 页。

9　《清史稿·儒林二》。

10　张之洞:《书目答问二种》,三联书店 1998 年版,第 60 页。

11　俞樾:《俞荫甫太史书》,《雷刻八种》卷前。

12　汪喜孙:《与某大人书》,《汪孟慈文集稿本》,邃雅斋丛书本。

13　汪喜孙:《上张石洲先生书》,杨晋龙主编:《汪喜孙著作集》(上),台北:"中央研究院"文哲所 2003 年版,第 188—189 页。

14　刘毓崧:《郭生子贞周易汉读考序》,《通义堂文集》卷二,南林刘氏求恕斋刊本,第 4—5 页。

15　刘寿曾著,林子雄点校:《刘寿曾集》,台北:"中央研究院"中国文哲研究所筹备处 2001 年版。

16　刘宝楠:《中文尚书》,《愈愚录》卷六,光绪十五年(1889)广雅书局刻本,第 5 页。

17　见刘恭冕:《广经室记》,《广经室文钞》,载《宝应刘氏集》,广陵书社 2006 年版,第 575 页。

18　单懋谦:《答朱铨甫世叔书》,《强识编》,同治元年(1862)刻本,第 4 页。

19　刘文淇:《禹贡班义述序》,《禹贡班义述》,《清经解续编》卷一四〇八,第 5 册,上海书店出版社 1988 年版,第 1276 页。按,该序文后收入刘毓崧《通义堂文集》卷二,不知是否乃刘毓崧代父捉刀之文。

20　陈瑑:《说文引经考证叙》,《说文引经考证》卷一,同治甲戌(1874)崇文书局重刊本,第1页。

21　徐灏:《读书杂释》卷二,中华书局1997年版,第21页。

22　参见俞绍宏:《吴大澂的古文字考释成就》,《南开语言学刊》2009年第2期。

23　于邶:《原序》,《香草校书》上册,中华书局1984年版,第2页。

24　俞樾:《宋澄之湖楼笔谈说文经字疏证序》,《春在堂杂文四编》七,第1页。

25　潘任:《孝经郑注考证》,虞山潘氏丛书本,第6页。

26　潘任:《郑注以经改经说》,《博约斋经说》卷中,光绪间刊本,第5—6页。

27　《仪礼正义》之最终蒇事,一些学者认为是胡培翚弟子杨大堉补撰成书,亦有学者以其为从子胡肇昕所"采辑补缀"。但胡培翚弟胡培系明言:"(胡培翚)病中……乃以《士昏》、《乡饮酒》、《射》、《燕礼》、《大射》诸篇授肇昕,命为采辑诸说,鳞次排比,如有己见,并令附后。公易箦时,……属公弟子杨君大堉为之补纂,即据肇昕所辑之底本也。"胡培翚另一侄胡肇智撰《仪礼正义书后》亦云:"先叔父……是年四月患风痹,犹力疾从事,左手作书。以族侄肇昕留心经学,命助校写。……讵意背疽复发,遽于七月弃世,尚有《士昏礼》、《乡饮酒礼》、《乡射礼》、《燕礼》、《大射仪》五篇未卒业。江宁杨明经大堉,昔从先叔父学礼,因为补缀成编。书中有'堉案'及'肇昕云'者,即二君之说。"可知补撰《仪礼正义》一事,乃胡肇昕、杨大堉二人合力成之,而非两氏独力完成也。胡培系语,见《族兄竹邨先生事状》,《研六室文钞》行状,光绪四年(1878)世泽楼重刊本。胡肇智《仪礼正义书后》,见《仪礼正义》,同治戊辰年(1868)刻本,第20册。

28　胡培翚:《燕寝考》,道光二十五年(1845)守山阁指海本。

29　胡培翚:《四书拾义序》,《研六室文钞》卷六,黄智明校点、蒋秋华校订:《胡培翚集》,台北:"中央研究院"文哲所2005年版,第183页。

30　胡绍煐:《自序》,《文选笺证》,黄山书社2007年版,第10页。

31　见蒋立甫:《胡绍煐及其〈文选笺证〉》,《江淮论坛》1994年第6期。

32　关于胡肇昕、杨大堉所补部分与胡培翚所撰内容之比较,详见彭林:《评杨大堉、胡肇昕补〈仪礼正义〉》,《清华大学学报(哲学社会科学版)》2007年第2期。

33　刘师培:《近儒学术统系论》,朱维铮、李妙根编:《刘师培辛亥前文选》,三联书店1998年版,第161页。

34　一说卒年为1855。见汪林茂:《从传统到近代:晚清浙江学术的转型》,中国社会科学出版社 2011 年版,第 69 页。

35　严章福:《经典通用考》卷一,吴兴刘氏嘉业堂刊本,第 2 页。

36　黄以周曾说:"初,予读秦氏《五礼通考》,病其吉礼之好难郑,军礼之太阿郑,每一卷毕辄有作,既而撰《礼书通故》。"见黄以周:《儆季杂著·礼说一》,自刊本,第 1 页。

37　分见张锡恭:《茹荼轩文集》卷八、九,宣统癸亥(1923)刊本。

38　孙延钊:《孙衣言孙诒让父子年谱》,上海社会科学院出版社 2003 年版,第 88 页。

39　汤志钧编:《章太炎年谱长编》上册,中华书局 1979 年版,第 10—36 页。

40　说详刘巍:《从援今文义说古文经到铸古文经学为史学——对章太炎早期经学思想发展轨迹的探讨》,《近代史研究》2004 年第 3 期。

41　俞樾:《皇清经解检目序》,《春在堂杂文四编》六,《春在堂全书》,光绪二十三年(1899)重定石印本,第 6 页。

42　俞樾:《张乳伯说文审音序》,《春在堂杂文四编》八,第 3 页。

43　章太炎:《孙诒让传》,徐亮工编校:《中国近三百年学术史论》,上海古籍出版社 2006 年版,第 92 页。

44　沈曾植:《周礼作成未行》,《海日楼札丛·海日楼题跋》,辽宁教育出版社 1998 年版,第 17—18 页。

45　罗继祖:《永丰乡人行年录》卷上,《雪堂类稿》附,辽宁教育出版社 2003 年版,第 7 页。

46　莫友芝:《文林郎河南扶沟县知县降改贵州遵义县训导胡君墓志铭》,张剑、陶文鹏、梁光华编辑校点:《莫友芝诗文集》下册,人民文学出版社 2009 年版,第 664 页。

47　刘毓崧:《书后》,《唐写本说文木部笺异》,影山草堂六种本,第 33 页。

48　50　方玉润:《诗经原始·凡例》,中华书局 1986 年版,第 4、5 页。

49　方玉润:《诗经原始·自序》,中华书局 1986 年版,第 3 页。

51　程克雅:《晚清四川经学家的三礼学研究——以宋育仁、吴之英、张慎仪为中心》,舒大刚主编:《儒藏论坛》(第二辑),四川大学出版社 2007 年版,第 159—170 页。

52　因大量学者曾寓居北京,故本节北京地区主要指隶籍北京的学者,外籍在京的学者不算在内。

53　钱穆:《雷学淇〈纪年义证〉论夏邑》,《古史地理论丛》,三联书店 2004 年版,第

153 页。

54　见徐世昌:《大清畿辅先哲传》下册卷二十五,北京古籍出版社 1993 年版,第 822—824 页。

55　《清史稿·儒林三》。

56　缪荃孙、刘万源等纂:《光绪昌平州志》,北京古籍出版社 1989 年版,第 480 页。

57　曾国藩:《苗先簏墓志铭》,《曾国藩诗文集》,上海古籍出版社 2005 年版,第 378 页。

58　张之洞:《贵阳府知府刘君墓碑》,《张之洞全集》第十二册,河北人民出版社 1998 年版,第 10087 页。

59　《书目答问》虽被归入张之洞名下,但实际撰作人尚待仔细考证,故此处不及此书。

60　《抱冰堂弟子记》,《张之洞全集》第十二册,河北人民出版社 1998 年版,第 10631 页。

61　张之洞:《劝学篇·内篇·宗经第五》,《张之洞全集》第十二册,河北人民出版社 1998 年版,第 9720 页。

62　张之洞:《驳公羊大义悖谬者十四事》,《张之洞全集》第十二册,河北人民出版社 1998 年版,第 10039 页。

63　张之洞:《驳公羊文义最乖外者十三事》,《张之洞全集》第十二册,河北人民出版社 1998 年版,第 10042 页。

64　梁启超:《清代学术概论》,上海古籍出版社 1998 年版,第 77 页。

65　翟云升:《自序》,《隶篇》,中华书局 1985 年版,第 2 页。

66　王筠:《史记斠序》,《清诒堂文集》,齐鲁书社 1987 年版,第 43 页。

67　王筠:《史记斠后序》,《清诒堂文集》,齐鲁书社 1987 年版,第 44 页。

68　龚自珍:《己亥杂诗·别许印林孝廉瀚》,《龚自珍全集》,上海古籍出版社 1975 年版,第 512 页。

69　许瀚:《经韵》,《攀古小庐全集》上册,齐鲁书社 1985 年版,第 55—101 页。

70　袁行云:《序例》,《许瀚年谱》,齐鲁书社 1983 年版,第 1 页。

71　赵录绩:《跋一》,《倦游庵椠记》,齐鲁书社 1996 年版,第 23 页。

72　褚德彝:《序》,邓实编:《簠斋吉金录》,民国七年(1918)风雨楼影印版。

73　王汉章纂辑:《王文敏公年谱》"十九岁"条,吕伟达主编:《王懿荣集》,齐鲁书社 1999 年版,第 462 页。又,王献唐先生为周悦让著作所作识语云:"福山王廉生(懿荣)为先生(按指周悦让——引者)弟子。"见周悦让遗著:《楚辞天问补注》,《金陵学报》第十卷第一、二期合刊,1940 年 11 月,第 307 页。

74　章太炎:《与丁以此》,马勇编:《章太炎书信集》,河北人民出版社 2003 年版,第 271 页。

75　支伟成:《清代朴学大师列传》,岳麓书社 1998 年版,第 346 页。

76　刘传莹:《家塾示从学者》,《刘椒云先生遗集》卷二,第 3 页。

77　钱基博:《近百年湖南学风》,中国人民大学出版社 2004 年版,第 66 页。

78　陈庆镛:《洪稚存先生转注考序》,《籀经堂类稿》卷十一,光绪癸未(1883)刊本,第 15 页。

79　刘成禺:《岭南学派述略》,《世载堂杂忆》,中华书局 1960 年版,第 277 页。

80　杨寿昌整理:《陈兰甫先生澧遗稿》,《岭南学报》第二卷第二期,见黄国声主编:《陈澧集》第二册,上海古籍出版社 2008 年版,第 769—770 页。

81　杨寿昌整理:《陈兰甫先生澧遗稿》,《岭南学报》第二卷第三期,1932 年 6 月,第 182—183 页。

82　钱穆:《中国近三百年学术史》下册,商务印书馆 1997 年版,第 675 页。

83　桂文灿:《自序》,《经学博采录》,广西师范大学出版社 2011 年版,第 1 页。

84　王先谦:《诰授朝议大夫湖南常宁县知县龙君墓志铭》,《虚受堂文集》卷十,《葵园四种》,岳麓书社 1986 年版,第 242 页。

85　龙启瑞:《论古韵宽严得失》,《经德堂文集》卷五,光绪四年(1878)京师刊本,第 1 页。

86　刘元培:《七经楼文钞序》,《七经楼文钞》,中州古籍出版社 1991 年版,第 3 页。

第 三 章

汉学的新著述

梁启超在《中国近三百年学术史》中总结"清代学者整理旧学之总成绩"时，提及 61 种经学著作，其中有 25 种属于晚清时期。其所谓清儒《十三经》新疏中，有 8 种是晚清学人所撰。在汉学的另一项重要研究领域"小学及音韵学"中，梁氏列举了 34 种著作，其中晚清著作有 13 种，而《说文》的几部重要著作，如王筠《说文释例》、《说文句读》，朱骏声《说文通训定声》及郑珍《说文新附考》等，均属于这个时期。

与乾嘉时期相比，晚清汉学在学术气度、代表性人物方面，整体而言似乎稍逊一筹，但这并不是说汉学在晚清所取得的成就无甚可述者。事实上，在汉学研究的主要领域，小学、经学、史学，以及诸子学、金石学、文献辑佚与校勘等方面，不乏名家和巨著。本章主要就小学、经学、史学和诸子学进行介绍，而对于金石、辑佚、校雠等学，关乎小学、经学者捎带论之，余则从略。

一　小学

晚清时期,以文字、声韵、训诂为内容的小学,继续受到研究者的重视。虽较诸乾嘉时期,其成就在某些领域确实等而下之,但仍然取得了一些成绩。

(一)文字学

晚清文字学研究,仍以《说文》为核心,而此时《说文》研究的典范,是朱骏声、王筠。二人的《说文》研究,既有对前人研究的继承,又开辟新的研究路径,故后人将其与段玉裁、桂馥、严可均等归入《说文》研究大家行列。相关论说已夥,本节不再赘述,而是重点绍述学界相对关注为少的内容。

1.“《说文》引经”研究

许慎在著《说文解字》时,常引用古经来诠释其说,这一点为清代许多学者注意,纷纷著书阐发此例。乾嘉时期,吴玉搢著《说文引经考》,已发其说。至晚清,嘉定陈瑑著《说文引经考证》,论说又有增益。陈书之旨,认为“《说文》之存于今者,误鳌脱落,窜入改易,许君原本,仅十之六七”[1],故其重点在纠正今存《说文》的脱误窜易,对许慎原旨加以考察,解释许书引经与今传本经书不同的缘由。陈氏此书在论证时,参考前人著述,特别是乾嘉诸儒江永、钱大昕、惠栋、汪瑗、钮树玉、吴玉搢、臧琳、邵晋涵、陈寿祺、卢文弨、王念孙等人,征引颇繁。

与陈书时间相仿者尚有江苏丹徒柳荣宗(1802—1865,字翼南,号德斋、涉田山房)《说文引经考异》,该书并不仅据《说文》所引字以考异同,而是以汉儒今古文“师授不同,读或有异”为基本判断展开研究。他说：

> 今经传非今非古，据《说文》所引以考同异，是犹不量凿
> 而正枘也。然由魏晋流传到今，师法虽亡，其文不异，特字随
> 时易，多俗书耳，且蒙非第以是考证今本也。汉儒经传既分古
> 今文，字异者固动以百数，即共治今文，同为古学，字亦错出，
> 良由师授不同，读有或异。许君博综兼采以入其书，用广异
> 义，存师读。《自叙》云：其称《易》孟氏，《书》孔氏，《诗》毛
> 氏，《春秋》左氏，《论语》《孝经》皆古文，综核所引，率多今文
> 家学，不可不察也。[2]

可见柳荣宗的重点，是通过考察许慎《说文解字》中所引经文，进
而分析汉儒今古文的观念问题。更重要的是，通过对汉儒今古文
观念的判断，可验证今古文的师授脉络，进而确立和判分出今、古
文的不同地位。

吴县雷浚亦治《说文》引经问题，撰《说文引经例辨》。他得读
陈瑑《说文引经考证》后，感到不满意，指出"厥病有六"：

> 不知《说文》引经之例有三（按即本义、假借、会意），而以
> 为皆《说文》本义，一也；异文有正假之异，有古今正俗之异。
> 正假者，其字本非一字，特以音近相通。……陈君不知而一切
> 以为古今字，……二也；有正字又有假字，谓之正假而假字有
> 无正者，许君所谓本无其字，依声托事，令长是也，无正字之
> 假借，其义从本义辗转引伸而出，故训诂家谓之引伸，而于六
> 书则属假借，有正字之假借，但取声而义不必通。……陈君不
> 知，而一切曲说以通其义，三也；何谓本义？《说文》所定一字
> 一义是也，其义多与其字之形相应，故谓之本义，从本义辗转
> 引伸而出者，谓之引伸义，又有假借义。……陈君似亦不知，

故其论义,往往置《说文》本义不论,而泛引他书之引伸假借义,以为某字本有某义,四也;繁称博引,既于义之不可通者曲说以通之,至穿凿之。无可穿凿则于字之明明声通者曰不可通,不当假借,五也;称引繁而无法,检原书多不合,六也。[3]

故此,雷浚认为"以诂经之法考《说文》之引经,拘泥则窒碍,泛滥则穿凿,均之无当",因而作《说文引经例辨》,以"纠嘉定陈氏之谬"。[4]在雷浚看来,许慎引经文有"说本义"、"说假借"、"说会意"三种体例,但考证其事者多不明此,故此他不欲在今古文的文字问题上过多纠缠,而是注意阐发《说文》引经的体例。

江阴承培元《说文引经证例》刊于光绪二十一年(1885),在晚清同类著作中属于较晚出者,对前贤著作搜罗比较完备,考释亦较允当。是书凡二十四卷,共1251条考释,在清代以来讨论《说文》引经的著作中,是条目比较多的一部,仅比程际盛《说文引经考》2593条少,可谓用力甚勤。与前人著作相比,承氏之书除考证《说文》引经与今本经文的异同外,也善于总结《说文》引经的体例,并且十分注重考察《说文》在引经时是否真的引用经文等细节问题,故胡朴安认为"雷氏(按指雷浚——引者)之例,犹未密也,承培元之例,则加密矣"。[5]承培元注意参照小徐本《说文解字系传》与大徐本对勘,使其《说文》引经问题的研究较诸前人有了深入。这不能不说与其书晚出、能洞见诸家得失有关。

关于《说文》与经的关系,学者除论《说文》引经之情况外,复以经文来疏证或纠正今本《说文》。如胡培翚在给友人张聪咸的信中,论"阑"、"阈"等字时,即求之经以说之。他引经文"公事自阑西,私事自阑东","由阑右"等语,认为"阑有东西、左右之称,则阑之为中央竖木无疑也"。他又引经文"不践阈"、"不履阈",认为

"闑言践履,则闑之为门下横木无疑也"[6]。这些论说,对于《说文》相关文字的解释,是有益的补充。

2.《说文》研究的订正与补证

乾嘉诸儒的《说文》研究,为后世确立典范,晚清学者对其做了订正和补证的工作。主要是对前人研究的讹误之处进行订正,并补证未及内容,从而提出新的论点。

首先,匡正段玉裁《说文解字注》。

段注《说文》,精审博洽,学界公认治《说文》之圭臬。但其瑕疵亦为时人所指出,在段玉裁书出不久,即有钮树玉、徐承庆等人撰书订之。道光以后,匡正、补注段书者更多,对段书以及《说文》研究起到补充与完善的作用。

阮元曾说,段氏成《说文解字注》时,"年已七十,精力就衰,不能改正,而校雠之事,又属之门下,往往不能参检本书,未免有误"[7]。冯桂芬撰《说文解字注考正》,即着意补苴段氏之失,改正段书讹误,对段氏征引文献,尽力参校。冯书之旨,在回护、帮助段书,而非指摘其误。徐灏《说文解字注笺》、徐松《说文段注札记》、龚自珍《说文段注札记》、邹伯奇《读段注说文札记》等,则主要在于攻段氏之错处。徐灏之书为较全面著作,就段氏注细为笺证,并对段氏有关字形、字义等释读进行驳斥。龚自珍为段氏外孙,能闻外人所不闻者。徐氏、邹氏均能以段校段,故亦能指出段注之失。

不过,尽管晚清时期订正、补证段氏注者不少,但段玉裁在《说文》研究中的地位并未受到触动,甚至在京师由其弟子、再传弟子以及私淑者形成段氏学圈,对一些圈外学人产生压力和消极影响。如王筠虽撰《说文释例》等书,其治《说文》的成绩为时人所承认,但他身处京师学术圈中,原想广为结交,以富学识,却在沉浮多年后未能如意,以致记忆中略感苦涩。他在回忆这段留京岁月

时曾说:"后来薄游京华,谓是人才之所荟萃,倾心以求,不意事会
蹉跎,究少兰契。二十年来,不我弃者数人耳。"[8]20 余年间仅得数
友,说明其在京师交游(特别是后期)并非顺遂。究其原因,一方
面或在于王氏自身过于孤傲耿直之个性,另一方面则是其对已经
身故的小学宗主段玉裁的不敬,使其与段氏学圈并不和谐,致其始
终无法真正进入京师主流学术群体。[9]

其次,详论六书之说。

象形、指事、会意、形声、假借、转注为六书之说,源出许慎《说
文解字》,是乾嘉汉学家提倡的研治古文字的重要内容,戴震诸人
有较多论述。晚清王筠、郑知同、叶德辉等加以综合讨论。而六书
中,"转注"之义最为繁杂,乾嘉时,江声、戴震虽各有精当之说,但
学者仍难下定论,故晚清宗汉学者论之者颇多。如张行孚、陈澧、
黄式三、黄以周、饶炯等,均不同程度的予以探讨,显示出此问题的
复杂性。

最后,讨究《说文》"新附字"与"逸字"。

许慎撰《说文》,虽尽力搜讨,但偶有遗漏,且《说文》经后人点
窜,亦不能反映许书原来全貌。徐铉整理《说文》时,收入一些许
慎未收之字,被称作"新附字"。清代汉学家力求返归许书本原,
即对徐铉所补字进行考证。乾嘉时,段玉裁撰《说文解字注》,删
去这些新附字,一些学人认为段氏过于严苛,遂有钮树玉撰《说文
新附考》,钱大昭撰《徐氏说文新补新附考证》,程际盛撰《说文新
附通谊》,对新附字进行研究。至晚清,郑珍、郑知同父子亦撰《说
文新附考》,对 402 个新附字逐一论说,是此时期有关《说文》新附
字的重要著作。该书缕析条贯,"于文字正俗,历历指数其递变所
由"[10],将《说文》新附字分为两汉以前文字和两汉及以后文字,认
为"《说文》新附四百二字,徐氏意乎? 非也,承诏焉耳。然实徐氏

病乎？非也。不先汉，亦不隋后，字孳也"[11]，重视这些新附字反映的文字变迁。此书为郑氏父子合力同撰，郑珍初撰全篇，后命其子为其校核，郑知同校核外，又对钮树玉书考辨驳议，所论散于书中，提升了该书的价值。

晚清宗汉学者还对《说文》的逸字加以深入研究。所谓"逸字"，就是经过对许慎所处时代及之前的古籍进行考证，发现已经存在（学者认为原本《说文解字》应有）但今本《说文》没有收入的古文字。乾嘉时段玉裁《说文解字注》、桂馥《说文解字义证》中，作了一些补充。道光朝时，王筠著《说文释例》，专辟《补篆》一篇，补 162 字。沈涛撰《说文古本考》，援引历代与《说文》相关的材料，增补《说文》逸字 141 个，其中正篆 96 个，重文 45 个。王筠、沈涛等人所补逸字字数不同，这与他们考证的方法、理念有关。

咸丰十八年（1858），郑珍刊刻所撰《说文逸字》一书，这是首部专题研究《说文》逸字的著作，因其晚出，加之郑珍小学功底深厚，很快受到同时学人瞩目。刘叔年、莫友芝作序，莫氏赞"其致勤极慎，既末由蹈穿凿不根，亦无失于株守曲护，其功于南阁巨矣哉"[12]！该书二卷，附录一卷。正文为郑珍考证而定的 165 个逸字，所谓"《说文》原有而今之铉本亡逸者也"[13]。同时，郑珍认为，除本文 165 个逸字外，"不录者尚多有。有本书写误之旁，有《系传》窜衍之字，有大徐误增之文。而诸书所引，有以他籍冒许书者，有因讹改而与今本不应者，亦有今本讹改而与所引不应者，甚有小徐篆《韵谱》如今本羼入新附并俗书者，凡此概非逸文"。但这些也当有记录，以使读此书者"有以补正阙失者无举是类为病"[14]，故命郑知同编为 292 字，遂为附录一卷。

郑珍《说文逸字》一书，采用内证、外证等考证方法，采集丰富资料，所下论断，多确凿不移，但可议处仍不可避免。如莫友芝即认为其搜集未备,失之缺漏。而李桢则持相反意见,认为郑氏所采,失之过宽,特撰《说文逸字辨证》以驳之。尽管如此,郑氏此书的价值不容否定。后张行孚著《说文发疑》,中有《说文逸字》、《说文逸字识误》、《唐人引说文举例》等篇章,即参考郑珍、王筠等人的著作,补逸字共85个。

除上述外,有些宗汉学者论许学之说,亦有可思之者。如莫友芝在为其友人郑珍《说文逸字》作序时,就许慎关于古文、今文的取舍问题,提出自己的看法,其中不乏商榷之意。莫友芝说:

> 夫许君取诸经传古文、史籀、大篆、郡国鼎彝,合《仓颉》下十四篇,采通人、依秦篆、传汉制,以为此书。主明字例之条,匪向壁虚造不可知,不谬于史籀、孔氏,非举汉、秦前文字,一皆备录,亦犹谓群书所载,略存云尔。其谓《易》孟氏、《书》孔氏、《诗》毛氏、《礼》、《周官》、《春秋》左氏、《论语》、《孝经》皆古文者,核之往往不具。长卿、子国经无传,偶一二见《释文》、《正义》,即许所漏。《诗》专取毛而略三家,故收三家字少。即毛本古字,亦不尽收。《礼》,古今文率收古遗今,收今遗古。《周官》,颇有舍故书而收杜子春改读者。《春秋》,古本不可知,魏石经遗字略见一二,甚合于古,而许阙如。《仓颉》、《凡将》,时见他引散句,亦尚遗落。[15]

莫氏认为许慎所言《说文解字》中所言古文的部分,并不完备,多有遗漏者,甚至间或有不确者。他还把郑玄与许慎进行比较,认为"郑君说字,多与许异,而不得谓其非古","故使郑君操笔记字与许并驱,必多异同出入"[16]。从中不难看出,莫友芝对于许慎之书研之颇精,并能指出其中的缺憾之处。这样的做法,不但无害于许学,反而对于许学的完善有其助益作用。

3. 古文字研究新方向

清代对古文字的研究,主要有对文献的研究和通过研究钟鼎彝器文字来考释《说文》之文字两种形式。踵清代学人之风,晚清学者常以金文与《说文》中的篆、籀、古文作比较。同、光时期,古器物的出土愈来愈多,这给古文字的研究提供了非常丰富的材料。吴大澂根据这些新的文字材料,撰成《说文古籀补》,价值很大。吴氏认为:"有许书所引之古籀不类《周礼》六书者,有古器习见之形体不载于《说文》者"[17]。

清末的时候,甲骨文的发现,给古文字研究开辟出新的方向。这方面的先行者,是孙诒让。孙氏曾以"证经"为目的,运用"六书"的条例来研究古文字,撰《古籀拾遗》和《古籀余论》等,补正薛尚功、阮元、吴荣光、吴式芬等人之说。得刘鹗《铁云藏龟》后,孙诒让相继撰成《契文举例》、《名原》二书,用甲骨文、金文、石鼓文等跟《说文》中的古、籀相比较,探讨古、籀的发展变化,带有总结古文字研究理论的色彩。

罗振玉在古文字研究史上,同样具有重要地位。"甲骨四堂"之一的郭沫若曾在《中国古代社会研究·自序》中说:

> 罗振玉的功劳即在为我们提供无数的真实的史料。他的殷代甲骨的搜集、保藏、流传、考释,实是中国近 30 年来文化史上所应该大书特书的一项事件。[18]

在甲骨文被发现之后,罗氏开始尽力搜集、公布甲骨文资料,以"传古"为任。他于宣统三年(1911)出版《殷墟书契》一书,对于甲骨文研究产生重大影响。罗氏《殷商贞卜文字考》在安阳小屯殷墟尚未发现的情况下,得出"此卜辞者,实为殷室王朝之遗物"等比较准确的结论,实为不易。这与罗氏青年时代便泛览历代碑铭,精于小学、经学的学术底蕴是分不开的。

(二)声韵学

声韵之学,自顾炎武《音学五书》开之,到江有诰《音学十书》,已基本没有太多发明的余地。晚清汉学家音韵学的新成果,是对切韵的研究,其中以陈澧《切韵考》为代表。此外,尚有一些补充讨论古纽、古韵等细节问题的著作。

陈澧《切韵考》分为内、外篇,《内篇》六卷,第一卷序录,第二卷声类考,第三卷韵类考,第四、五两卷把考证的韵类列表,第六卷通论声韵学具体问题。陈澧认为,"切语旧法,当求之陆氏《切韵》。《切韵》虽亡,而存于《广韵》。乃取《广韵》切语上字系联之为双声四十类;又取切语下字系联之,每韵或一类或二类或三类四类。是为陆氏旧法"。钱大昕、戴震虽然于声韵之学用力甚勤,然仍不免错讹,陈澧"乃除其增加,校其讹异",以申陆法言旧说。[19]《外篇》三卷,从等韵角度对自己旧说复为考核补正,"以《广韵》切语上字考三十六字母,以二百六韵考开合四等,著其源委而指其得失,明其本法而祛其流弊"[20]。陈澧这部书受到后人的推重,黄侃曾说:

> 番禺陈君著《切韵考》,据切语上字以定声类,据切语下字以定韵类,于字母等子之说有所辨明,足以补阙失,解拘挛,信乎今音之管钥,古音之津梁也。[21]

湖南宁乡人黄本骥(1781—1856)以《历代职官表》等著作闻于世,但其声韵方面的论述也值得注意。他参考顾炎武古韵十部、李光地(1642—1718)古韵八部、邵长蘅(1637—1704)古韵八部诸说,"合三家之说,参互考订。用唐韵二百六部之目分为八部,一出一入,皆有确据,非臆断也"[22]。同样将古韵分为八部,但有自己的见解。不过,令人感到不解的是,清儒韵学成就十分显著者,除顾炎武外,尚有江永(1681—1762)、戴震(1724—1777)、段玉裁(1735—1815)、王念孙(1744—1832)、孔广森(1753—1787),这些学人之韵学著作均传于世,且生于黄氏之前,黄本骥理应看到。然黄氏论古韵分部,却备引理学家李光地和以诗文见长的邵长蘅之说,对于汉学名家却涉及无多。不过,黄本骥于书中称顾炎武为长洲人,似可证其见闻或有不广。全祖望就曾嘲讽说:"历年渐远,读先生之书者虽多,而能言其大节者已罕,且有不知而妄为立传者,以先生为长洲人,可哂也。"[23]黄本骥固然精读顾炎武之书,然以不知顾氏为昆山人一点言之,似不幸落入"可哂"之列。

黄本骥还考察古韵中的通例,对一些成说进行驳斥。如"叶韵"之说,他认为古韵四声实通用,无需以叶韵来解释。黄氏举支部之例,勾稽经部、集部等材料,以证一部三声之通用,"古韵本通,非叶韵也"。故此,他批评邵长蘅"强为界划","支离胶轕之处,不一而足"。[24]此外,黄氏还有东蒸相通、古韵未可强通、《易》《诗》用韵之变、《诗传》叶韵之误、古人一韵屡用等看法,可资古韵学之研究。

除声韵学专论著作外,黄本骥《郡县分韵考》一书,有其特色。对于撰作该书的目的,其自序云:

> 国朝典图,远迈古昔。各省府厅州县,有昔有而今裁者,有昔无而今设者。询之博雅,往往能道古郡县之旧号,而于今郡县或不能举其名。即举其名,亦不知府隶何省,县隶何府。此考古尚易,而知今较难也。是编以道光二十年所见有之府厅州县,依韵分编。历朝沿革,考核详明,以便临文引用,检韵即得。……厘为十卷,约而能该。虽未足为行笈秘书,亦庶几

知今之助云尔。[25]

此书以古韵部为建首,把全国府厅州县之名归入相应的韵部之下。如"通"部下列"昭通府"、"通州"、"大通县"、"广通县"等,并略为考释。对于"通州",黄氏注云:

> 通州有二:一属顺天府。后魏徙置渔阳郡,隋初废郡。唐初置元州,贞观初废。宋宣和中,属燕山府。金大德初,置通州。元明因之。一在江苏。周显德中置静海军,寻改通州。宋改崇州。寻复政和,初改置静海郡,元升通州路,寻降为州。明因之。[26]

这样,熟知古韵部的读书人,即可以较为轻松地查知全国郡县的基本情况。

清儒对于古韵分部的讨论很多,至乾嘉时已大体完备,难有较大的超越,惟在一些细节上有一些创获。

清末章太炎对音韵学素有研究,东渡日本后,更潜心小学,著《文史》、《小学问答》、《新方言》、《国故论衡》等。章氏治小学,非常重视音韵学的基础作用,他认为"古字或以音通借,随世相沿。今之声韵,渐多讹变,由是董理小学,以韵学为候人"[27],并进而提出:"治小学者,实以音韵为入门。"[28]章氏从语言历史的角度来观察古音流变,更好地揭示出中国文字"孳乳"现象的实质。他在前人基础上,定上古音韵为二十三部,并作《成均图》以明之。他又提出"古音娘、日二纽归泥说",定古声二十一纽,完善了对古纽的研究。尽管章太炎由于过分依赖《说文》、迷信《尔雅》等书,尽力求得本字,使得一些观点"未免拘泥固执没有发展观念"[29],但其音韵学研究不仅严格继承乾嘉汉学家的方法,且能以本土之法融汇西方语言学理论从而有所创新,无疑是难能可贵的。

(三)训诂学

清代训诂学在乾嘉时达到巅峰,高邮二王之后,所能发挥之余义已不多。故晚清训诂学之成绩,与前期相比较为逊色。在学理上相对有所发明的,是俞樾、孙诒让。此外王先谦就专书进行的订补,也有一定价值。

俞樾治经很强调明假借,最忌"拘文牵义"和"望文生训"。他又重审字义,注重文字古义,不以今义轻释古字。他还善审辞气以正句读,这均使得他解经更为确切。此外,他还勇于驳正二王之说,如他曾说:

> 《管子·禁藏篇》:"内外蔽塞,可以成败。"按:此欲其败,非欲其成,而曰"可以成败",乃因败而连言成也。王氏《读书杂志》谓"成"当为"或",非是。[30]

王念孙说显系臆断,而当以俞说为近是。俞樾对治经方法亦有自己独到见解,他以为,"治经之道,大要有三:正句读、审字义、通古文假借,得此三者以治经,则思过半",而在三者之中,"通假借为尤要"。[31]对于汉宋、今古等争论,俞樾并不十分措意,他说:

> 窃谓三《礼》之学,必以郑氏为宗;《春秋》之学,必以《公羊》为主。是二者皆未可以后儒之说参之也。至于《易》,则汉学、宋学各有所得,亦各有所失。[32]

在研究经、子的过程中,俞樾逐渐形成自己的训诂思想与方法。他继承王念孙、段玉裁等人的观念,重视"因声求义"的方法,注重古音在训诂中的应用。他认为"古义每存乎声"[33]、"古谊即存乎声"[34],只有把握字的读音,才能明其流变,知其意义。因为善治诸子,俞樾提出以子证经的训诂方法。他说:

圣人之道，具在于经，而周秦两汉诸子之书，亦各有所得，
……且其书往往可以考证经义，不必称引其文，而古言古义，
居然可见。……凡此之类，皆秦火以前，六经旧说，孤文只字，
寻绎无穷。乌呼！西汉经师之绪论，已可宝贵，况又在其
前欤？[35]

训诂的最终目的是得闻圣道，要闻圣道，即需通经，诸子之书多有
能考证经义者，且在汉儒之前，自然更可宝贵。俞樾站在这个立场
上，进一步确立了诸子之书在训诂学上的地位。

除在方法上有所创新外，俞樾还提出"随文释义"的训诂原
则。训诂以释义为重，因为通经首先要明字义，训诂的工作就是要
训释字义，从而帮助学人通释经义。但如果为达到通经的目的，而
仅就字义而训释字义，则是俞樾反对的。他认为应当使训释的字
义符合原文的语境，故而"诂经者当随文以求其义，未可徒泥本训
矣"[36]。

孙诒让的训诂曾被俞樾评为"精孰训诂，通达假借，援据古籍
以补正讹夺，根柢经义以诠释古言，每下一说，辄使前后文皆怡然
理顺"[37]。今人亦有将其训诂学成绩与王念孙、王引之父子相提并
论者[38]。

孙氏并无训诂学专著，但其《周礼正义》、《墨子间诂》诸书，大
量地对文字进行训释，从而较完整的体现了其训诂学的思想以及
实践的方法。在对前儒的继承以及自身对古文字训诂的认识方
面，都达到较高的水平。正是因为孙诒让对于古文字以及古籍有
十分全面、整体的认识，能够在训读古文字的时候，不拘泥于本字、
本音，而是从文字环境出发，才使他的大多数诂训结论比较科学，
为后人所接受。

清儒毕沅曾撰《释名疏证》一书，至晚清，王先谦增补该书，撰

为《释名疏证补》。《释名》作为汉末刘熙所作训释词义的一部书，对后世的训诂学影响较大。在王先谦之前，晚清时已有学者作校补的工作。如吴诩寅的《释名校议》、顾震福的《释名校补》、王仁俊《释名集校》等。王先谦《释名疏证补》采纳较多的是吴诩寅《释名校议》及孙诒让《札迻》中的校释文字。因此书后出，颇有集大成的意味。

晚清的小学，延续乾嘉汉学的小学而来，就治学内容及方法而言，大体上承接前人，着重对《说文》、《广韵》、《尔雅》等小学基本古籍加以细化的研究和考证。其中，金石学是重要的辅助学门，扩展了研究材料。清末时，甲骨文的出现，更是为传统小学向现代意义上的古文字学的转变提供了契机。长期以来，小学作为治学基础，是为经学作准备的，而到了清末，新材料、新理论的出现，使一些学人意识到学术转型与分科的到来。故章太炎说："小学者非专为通经之学，而为一切学问之单位之学"，并提出小学即语言文字之学。[39]这是很有见地的。

二　经学

清代经学主要的研治对象，是自宋代以来确定的十三部经书：《周易》、《尚书》、《毛诗》、《周礼》、《仪礼》、《礼记》、《春秋左氏传》、《春秋公羊传》、《春秋穀梁传》、《论语》、《孝经》、《尔雅》、《孟子》。乾嘉汉学家们肆力经学，成就卓著。他们对于唐宋人所撰十三经之疏解颇有不满，不少学者提出重新作疏之意愿。晚清汉学承乾嘉余绪，自道光朝开始，陆续出现新的疏解著作，这一学术活动持续至清末方才逐渐完结，使得乾嘉时期的经学研究传统得以延续。下面即将晚清出现的经学方面的新论著择要予以绍介,并做简单分析。

《周易》　从清初到乾嘉时期,研《周易》之著述甚夥。至晚清,研治《周易》者则已经不多。其中比较重要的,有道光年间的姚配中和李道平。

姚配中著《周易姚氏学》,实际上是对《周易》做的一部新疏。学界流行的《十三经》中,《周易》采用王弼、韩康伯的注和孔颖达的正义。清儒之志,在力图恢复汉代《易》学。汉儒《易》注留存者,唯荀爽、虞翻、郑玄三家,姚配中认为郑注最善。故他以郑注为依归,疏说己意,撰《周易疏证》16 卷,后更名为《周易姚氏学》。包世荣称赞此书"行于今世,自不及张先生(按指张惠言——引者)之盛,百年后当独为学《易》者宗"。[40]

李道平,字遵生,一字远山,号蒲眠居士,湖北安陆人,撰《周易集解纂疏》。李氏之所以做这部书,是因为唐人李鼎祚所纂《周易集解》保留了不少汉人说《易》的资料,这比王弼、孔颖达的断为己说,显然更为近古,故李道平欲为之张目。李鼎祚《周易集解》千余年来不受重视,至清儒才把这部书重新表彰出来。李道平把这部书加以疏证,参考惠栋、张惠言之说,下以己意。该书录古人《易》说,不拘宗派,兼收并蓄,多两存其说,有不通者为之详加辨正。他认为:

> 作《易》者,不能离象数以设爻象。说《易》者,即不能外象数而空谈乎性命矣。[41]

故所录旧义有不详不确者,均申以己说。虽也常有臆断,但不失为晚清汉学家治《周易》的一个成果。

《尚书》　清儒自阎若璩后,已经基本认定在今本《尚书》中,今文部分乃真传,而古文部分则为伪作。但毕竟即便伪作,也是古人所著,且不太可能全部皆伪,故把它视作古人留下的经学遗产,仍有研究之价值。晚清学者在乾嘉学人的基础上,继续对《尚书》做进一步的考证和疏解。

丁晏著《尚书余论》,考订伪作者乃王肃,而非皇甫谧、梅赜等人[42]。孙诒让撰《尚书骈枝》,认为"古记言之经,莫尚于《书》,自夫三科文立,辞体攸殊,唐虞典谟,简而易通,商周命诰,繁而难读",加之"《书》自经秦火,简札殽乱,今古文诸大师之所传,汉博士之所读,所谓隶古定者,或以私臆更易,展转传授,舛牾益挐,"故孙氏承接清儒之说,依段玉裁、王引之等人之例,正其句读,顺其文字,"俾知雅辞达诂,自有焕然之通例。斯藉文字句读,以进求古经之大义"[43]。在今文《尚书》方面,陈乔枞著《今文尚书经说考》,皮锡瑞撰《今文尚书考证》,虽然不能纯然算作汉学著作,但对《尚书》的完整研究,有一定意义。

《诗经》 　现在所见的《十三经》中的《诗经》,通常用《毛诗》。《毛诗》是一部古文经,由毛亨作《传》,郑玄作《笺》,孔颖达作《正义》。从清初到乾嘉时期,汉学家们对《毛诗》的诸多具体问题作考证研究,其中胡承珙的《毛诗后笺》为研究者所重视。胡书的重点在于申《毛传》之义。因为郑玄笺《诗》,杂采《鲁》、《韩》诗,与毛时有歧异,而孔颖达作《正义》,多本郑破毛。胡承珙撰此书,"从毛者十之八九,从郑者十之一二"[44],反复寻考,证明毛旨。《毛诗后笺》未完成,《鲁颂·泮水》以下,胡氏殁前托好友陈奂代为续撰。

道光时期,相继出现了两部治《毛诗》的著作:马瑞辰的《毛诗传笺通释》和陈奂的《诗毛氏传疏》。

《毛诗传笺通释》以《诗序》为准,疏通《传》、《笺》,力辨《郑笺》异于《毛传》者,言之有据。该书竭力补《诗谱》阙文,从《经典释文序录》"郑玄《诗谱》二卷,徐整《畅》,太叔求《隐》"一语及其他《经籍志》等材料考求推演,认为徐整所撰当为《诗谱畅》,惜"今亦不传",而"郑君《诗谱》别有诸家传授次序一篇,而《正义》失载,因逸之耳"[45],为进一步研究郑玄《诗谱》提供了线索。其论十五《国风》次序,与国之盛衰相联系,认为应当从国势演变即所谓"一国之兴废"的角度来考察,为此书赋予更高的思想价值。他说:

> 《国风》次序,当以所订《郑谱》为正,《周》、《召》、《邶》、《鄘》、《卫》、《王》、《桧》、《郑》、《齐》、《魏》、《唐》、《秦》、《陈》、《曹》、《豳》也。其先后次第,非无意义,但不得以一例求之。盖于二《南》、《邶》、《鄘》、《卫》、《王》,可以见殷、周之盛衰焉。……首二《南》,见周之所以盛;次《邶》、《鄘》、《卫》,见殷之所以亡;次《王》,见周之所以始盛而终衰也。于《桧》、《郑》、《齐》、《魏》、《唐》、《秦》,可以觇春秋之国势焉。……大抵十五国之《风》,其先后皆以国论,不得以一诗之先后为定也。[46]

在诠释诗句方面,马瑞辰能够参考三家,说明同类义例,且以古音古义来纠正字音字训的讹误,显示出其在文字、声韵、名物、制度等考证方面的功力,不失为晚清汉学家研治《毛诗》的一部重要著作。

陈奂《诗毛氏传疏》认为毛、郑二说每有歧异,当弃郑而专尊《毛传》。他吸收胡承珙的成果,疏证其说。虽然陈奂书成最晚,但其说并未成为最具权威的结论,反而受到黄式三等人的批评,责其"不从师说"[47]。后来陈奂又撰《郑氏笺考证》,考证《郑笺》来源,颇为用力,但被黄家岱斥为"说颇疏舛"[48]。不过,陈奂之书善于名物考证,对《毛传》微谊多有申说,这与马瑞辰重在考释而略于说义不同,二者各具特色。此外,前述方玉润的《诗经原始》,则在于"原诗人始意",有别于马、陈。

除了《毛诗》之外,郑玄《诗谱》以及今文三家《诗》在晚清也得到治经者关注。丁晏撰《郑氏诗谱考正》、胡元仪辑《毛诗谱》,有功于郑氏。治今文经的陈乔枞纂《三家诗遗说考》,王先谦纂《三家诗义集疏》,对齐、鲁、韩《诗》予以表彰。

《三礼》　清代《礼》学,成果甚多。徐乾学《读礼通考》、江永《礼书纲目》、秦蕙田《五礼通考》,均对《三礼》有总说之功。乾嘉诸儒对《周礼》、《仪礼》、《礼记》也分别进行研究,有江永《周礼疑义举要》、沈彤《仪礼小疏》、焦循《礼记补疏》、凌廷堪《礼经释例》等著作。晚清汉学家们同样对《三礼》倾注很大精力,取得不小成就。

岭南学者曾钊撰《周礼注疏小笺》,试图对《周礼》作新疏,前章已有绍述。但限于学力,书难称理想。

瑞安孙诒让幼承其父孙衣言之学,潜心经术,经过多年学术准备后,在中年撰成《周礼正义》一书。该书把自汉至清代学人有关《周礼》的精言善说,尽力搜求,散于其中,并对诸说加以折衷裁断,出以己意。姜亮夫认为,在取材、方法等方面,《周礼正义》有八个特点:

> 一是先秦百子、汉师今文经说、两汉遗文中点点滴滴的材料,可以援据引申,乃至依傍的资料,也用进去,可以校勘疏通全书的典章制度,"用资符验",甚至于与《周礼》不合者,也为之疏通别白,自使不相淆混,有许多推陈出新的说法;二是以实事求是的精神,既不诬贾、马,也不佞郑、王,既不破疏,也不厚疏;三是不排斥宋明义理之说;四是吸收清儒精英;五是每

说都有按有断,不为调停两可之说,是就是,非就非;六是每说必有证验证实,亦各有折衷至当之推论;七是对历代错误不合之处,也加分析说明,不为不负责任的攻击;八是全书用八法贯穿起来,摄其血络,至为分明。[49]

此外,孙诒让还究心时务,撰有《周礼政要》2 卷,对西方政治制度与中国古代礼制加以对比,认为其不谋而合处甚多,且中国礼制实为西政之肇端。他说:

> 中国开化四千年,而文明之盛,莫尚于周,故《周礼》一经,政法之精详,与今泰东、西诸国所以致富强者,若合符契。然则,华盛顿、拿坡仑、卢梭、斯密亚丹之伦所经营而讲贯,今人所指为西政之最新者,吾二千年前之旧政已发其端。[50]

《仪礼》向称难治,因其牵扯之古礼、古制甚是琐碎,且茫然难以稽考,每一个细小条目,都需要进行详细考证,才能断以实义。故要想在前人的基础上,作出一部新的疏解著作,殊为不易。杨向奎曾说:

> 疏《仪礼》与疏《周礼》不同,《周礼》多政经大事,疏者必心有全牛,而《仪礼》乃繁文缛礼,其细如发,疏者必深入腠理。[51]

胡培翚本汉学方法,详细考察,旁征博引,研精覃思,撰著《仪礼正义》40 卷。

胡培翚治《仪礼》,首先明确对该书真伪的态度,他认为"《仪礼》非后人伪撰","《仪礼》有经、有记、有传。经制自周公,传之孔子;记与传,则出于孔门七十子之徒之所为"。针对顾栋高怀疑《仪礼》为汉儒缀辑的看法及其"孔、孟未尝道,《诗》《书》《三传》所未经见"的论据,胡培翚"恐读是经者少,而耳食附和,贸然不

察,致使球图彝器之重,漫与赝鼎同类",故力辩其非。胡氏认为,
"夫《仪礼》之书,叙次繁重,有必详其原委而义始见者,非若他经
之可以断章取义也,故各书引其辞者颇少,然其仪文节次,为诸经
所称引者多矣。"他引《穀梁传》、《左传》、《孟子》等书中与《仪礼》
经文相近者,以证诸经多有称引[52]。对自己撰作《仪礼正义》一事,
胡培翚说:"忆培翚初治是经,每于静夜无人时,取各篇熟读之,觉
其中器物陈设之多,行礼节次之密,升降揖让裼袭之繁,无不条理
秩然,每篇循首至尾。"他认为自己的方法是:一曰补注;二曰申
注;三曰附注;四曰订注。补注,就是要补全郑玄未及之经,申注则
申说郑玄简奥之说,注后各家可与郑说并存者附于其后谓之附注,
辨正郑说则为订注。[53]胡氏重点在于本诸经文,引证他书,以申说、
补正郑玄之注,而对贾公彦之疏,则间作辨正。正是有了这样的态
度和方法,才助胡培翚撰成《仪礼正义》这部著作的绝大部分,后
经其族侄胡肇昕、弟子杨大堉的补写,终成完璧。

　　此外,郑珍《仪礼私笺》维护郑玄注,认为"世之据以诋斥康成
者,皆偏驳曲见"[54]。故此书采诸书以为考释,力证郑玄注多为精
当之说。不过郑珍只笺释《仪礼》十七篇中的四篇,且其中也并非
对郑玄的观点不加别择全盘接受,而是偶有修正,尽力实事求是。
吴之英(1857—1918),字伯朅,号蒙阳渔者,四川名山人。著《仪
礼奭固》及《仪礼奭固礼事图》、《仪礼奭固礼器图》,集众说而折
中,考证《仪礼》名物制度,阐发礼意。其《仪礼奭固》自序云:"汉
郑玄注存,漏窦屡出。藉吾李诊,写吾菀䐈,为氏诵肄专业也。"[55]
可知其书之旨,要在补正郑玄之说。其所绘有关《仪礼》两图,较
诸张惠言等先儒更为精密,有参考价值。

　　清季,曹元弼(1867—1953,字毅孙,号叔彦,室名复礼堂,晚
号复礼老人,江苏吴县人)著《礼经校释》22卷,亦为研治《仪礼》

有心得者。其自序云：

> 是书也，发疑正读，探赜索隐。十年心力，尽在于斯。其
> 尽思竭虑之处，自谓略窥损益之迹，潜符制作之心。学皆苟合
> 《校勘记》、《正义》观之，经注疏之义当无不可通矣。元弼护
> 惜古书、爱敬先儒、惜道之味，欲与当世好学之士共甘之。[56]

因此书颇能通古谊，光绪三十四年（1908）进呈礼学馆，以备参考，
而曹元弼也恩赏翰林院编修。

晚清研治《礼记》者不多，较有影响的著作，有丁晏《礼记释
注》、俞樾《礼记郑读考》等，《大戴礼记》则有孙诒让《大戴礼记斠
补》、《校正孔氏大戴礼记补注》等。

对《三礼》进行总体研究的著作，有林昌彝《三礼通释》、黄以
周《礼书通故》。林氏《三礼通释》"仿陈祥道《礼书》之例，依崔灵
恩《礼说》之条，广如线之师传，粹通儒之成说"，[57]历30年乃成。
该书280卷，其中通释230卷，礼图50卷，首"天文"，终"丧服"，
发明郑学，可谓详瞻完备之作。郭嵩焘赞《三礼通释》有功于郑
学，他说：

> 侯官林芗溪教授博学多通，尤邃于《三礼》，为《三礼通
> 释》二百八十卷，穷天地之纪，述人道之用，因礼书制度仪文，
> 诸儒所辨证者，参合比引，究其旨归。书例略依陈氏《礼书》，
> 而持论各别，为图者五十卷，兼取宋以来图说，旁采林之奇、郑
> 景炎、项安世、王廷相诸家分图，使足于经相考订，而于国朝诸
> 儒万氏斯大、张氏尔岐、江氏永、凌氏廷堪、任氏启运、林氏乔
> 荫、任氏大椿所著录，凡于《礼》有发明，广为采撷，而于其师
> 陈氏寿祺授受渊源，订定尤至，一以表章郑学为义，参考诸儒
> 之说，纠正其失。盖三礼之学，至国朝而极盛。教授研精郑

学,以所心得辨析诸家同异,以汇成三礼之全,斯可谓宏达精揽者也。[58]

蒙文通也对林昌彝《三礼通释》比较赞赏,认为该书"甄录汉师经说最备,视徐乾学、秦蕙田书之大半取之史传者,精已过之;视林乔荫、黄以周书之杂于宋法者,博通谨严亦过之;然终不能推本许、郑《异义》以识今古学之途径,斯皆未达一间"[59]。蒙文通以为这部书的价值大于徐乾学《读礼通考》、秦蕙田《五礼通考》,甚至较诸黄以周《礼书通故》,其博通谨严亦过之,真是十分看重了。

不过需要指出的是,曾有学者对林昌彝对是否是这部书的真正作者提出质疑,认为该书实际上乃林昌彝攘窃其师林一桂之作。更甚者,林一桂家人本欲告发林昌彝,得昌彝贿赂,方寝讼案。首揭此说者为李慈铭。李氏于同治十二年(1873)日记中说:

> 伯寅言其师陈颂南侍御尝谓此书乃侯官林一桂所撰,惠常为其弟子,攘而有之。……侍御正人,又同乡里,所言必不妄。[60]

从这段话可知,林昌彝窃书之说,源头是陈庆镛。陈告诉潘祖荫,后潘氏又说于李慈铭。

陈庆镛《籀经堂类稿》中收《林芗溪三礼通释序》。若如李慈铭所言,攘窃之说由潘祖荫得自陈庆镛,则当在陈撰序之后、去世之前。据陈庆镛言,林昌彝道光丙午年(1846)向其出示《三礼通释》,陈当时即感叹林昌彝"年未四十而箸书满屋,何力之果,而志之坚也"[61],或许此时心有所疑。至于此后是否曾私下将此疑及所知攘书事言于潘祖荫,似尚无明文可证。陈庆镛去世后,《三礼通释》于同治三年(1864)在广州刻成,书前并无陈氏所撰序文,而代之以毛鸿宾、郭嵩焘二人之序。个中消息,更难以查证。

李慈铭从潘祖荫之口得知此事后，以傅泽攘郑元庆、赵翼攘常州一老诸生、王履泰攘戴震、任大椿攘丁杰、毕沅攘江声、梁章钜攘陈寿祺等例以证近人多有此举，然其"梁与林，则成闽人之惯技"一语，未免有先入为主嫌。且后来李氏时而赞此书"诚礼学之巨观，不朽盛业"，待五年后阅毕又责"林氏此书，全是抄集而成"，前后扞格，自相矛盾，更让人难以信其所言。[62]后胡玉缙读《三礼通释》，所撰跋语，亦及攘书事，所据即为李慈铭之说。其言曰：

> 是书图中有'庆镛、一桂、文灿定'等，知庆镛或亲见一桂原本。一桂有《周官私记》一百卷，庆镛或即指此，抑一桂或别有《三礼》，昌彝从而窜改之？要其文笔与昌彝《温经日记》相近也。[63]

可见，虽然胡氏于此案亦未决，但似乎并不相信林昌彝攘林一桂之书，故云"要其文笔与昌彝《温经日记》相近也"。此论足资参酌。

黄以周的《礼书通故》成书于光绪四年（1878），凡 102 卷，分 50 目，囊括了《三礼》的几乎所有内容，且不限于古礼。此书"仿戴君《石渠奏议》、许君《五经异义》"，"上自汉唐，下迄当世，经注史说，诸子杂家，义有旁涉，随事辑录"[64]，故其撰述之旨趣并不在资料的汇编，而是侧重对《礼》学中学人聚讼的庭平裁断。他对异议不多的经注大多置而不论，而对存在异议之处，则按顺序选录有代表性的说解，汇总分析之后，附以己意。这部书为学人所重视，孙诒让校读后曾订正数百条。俞樾赞该书"不墨守一家之学，综贯群经，博采众论，实事求是，惟善是从"，"洵足究天人之奥，通古今之宜，视秦氏《五礼通考》，博或不及，精则过之"[65]。章太炎更以其"与杜氏《通典》比隆"，以为"校覈异义过之，诸先儒不决之义，尽明之矣"[66]。

《春秋左氏传》　《春秋三传》存在一个今古文的问题。《春秋左氏传》尽管在版本流变方面存在诸多争议，但其为一部古文经传则基本没有异议。《春秋公羊传》和《春秋穀梁传》是今文经传，故此处未予列入。

清代汉学家最重《左传》。从顾炎武《左传杜解补正》开始，其后有惠栋《春秋左传补注》，洪亮吉《春秋左传诂》和沈钦韩的《左传补注》等。晚清时期，研治《左传》的著作实际并不是很多，但这其中刘文淇祖孙所作的《左传旧注疏证》，是清儒治《左传》的集大成之作。这部书从刘文淇开始，中经刘毓崧，到刘寿曾时止于襄公五年。据刘文淇所撰《注例》，是书以《周礼》为规约，并驳斥《公羊》家言，标立汉学，充分阐发《左传》古义。

按照刘文淇的设想，这部书的主要目标，首先要驳杜预注、孔颖达疏，其次纂辑贾逵、服虔、郑玄旧注，最后对经文、旧注予以疏证，彻底回复《左传》本来面貌。他说："复勘杜注，真觉疻痏横生，其稍可观者，皆是贾、服旧说。"因此，欲"取《左氏》原文，依次排比，先取贾、服、郑君之注，疏通证明，凡杜氏所排击者，纠正之，所剿袭者，表明之，其袭用韦氏者，亦一一疏记。……凡若此者，皆以为注而为之申明。……其顾、惠补注及王怀祖、王伯申、焦里堂诸君子说有可采，咸与登列，皆显其姓氏，以矫元凯、冲远袭取之失。末始下以己意，定其从违。"刘文淇还表示，希望"期以十年之功，或可成此"。[67]其后，刘氏祖孙皆依此例撰述是书，然而前后远超十年，仍未成事。至刘师培时，"思述先业"，拟续纂此书，但由于"牵率人事，理董未遑"[68]，加之其享年不永，没能完成先人遗业，仅留下《春秋古经旧注疏证》零稿若干条[69]。但他的《读左札记》、《春秋古经笺》等书稿，"虽采辑未丰"，但均可为"考订麟经之一助也"[70]。

章太炎曾著《春秋左传读》，专驳刘逢禄等今文家说以证《左传》非刘歆伪造。但章氏中年后对此书颇有悔意，"悉删不用，独以《叙录》一卷、《刘子政左氏义》一卷行世"[71]。

日本学人竹添光鸿（1842—1917，字渐卿，号井井）所著《左氏会笺》刊刻于明治三十六年（1903），亦为此时值得关注的研治《左传》的论著。该书采清儒之说甚多，充分吸纳中国汉学家们的思想方法和研究成果。从自序及正文来看，其曾参考顾炎武、魏禧、万斯同、万斯大、王夫之、毛奇龄、惠士奇、张尚瑗、高士奇、齐召南、惠栋、马宗琏、江永、顾栋高、戴震、沈彤、王鸣盛、钱大昕、段玉裁、王念孙、引之父子、赵佑、方苞、姚鼐、洪亮吉、姜炳璋、阮元、沈钦韩、钱锜、梁履绳、崔述、焦循、朱骏声、朱筠、陈奂、雷学淇、朱元英、张自超、高澍然、俞樾等人的著作，在研究过程中，又大量采用汉学家的考据、训诂之法，通过辨析字义、考证古音古义、考索音义关系、考释名物来厘正经义。其自序云：

> 经所以载道也，道原于人心之所同然。然则他人说经获我心者，道在斯可知矣。以所同然之心求所同然之道，何必容彼我之别于其间？要在阐明经旨。[72]

可知其作为域外学者，欲泯国界之别，而与治经者同求圣道。明治三十七年（1904），竹添光鸿将此书赠给俞樾，俞氏为其作序。

《论语》 晚清治《论语》总其成者，当属刘宝楠、刘恭冕父子合力撰作的《论语正义》。《论语》共20篇，刘宝楠在逝世之前，完成14篇的疏证工作，后6篇由刘恭冕完成。其写作方法是："依焦氏（循）作《孟子正义》之法，先为长编，得数十巨册，次乃荟萃而折衷之。"[73]陈立为之撰《序》也说：

> 其疏《论语》也，章比句栉，疏通知远，萃秦汉以来，迄国朝儒先旧说，衷以已意，实事求是。[74]

可知刘氏父子撰写该书,力求搜罗诸家经说以求完备,然后折衷其义,断以己说。这和晚清诸汉学名家疏证经书的办法和宗旨,若合符节。

黄式三著有《论语后案》,亦为较全面研究《论语》的著作。是书不分汉宋学门户,重在阐释经意,与刘宝楠父子《论语正义》主旨不尽相同。

此外,潘维城(?—1848[75]),字朗如,江苏吴县人,李锐弟子。著《论语古注集笺》,搜辑郑注,"于《集解》删去孔、何两家,又采汉魏古义及近儒之说为之笺"[76],成书 10 卷,是一部专门研治《古论语》的著作。

《孝经》　　清儒治《孝经》者不多。清初有毛奇龄《孝经问》等,但治《孝经》兴盛,乃在嘉道以后。道光间阮福撰《孝经义疏补》,丁晏撰《孝经征文》、《孝经述注》等。他们除了疏证经义外,最重要的便是考察《孝经》今古文的问题。丁晏以《孝经》古文为伪,而今文《孝经》可信,他说:

> 注《孝经》者,无虑数家,而文正公《指解》、华阳先生之《说》,尤为明白正大,粹然儒者之言。惜其误信古文之伪,窜易篇章,增改字句,寖失其真。朱子述汪端明之说,孝经古文与尚书古文,皆后人伪为,而所撰《孝经刊误》,参用古文今文,未为定论,故《述注》之本,一依今文为训也。[77]

> 古《孝经》孔氏不传,今所传古文,皆赝品,其可信者,独有今文而已。[78]

其余《尔雅》、《孟子》尚有部分著作,此处不再介绍。

从上面的绍述可以看到,晚清汉学家们研治经学,整体而言取得了较大的成就,对《周易》、《周礼》、《仪礼》、《左传》、《论语》这几部经书的研究甚至超越了乾嘉诸儒,出现带有集大成性质的著作,全面总结前人成果,勾稽三代两汉典籍,竭力回复唐宋以前的经学面貌,为后人清理、认识古代经典提供了重要的基础和保障。然而,由于自民国以来学人多有"道咸以降之学新"、晚清今文经学大盛等论断,加之自庄存与等人复兴今文经学之始,今文经学便与政治发生紧密的联系,至戊戌前后,伴随西学大量涌入,康有为、梁启超、皮锡瑞等人深度参与中国的政治运动,今文经学在短时间内成为时代变革的重要思想资源,而古文经学则难以产生与之相埒的效应,只是在较为纯粹的学术领域继续存在,并有所发展。因而,古文经学获得的成绩,并未引起人们足够的关注和重视。晚清古文经学的学术线索,始终未能得到很好的清理和表彰。

虽然道光以至同治末年汉学家的经学著述,大多收录在王先谦辑刻的《皇清经解续编》里,但其影响逊于阮元所编刻之《皇清经解》。同时,晚清还有不少宗汉学者的经学著作尚未得到较多关注。如果将这些著述加以更为全面的总结和解读,无疑会帮助我们更为准确的描绘晚清汉学的经学研究的大致面貌。

三 史学

乾嘉时期,史学研究成就甚大,出现了一批精于考史的学者。晚清汉学延续了乾嘉诸儒的优良传统,同时在研究的内容上有了一些新的发展和变化,其中有三个比较重要的方面:一为对旧史的考证与订补,二是西北史地学的兴起,三是蒙元史研究成为显学。

(一)对旧史的考证与订补

道光时期,从《史记》以至《明史》的二十四史已经形成,清代史学的主要研究对象,即为这二十四部正史。但由于种种原因,这些史著都或多或少存在一些错讹,晚清汉学家们,便围绕着二十四史进行考证与订补的工作。比较重要的有张文虎《校刊史记集解索隐正义札记》,王先谦《汉书补注》和《后汉书集解》,汪士铎《汉志释地略》和《南北史补志》、丁谦《汉书西域传考证》、周寿昌《汉书注校补》和《后汉书注补正》、朱一新《汉书管见》、杨守敬《隋书地理志考证》、李文田《元朝秘史注》、王颂蔚《明史考证捃逸》等。缪荃孙则补《晋书》六表,编《辽文萃》等。

自《汉书艺文志》出,正史中的《艺文志》或《经籍志》成为考察该朝学术之重要参考。但二十四史中,有不少都没有两《志》,这对稽考中国学术而言,实为缺憾。有鉴于此,乾嘉诸儒做了不少补苴和续纂。晚清学者对乾嘉时期未及补撰及有所缺漏者,续为补编和考证,出现了丁国钧《补晋书艺文志》、王仁俊《西夏艺文志》和《辽史艺文志补证》以及柳逢良《隋书经籍志考证》等著作,为保存学术史资料作出了贡献。

(二)边疆史地学的兴起

道、咸时期,随着西北边疆危机的出现和经世学风的浸染,一些学者开始对西北区域历史地理进行研究。徐松撰《西域水道记》一书,具有较高的学术价值,同时也具有一定的经世意义,得到学界的认同。这个时期,究心边疆史地的还有张穆、何秋涛两位学者。

张穆撰《蒙古游牧记》16 卷,以蒙古历史上各盟的旗为单位,用史志体书之,并自为之注,考证蒙古古今舆地及山川城镇沿革,对蒙古诸部落的历史发展给予研究。张穆凭此书成为当时研究边疆史地的重要学者。

何秋涛"专精汉学,而从诸公游处,未尝以门户标异,其于经史百家之词,事物之理,考证钩析,务穷其源委,较其异同,而要归诸实用"[79]。何氏本于汉学,又能留心经世学问,"尝谓俄罗斯地居北徼,与我朝边卡相近,而诸家论述,未有专书,乃采官私载籍,为《北徼汇编》六卷"[80]该书后增订为80卷,进呈咸丰帝,赐名《朔方备乘》。更为可贵的是,何秋涛这部书不仅在边疆研究方面有其价值,还能够对后来的蒙元史研究给予启发。书中《元代北徼诸王传》、《考订元代北方疆域考》等,均涉及元代历史。

咸同年间,还出现了黄彭年《东三省边防考略》、吴大澂《吉林勘界记》、姚文栋《滇缅勘界记》、洪钧《中俄交界全图》、邹代钧《中俄界记》等一系列研究边疆之著作,反映了考据学者对现实局势发展变化的关注。

（三）蒙元史研究成为显学

晚清蒙元史研究逐渐成为显学,有学术与现实等多方面的原因。明代纂修的《元史》,十分仓促,质量不高,为学界诟病。清代学者崇尚朴学,治史方法缜密,对元史一直存在不满。晚清学者承此学风,再三致力于对《元史》的补正甚至重撰的工作,出现了一批重要的蒙元史著作。如李文田（1834—1895）《元朝秘史注》,《元史地名考》,丁谦（1843—1919）《元圣武亲征录地理考证》、《元秘史地理考证》、《元秘史作者人名考》、《元经世大典图地理考证》、《长春真人西游记地理考证》,沈曾植《元秘史补注》、《蒙古源流笺证》,屠寄（1856—1921）《蒙兀儿史记》,曾廉（1857—1928）《元史考证》,文廷式（1856—1904）《元史西北地附录考》,施世杰《元秘史山川地名考》等。

章太炎曾本郑樵、章学诚之说,提出史著有"考史"、"作史"之分[81],晚清蒙元史的研究著作,亦大略可作如是分。其一,为以具体考据为核心的考证为主,如李文田、丁谦、洪钧、沈曾植、文廷式等。他们继承汉学传统,以汉学实事求是、"无征不信"的治学方法,考镜源流,寻蒙古历史之真。同时,他们能够以世界眼光来收集资料,将蒙元史置于世界范围之内,扩大了资料的范畴,为后来者的史学研究提供新的思路。其二,则为改写、创作为主,如曾廉、屠寄等,他们以重修信史为己任,虽然观点、方法仍旧存在纰漏,但已竭力完善明人所编《元史》的不足,其著作在蒙元史研究中,具有较为重要的参考价值。

(四)史学与史籍的总结

最后,还需要对两部史学著作加以简单的介绍。清代学者研治经学,十分注重搜集和整理的工作,出现了《通志堂经解》、《经义考》等纂述之作。谢启昆博求小学之书,收罗备考,且有所考证论议,撰《小学考》,这些都是带有总结性的著作。在这样的学术氛围下,晚清一些学者拟对史学编纂类似著作,其中以章学诚、许瀚等人接续纂著的《史籍考》较为有名。长沙余肇钧试图仿《经义考》例,撰《史书纲领》,也产生了一定影响。但两书今日似均不存(或存世无多),殊为憾事。

《史籍考》[82]　这部书最初由章学诚提出设想,但整个酝酿与编纂的过程,前后经历约 60 年,大概可以分为三个阶段:第一阶段,毕沅主持下《史籍考》初步开始。章学诚在决心编纂一部史学总集后,向时任河南巡抚的毕沅自荐,表其意愿,毕沅支持章的想法,在河南设局开始纂修《史籍考》,参与其事的有洪亮吉、凌廷堪、武亿等。其间毕沅在官场上左右迁降,章学诚也只能在河南、湖北、浙江等地辗转。但这个阶段章学诚始终保持对编纂《史籍考》的热情,已成书稿100卷。第二阶段,谢启昆主持与编纂的艰难前行。毕沅去世后,谢启昆表现出对章学诚的支持。谢本人对经学、小学素有研究,故对章学诚补苴史部的想法表示认同。当时在谢启昆的周围,参与编纂一事的,除章学诚外,还有钱大昭、胡虔、陈鳣等,在原稿的基础上有了比较大的进展。第三阶段,潘锡恩主持与许瀚等人的努力及书稿的烬熄。随着谢启昆的离任和后来章学诚本人的去世,《史籍考》的编纂一度停顿下来。道光年间潘锡恩任河南巡抚,重新组织人力编纂该书。参与的重要学者有许瀚、刘毓崧、包慎言等,其中以许瀚为核心人物。许氏撰写新的编例,潘锡恩采纳他的意见,对旧稿进行删繁合并、补阙正误等一系列工作,定为300卷,恰与朱彝尊《经义考》相等。不过,由于潘锡恩因病离任,其事没有最终完成,但书稿经潘氏整理后已可抄出清样。然而,太平天国运动爆发后,潘氏宅邸被焚毁,其藏书连同《史籍考》的书稿,也一同在大火中灰飞烟灭了。

《史书纲领》[83]　余肇钧编著《史书纲领》,书已难以见到。目前只能从郭嵩焘、俞樾、李元度等人为该书撰写的序文中,稽考出这部书的大概意图。郭、俞、李三人对《史书纲领》评价均较高。俞樾赞:

> 余君之为此书也,是可与秀水朱氏《经义考》并为不朽之大业矣!朱氏之书所考者经籍,凡经籍之大旨无不具。余君之书所考者史书,凡史书之大概无不具。自有此两书而甲乙两部固已得其辐辕矣[84]!

李元度则从著史者的角度来评价该书,认为余肇钧"荟萃史书之流别,若网在纲,若裘振领,使数千年作者之精神恉趣,灿若绳贯珠联,此非好学深思心知其意者不能作也"[85]。

这部书以收集史部要籍"书序及凡例"为主要内容,即把但凡有关史学的序录及凡例,一概搜罗而存之。李元度称此书"用《四库提要》例而稍变通焉,以朝代为经,以通史、正史、杂史、地志、杂地志五者为纬。凡小说有裨正史,亦择其序跋之佳者,按代录之。奏议则惟录各朝总集及专集之尤著者,目录则录其涉史书者。即在子部,但有关于史学,亦并录其序例。若书亡而序存者,尤加意甄录"[86]。可知该书以年代为脉络,分"通史"、"正史"、"杂史"、"地志"、"杂地志"五部分,遍采群籍中材料而成,且特别注重书亡而序、例存者。俞樾觉得这种把"史家体例囊括乎其中"的体例堪为"志乘之准绳"。由此可见,这部书并不是像《崇文总目》那样的纯粹目录,也不是如陈振孙《直斋书录解题》、晁公武《郡斋读书志》那样的书目提要,而是一部以体现历代史学编纂体例和撰述思想的书。余肇钧说:

> 以吾书比朱氏之《经义考》,固吾所大愿也,然而吾之意则有进焉。吾此书以纲领名,纲者若网之有纲,领者若衣之有领,区区之意,盖欲网罗古今史书、志书义例以垂示后世,使夫后世之修史者修志者,皆于是乎得其义例之所在,而不至无所适从。怅怅乎如摛埴而冥行也。故吾于史书不徒录其序目而已,其有凡例者,亦备录而无遗。盖视《经义考》加详焉。[87]

则余肇钧纂书之意,在于总结史例、史法、史则,以之为后人治史、修史之准绳与辐辖。

然而,三人也认为该书有不妥之处,郭嵩焘就指出其内容与体例有些不尽相合。余肇钧为详考关乎史之序例诸文,经及诸子之文句多有采摘且附于史下者。郭氏认为,"《经义考》之不及小学,非缺也。小学亦经之流也。苹皋取法《经义考》以存史家之纲领,亦无泛及其流焉可也",建议他把那些作为史之"流"者剔除出去,才能成为真正意义上的史书之"纲领"[88]。俞樾则认为该书卷帙太繁,刊刻恐为难事。

四　诸子学

乾嘉年间的汉学家,在研治经学、史学的同时,还对先秦诸子加以考究,考证、训释诸子学说。王念孙《读书杂志》考释《管子》、《晏子春秋》、《墨子》、《荀子》、《淮南子》等,以训释字、句为主。如他释《荀子·儒效篇》中"至汜而泛,至怀而坏"之"汜"字时说:

> "至汜而泛,至怀而坏。"杨注曰:"汜,水名。音'祀'。"汪注曰:"汜,当作'氾',音'泛'。字从'卪',不从'巳'。氾,泛,怀,坏,以音成义。注非。"念孙案,汪说是也。然《荀子》所谓"至汜"者,究不知为今何县地。卢用汪说,而引《左传》"鄐在郑地汜"为证。案,杜注云:"郑南汜也,在襄城县南。"则非周师所至,不得引为'至汜'之证矣。[89]

也就是说,《荀子》中"至汜而泛"一句,王念孙同意汪中所言"汜"当为"氾"之说,但不赞成卢文弨引《左传》"鄐在郑地汜"一句以证汪说,因为据杜预注,"汜"并非周师所至,故不能引以为佐。

对于《墨子》,乾嘉间也有许多学者致力于校注的工作,如汪中、卢文弨、孙星衍、毕沅、王念孙、丁杰等,都曾花费心力校注该书。此外,《韩非子》、《管子》等,汉学家也多有研治。

乾嘉年间的诸子学研究,为晚清治汉学者研治诸子之学,奠定了基础。而且,诸子之书"可以考证经义",故汉学家通过研治子书,"以子证经",其目的大多仍为治经服务。晚清汉学家广治子书,出现了一批比较重要的学术著作。其中,俞樾、孙诒让、王先谦、陈澧等人,成就较为显著。

俞樾《诸子平议》一书,对先秦诸子多有论断,不乏精义。该书三十五卷,研治范围包括《管子》、《荀子》、《淮南子》、《墨子》、《庄子》、《吕氏春秋》、《春秋繁露》、《贾子》、《杨子法言》、《列子》等,广搜古书,以校勘、训释为主,仿效王念孙《读书杂志》一书,多有创见。

孙诒让对《韩非子》、《荀子》、《老子》、《庄子》、《墨子》等,都有一定心得,其相关探讨可从《札迻》一书中窥得。《札迻》12 卷,方物王念孙《读书杂志》及卢文弨《群书拾补》,对《春秋繁露》、《管子》、《晏子春秋》、《老子》、《文子》、《列子》、《商子》、《尹文子》等,均有考释,而对汉、唐以至清儒校补著作,也多有校正。俞樾赞古书由此而"受益于仲容"[90],可见对其书之推重。孙氏治诸子学创获最大的,当属《墨子间诂》一书,可谓集大成之著作。对于《墨子》,孙氏认为,"先秦诸子之讹舛不可读,未有甚于此书者"[91],故"覃思十年",为之疏通古谊。孙氏这部书,运用汉学考据方法,仿许慎之治《淮南鸿烈》,对墨子相关问题"发其疑牾","正其训释"[92],成就甚大,梁启超称"古经注《墨子》者固莫能过此书"[93],并非溢美之辞。

王先谦对庄子、荀子均有研究。所纂《庄子集解》8 卷和《荀子集解》20 卷,是晚清治此二子之著作中最完备者。王氏不但能够搜罗前人著述,还能在此基础上提出己说。如荀子有"性恶"说,颇受宋儒攻驳。王先谦则提出,"性恶之说,非荀子本意",他说:"使荀子而不知人性有善恶,则不知木性有枸直矣。然而其言如此,岂真不知性邪? ……荀子论学、论治,皆以礼为宗,反复推详,务明其指趣,为千古修道立教所莫能外",其言"探圣门一贯之精,洞古今成败之故,论议不越凡席,而思虑浃于无垠,身未尝一日加民,而行事可信其放推而皆准。"[94]

陈澧《东塾读书记》中,专设《诸子书》一章,对荀子、管子、老子、庄子、杨子、墨子、韩非子等,进行讨论。他对诸子学之本旨以及各家之特点予以点评,他说:

> 诸子之学,皆欲以治天下,而杨朱之计最疏,墨翟之计最密。杨朱欲人人不贪,然人贪则无如之何;老子欲人愚,然人诈则无如之何;商鞅、韩非,皆欲人惧而自祸其身。墨翟"兼爱"、"非攻",人来攻则我坚守。何以为守? 藩其人民,积其货财,精其器械,而又志在必死,则可以守矣。此墨翟之所长也。[95]

这些看法,虽不必尽确,但足以引人深思。

此外,湖南王先慎纂《韩非子集解》20卷,在保留旧注的基础上,广搜各家校本,纂辑成书,在学界有一定影响。郭庆藩编撰《庄子集释》10卷,搜集诸家注疏十分广泛,受到梁启超等人的赞誉。

上述著作基本不出训释、考证子书的范畴,而章太炎、刘师培研治诸子学的成果,则具有一定的义理阐发的倾向。

章太炎少时便"博观诸子",但仅"略识微言","随顺旧义"[96]。后来他究心子学,在光绪三十二年(1906)发表《诸子学略说》,宣统元年(1909)撰成《庄子解故》,次年又相继出版《国故论衡》和《齐物论释》,逐渐在诸子学方面形成自己的学说体系。虽然章氏对诸子多有论说,对老子、荀子更不乏新见,但对庄子最为推重。在《诸子学略说》中他就说:

　　　　庄子晚出,其气独高,不惮抨弹前哲,愤奔走游说之风,故
　　作《让王》以正之;恶智力取攻之事,故作《胠箧》以绝之。其
　　术似于老子相同,其说乃与老子绝异。[97]

可见,在同为道家的老、庄二子中,章氏以庄子为高。章氏研治
《庄子》的两部力作《庄子解故》和《齐物论释》,分别以故训、义理
为重,构成其较为完整的庄子思想。

　　刘师培研治诸子学的著作较多,有《荀子补释》、《晏子春秋补
释》、《老子斠补》、《庄子斠补》、《荀子斠补》、《墨子拾补》等,对整
理古代子书作出了贡献。然较诸前人治诸子学者不同之处,在于
其能吸收西方学说以论中国学术,这在其《周末学术史序》中得到
充分的体现。这部书由《总序》、《心理学史序》、《伦理学史序》、
《论理学史序》、《社会学史序》、《宗教学史序》、《政法学史序》、
《计学史序》、《兵学史序》、《教育学史序》、《理科学史序》、《哲理
学史序》、《术数学史序》、《文字学史序》、《工艺学史序》、《法律学
史序》、《文章学史序》17 篇组成,实际上是其拟撰写的《周末学术
史》一书之提纲。他把儒、道、墨、法、阴阳等学说,按照西方学术
分科进行归纳论述,虽有牵强附会之嫌,但毕竟是晚清汉学家研治
诸子学的新创获。

五　校雠与辑佚之学

　　除经学、史学、小学及诸子学外,晚清汉学家们在校雠和辑佚
等方面也取得了新的突破。校雠学是汉学的重要内容,清人治经,
每每校书,这方面卢文弨、王念孙、王引之、阮元等人都有典范性著
作。晚清汉学家继承先贤传统,续校书之业。黄以周曾说:"学者

欲著书,莫如先校书。"[98]在校雠方面,可以胡培翚、莫友芝、孙诒让、于鬯等为代表。辑佚则可以马国翰、黄奭、王仁俊以及黎庶昌、杨守敬、罗振玉等为代表。

古籍在流传过程中,多有讹夺现象发生,如何判定是非,是清代学者十分重视的问题。因为汉学家大多相信"去古未远"者的可靠性,故"信古"成为基本原则。也就是说,校书以古书为准,越近古者越可靠。如《论语》、《小戴记》中均有"寡小君"之记载,其所指为何,两书有异。焦点所在,就是"寡小君"是否是夫人自称。在这个问题上,胡培翚认为当是臣下对他邦人解释之辞,并非夫人自称。他还进一步提出,当《论语》与《礼记》记述相抵牾时,当以《论语》为正。其言曰:

> 此节惟"小童"句系夫人自称,余皆属他人称谓之辞。"称诸异邦",亦是邦人称之,经文条贯甚明。礼,称君于他国,曰"寡君",称君之夫人于他国,曰"寡小君"。《杂记》夫人薨,讣于他国,曰"寡小君不禄",此确证也。……俗解因《曲礼》有"自称于诸侯曰寡小君"之文,遂指为夫人自称,然则"寡小君不禄",亦可为夫人自称乎?《曲礼》当属记者之误。……况《论语》无"自"字,与记文本异,考古者当据《论语》以订《曲礼》之非,不当因《曲礼》而滋《论语》之误也。[99]

《论语》所述内容,多为孔子及其弟子之言,较诸《礼记》,自然为古。因此,此二书若有异同之时,应当"据《论语》以订《曲礼》之非"。

又如莫友芝,其校勘宋人张有《复古篇》时所据为吴本和葛本。其中,葛本先得而为善,吴本后得而较差。以葛本校吴本,知吴本错讹甚多,但友芝并不认为吴本没有任何价值,因为"其为拙手书,至有真字、疑字不敢妄改,颇足以是正葛本"[100]。一部看似价值很低的书,却能在莫友芝手中发挥重要作用,体现出其对古籍校勘独到认识。

孙诒让年幼时即接触校雠之学,13 岁撰《广韵姓氏刊误》,其后遍读群书,随读随校,所校之书因之而更具价值,《墨子间诂》、《周礼正义》、《大戴礼记校补》、《十三经注疏校记》(即《经迻》初稿)、《札迻》等书,集中体现了他的校雠学成就。

孙氏校书,因有玉海楼藏书之便,故每每尽力广搜善本,以为校书基础。其撰《墨子间诂》时,以毕沅《墨子注》为底本,参校明吴宽写本、清顾千里校《道藏》本等版本,又参考张惠言《墨子经说解》及王念孙、王引之、洪颐煊、俞樾等校勘成果,对《墨子》的文字、篇章进行了详细的校对和勘正[101]。孙氏又曾据阮元《十三经注疏校勘记》,细为校勘,拟为《经迻》,后未成书,经学者整理,题为《十三经注疏校记》行世,成为阮元之后全面校勘十三经的一部重要著作。

于鬯亦善校书,《香草校书》、《香草续校书》,遍校群籍。其中,《香草校书》主要校经书及《说文》,《香草续校书》则校史、子部书,颇仿王念孙、俞樾之规模。其校书常于行文中见其覃思之处,有启发意义,但也因此偶有臆断之失。

在辑佚方面,因清代辑佚传统深厚,四库馆之开,已将辑佚之学推至巅峰。晚清时期,马国翰、黄奭、王仁俊等人承乾嘉诸儒之功,续有成绩,而黎庶昌、杨守敬、罗振玉等人则积极从域外寻访古籍,为辑佚之学开辟新的路径。

马国翰(1794—1857),字词溪,号竹吾,山东历城人。嗜书好学,每见奇书必手自抄录。为官之后,常将俸禄悉以购书,遂有五万余卷之藏书。道光九年(1829)前后,马国翰开始辑录古籍,至道光二十四年（1844），所辑《玉函山房辑佚书》成，其后陆续刊刻，但未能以全书问世。马国翰为纂辑该书，曾统其家藏，悉为条论，仿南宋晁公武《郡斋读书志》、陈振孙《直斋书录解题》体例，分列部居，撮记要旨，编为《玉函山房藏书簿录》625卷。后又将有所遗漏及新得之书编成《玉函山房藏书簿录续编》一册。以此为基础，马国翰将自藏古籍分类刻印，有近600种。

约与马国翰同时，黄奭亦辑有《汉学堂丛书》。黄奭（1809或1810—？）[102]，字右原，江苏甘泉人。自道光十八年（1838）年居家丁父忧开始，网罗群籍，辑佚古书，且随成随刊，相继辑为《汉学堂经解》、《通纬》、《子史钩沉》、《通德堂经解》等，总名为《黄氏逸书考》，又称《汉学堂丛书》。是书共收佚书约300种，除经部之外，力辑史、子、集部古佚，后经陈逢衡校勘，更显美备。因此，其与马国翰并称"南黄北马"，后人赞"嘉道以后，辑佚家甚多，其专以此为业而所辑以多为贵者，莫如黄右原奭、马竹吾国翰两家"[103]。

马、黄之外，清末王仁俊不仅研经考史，还赓续《玉函山房辑佚书》，成《玉函山房辑佚书续编》277种、《补编》141种，又辑《经籍佚文》116种，及《十三经汉注四十种辑佚书》，后合刊为《玉函山房辑佚书续编三种》。王氏言其辑佚与效仿马国翰有关，语云：

> 历城马氏国翰辑唐以前佚书，凡五百八十余种，为卷六百有奇。其有目无书者阙四十余种，其散见各叙所谓已有著录者，如陆希声《周易传》之类九种，今亦无之。匡君源所谓待后之君子蒐补焉。仁俊幼嗜搜辑奇书硕记，露钞雪纂，马编之外时多弋获。忆自戊子之春，泊乎甲午之秋，多历年所。盖尝西游鄂渚，南浮岭峤，北陟幽燕。水陆轮骒，捆载此搞，引申触悟，发箧密书，凡《古逸丛书》刻于日本，《大藏音义》传于雒东

狮谷,获睹异册,旁引秘文,日事掊撷,遂成斯编。[104]

由此可见,王仁俊在乾嘉诸儒辑佚甚密,马国翰、黄奭亦尽事网罗的情况下,仍能有所收获,除苦心搜集佚文外,域外汉籍成为重要来源。而这也是清末宗汉学者辑佚工作的重要新途径。

清人自乾隆时期便已有学人自日本、朝鲜等地访书携归。晚清时,黎庶昌、杨守敬、罗振玉等人在域外访书,成绩卓著,在学界影响颇大。黎庶昌宗汉学,于光绪七年(1881)任出使日本大臣,杨守敬作为随员陪同前往。此前,杨守敬光绪六年(1880)即曾作为随员同时任驻日本大使的何如璋到日本访书,此次与黎庶昌到日本后,亦在公务之余访求古籍,回国后于光绪十年(1884)合力编成《古逸丛书》。该丛书收书26种,凡200卷,其中有一些失传的小学、经学等著作。如旧钞卷子原本《玉篇》零本、覆永禄本《韵镜》、影宋蜀大字本《尔雅》、影宋绍熙本《穀梁传》、覆元至正本《易程传》、覆旧钞卷子本唐开元御注《孝经》,等等。可以说,《古逸丛书》尽管存在一些讹误以及一些臆改之处,但保存古籍、增加学术研究原始资料的价值是显而易见的。受此影响,罗振玉等人在日本搜罗、整理出《殷墟书契前编》等文献,后来又从法国等欧洲国家购得甲骨文、金文及敦煌遗书,进一步扩大了史料搜集的范围,丰富了研究资料,使学界在清末民初逐渐产生新的研究视角、研究理论和思路,这无疑都是对乾嘉汉学家们搜集古书的辑佚之风的继承与发展。

六　新著述所反映晚清汉学之特点

胡培翚在综论清代经学之成就时,详细开列了一份"专门名家"的名单,分别是:惠士奇、惠栋、江声、王鸣盛、陈启源、顾栋高、孔广森、张尔岐、江永、程瑶田、顾炎武、戴震、邵晋涵、段玉裁、王念孙、梅文鼎、胡渭、阎若璩、钱大昕，共计 19 人。这些人物无一例外的是清代第一流的汉学家。胡培翚盛赞诸人"读书卓识，超出前人"，他认为其巨大之成绩，可分为如下几端：

> 一曰，辨群经之伪。如胡氏之《易图明辨》、《河图洛书先天后天》，各图非易书本有，王氏之白田杂著辨周易本义，前九图非朱子所作，阎氏《古文尚书疏证》，惠氏《古文尚书考》，辨东晋晚出之古文孔传为梅赜伪托。毛氏诗传诗说，驳议辨子贡传申培说为丰坊伪撰是也。

> 一曰，存古籍之真。如易经二篇传十篇，本自别行，王弼作注，始分传附经，朱子本义，复古十二篇，而明时修大全用程传，本以朱义附之后，坊刻去程传，专存本义，仍用程传本，而朱子书亦失其旧。自御纂《周易折中》改从古本，学者始见真面目。惠氏《周易本义辨证》详言之。又如竹君朱氏之倡刊说文，始（页二终）一终亥之本《通志堂》、《抱经堂》之校刊《经典释文》全书是也。

> 一曰，发明微学。惠氏之《易汉学》、《周易述》，张氏之《周易虞氏义》、《虞氏消息》，王氏之《广雅疏证》，段氏之《说文注》，黄梨洲、梅勿庵之本周髀言天文，邵二云之重疏《尔雅》，焦里堂之重疏《孟子》是也。

> 一曰，广求遗说。余氏之《古经解钩沉》，任氏之《小学钩沉》，邵氏之《韩诗内传考》，洪氏之辑郑贾服诸家说为《左传诂》，臧氏之辑《仪礼》丧服马王注礼记庐植解诂《月令》蔡邕章句《尔雅古注》是也。

> 一曰，驳正旧解。江氏之《深衣考误辨》深衣非六幅交解为十二幅乡党图考辨治朝本无屋无堂，顾亭林左传杜解补正，

顾复初《春秋大事表》，皆纠杜注谅闇短丧之谬。戴东原《声韵考》以转注为互训，历指前人解释之误是也。

　　一曰，创通大义。顾氏之音学五书，分十部，江氏之《古韵标准》分十三部，段氏之《六书音均表》分十七部，以考古音王尚书之《经传释词》标举一百六十字，以明经传中语词非实义。凌教授之《礼经释例》，分通例、饮食例、宾客例、射例、变例、祭例、器服例、杂例，以言礼之节文等杀是也。[105]

乾嘉汉学有上述这些成就，若总结晚清汉学著述之成绩，既有传承，又有开新。虽然难称"创通大义"、"发明微学"，但依旧显示出自身的特点。

　　首先，总体而言，晚清汉学在方法、理论及治学精神等方面承乾嘉汉学一脉而来，带有明显的继承性。

　　乾嘉诸儒创辟汉学，吴、皖二派共同构建的"求古"、"求真"的追求和由此形成的"实事求是"的理念、精神与以考据为核心的"考信"方法，都在晚清汉学中得以延续。在治学内容上，晚清汉学基本仍然是以小学、经学、史学为重，这与乾嘉时期的状况一定程度上保持一致。也正是在这样的意义上，晚清汉学成为乾嘉以来清代汉学的一部分。可以说，清代汉学史至嘉庆时期并未结束，而是在继承中继续发展，直至清末。

　　其次，学术群体不断扩展，治学范围有所扩大，治学方法有所更新。

　　汉学于乾嘉时期达到巅峰，但乾嘉时期，讲求汉学者一方面并非绝对的官方主流（四库全书馆开对此有所改变，但士子为参加科举考试，仍常年读四书朱注及其他宋学书籍），同时汉学风气主要分布在江南及京师一带，至于全国其他省份，面对科举压力，难以将汉学作为读书、治学的主业。自道光以降（尤其在咸同时期），宗汉学者的数量总体上超过了乾嘉时期，且不乏带有典范意义的学者，浙江、广东、四川等地的发展尤为突出，这与乾嘉时期出现的讲求汉学的官僚建书院、招幕僚，从而培养汉学学子，进而培植汉学风气有密切关系。

晚清宗汉学者在治学内容的范围上，较诸乾嘉时期亦有所扩大。这不仅表现在其治诸子学取得巨大成绩，即便在原有的基础领域内，也有所拓展。如金石学的进一步发达、甲骨文字出现后小学的革命性变革，经学中更多"新疏"的出现，以及蒙元史学、西北边疆史学的发轫与形成，都在原有治学范围引导出新的方向。同时，因为有了新的研究资料，以孙诒让等人为代表的宗汉学者更加重视地下资料，以文献与实物相印证来通经、证史逐渐成为治学的重要方法，这与乾嘉时期汉学家大多仅将钟鼎彝器作为小学的辅助材料的情况，大有不同。

最后，学术环境变化下的不断回应。

这方面，主要表现在晚清汉学与域外学术圈的接触和对西学的迎拒。虽然清代中期，学人与日本、朝鲜等域外之地即有一定接触，中国古籍在日本等地流传甚广，对其学术发展起到了重要作用，但乾嘉诸儒并未刻意向域外专门介绍、宣传汉学学术，域外学人对汉学虽略知一二，也并不重视。道光朝时，朝鲜燕行使申在植来京数次，与王筠、汪喜孙等人相识。在会见时，王筠反复向申氏强调《说文》一书的重要性，并推介段玉裁及其著作，说"近有段茂堂先生，名玉裁，字若膺。《说文解字注》共四函，京钱十二千可得。其书诚《说文》至好之本，其中有武断处，然不掩其瑜。欲识字者，非此莫由"[106]。后来，汪喜孙常与朝鲜学人通信，介绍汉学的发展情况。如在《与朝鲜某大夫书》[107]中，重点论述了《尚书》之学及音韵之学。他将自明代陈第至清代顾炎武、江永、戴震、段玉裁、王念孙、王引之、江有诰等人的学说——罗列,使对方对清代音韵学发展的脉络有大概的了解。在致李尚迪的信中,汪喜孙同样介绍阎若璩《古文尚书疏证》及顾炎武诸人的音韵学著作。此外,他还言及校勘学的情况,云:"本朝校子书者三人,一卢抱经、一王怀祖、一先君子(按,即汪中——引者)"[108]。在和金正喜通信时,汪喜孙论及汉学群体,十分详细地告诉金氏:

> 顾亭林、阎百诗、江艮庭、惠定宇、江慎修,皆下士耳;刘端临先生、焦里堂、段若膺、程易田,皆不第举子耳;达者阮、王、高邮、嘉定、青浦五人;入翰林者,张皋文、戴东原、金辅之三人耳;近如叶东卿,则以金石家而为赀郎。[109]

他还希望金氏"可以经明行修,通经致用",并说"非徒以纪文达相期也,非徒以段大令相推也"[110],期待他能走上汉学的道路,并像纪昀、段玉裁那样不仅学问渊深,且推广其学。

如果说晚清宗汉学者在早期与朝鲜学人的接触,多以输出为主,清季在与日本学人接触过程中,则更多为吸收汉学。这其中,既有对日本藏书的搜集与整理,亦有对日本学术成果的吸纳。

此外,晚清汉学所面对的与乾嘉时期相迥异的学术环境,是日益强大的西学潮流。虽然西学自明清之际已传入中国,乾嘉汉学家所治天文历算之学,也多知晓外人著述,但毕竟范围有限,内容相对单一。然而晚清时期(特别是同治自强运动之后),西学以风起云涌之姿态进入中国,短短 30 年内在中国形成"新"、"旧"两大学统。儒学是中国传统学术的核心内容,无论作为重要支脉的汉学如何自我更新与变革,统统被归入"旧"的统系之内,这是晚清宗汉学者中的有识之士已经逐渐察觉到的。因此,叶德辉、孙诒让等会认真学习西学,甚至写出调融西学与汉学的学术著作。这种时代的冲击,是乾嘉诸儒所无法想见的。

总之,晚清汉学自身的学术理路与外在的学术环境,较诸乾嘉时期已有所不同,甚至出现根本性的变化。故此,晚清汉学虽然继承了乾嘉汉学的主要内容与方法,但呈现出非常明显的自身特点。而在内外变化之中,晚清汉学开始显露出学术总结的趋势,无论小学、经学、史学等,都出现带有总结意味的著作。如章太炎撰《清儒》篇,皮锡瑞虽不是典型意义汉学家,但已开始撰《经学历史》,以及《史籍考》、《史书纲领》的编纂等。这些著作,有些虽然并未完成,或者已经化作灰烬,但在时代的变迁中,晚清汉学自然而然地走向自我的反思与回顾,这或许昭示着一个学术时代即将完结的不可逆转的命运。

注 释

1　陈瑑:《说文引经考证》卷一,同治甲戌年(1874)湖北崇文书局重刊本,页1。

2　柳荣宗:《叙》,《说文引经考异》,续修四库全书编委会编:《续修四库全书》第223册,上海古籍出版社2002年版,第160页。

3　雷浚:《说文引经例辨》卷上,光绪壬午(1882)刻本,第1—3页。

4　潘钟瑞:《叙》,《说文引经例辨》,光绪壬午(1882)刻本,第1页。

5　胡朴安:《中国文字学史》下册,商务印书馆1998年版,第546页。

6　胡培翚:《与张阮林论阒阄橜梱》,《研六室文钞》卷四,黄智明点校、蒋秋华校订:《胡培翚集》,台北:"中央研究院"文哲所2005年版,第118页。

7　阮元:《段氏说文注订叙》,王绍兰:《段氏说文注订》,道光四年(1824)刊本。

8　王筠:《复单廉泉书》,《清诒堂文集》,齐鲁书社1987年版,第116页。

9　详拙文:《介入与疏离:略论王筠与嘉道年间北京的小学圈》,王岗主编:《北京历史文化研究》,人民出版社2012年版,第280—288页。

10　姚觐元:《序》,《说文新附考》,王锳、袁本良点校:《郑珍集·小学》,贵州人民出版社2002年版,第195页。

11　郑珍:《自序》,《说文新附考》,王锳、袁本良点校:《郑珍集·小学》,贵州人民出版社 2002 年版,第 194 页。

12　莫友芝:《说文逸字后序》,张剑、陶文鹏、梁光华编辑校点:《莫友芝诗文集》下册,
　　人民文学出版社 2009 年版,第 562 页。

13　郑珍:《说文逸字叙目》,《说文逸字》,王锳、袁本良点校:《郑珍集·小学》,贵州人
　　民出版社 2002 年版,第 29 页。

14　郑知同:《说文逸字附录识语》,《说文逸字》,王锳、袁本良点校:《郑珍集·小学》,
　　贵州人民出版社 2002 年版,第 126 页。

15　16　莫友芝:《〈说文逸字〉后序》,张剑、陶文鹏、梁光华编辑校点:《莫友芝诗文
　　集》下册,北京:人民文学出版社,2009,第 562—563、564 页。

17　吴大澂:《说文古籀补叙》,《说文古籀补》,中华书局 1988 年版,第 3 页。

18　郭沫若:《中国古代社会研究·自序》,《中国古代社会研究》,人民出版社 1964 年
　　版,第Ⅸ页。

19　陈澧:《切韵考序》,《切韵考》,广东高等教育出版社 2004 年版,第 2—3 页。

20　陈澧:《切韵考外篇序》,《切韵考》,广东高等教育出版社 2004 年版,第 170 页。

21　黄侃:《与人论治小学书》,《黄侃国学文集》,中华书局 2006 年版,第 151 页。

22　24　黄本骥:《韵学卮言》,《三长物斋丛书·痴学》卷六,道光年间刻本,第 8、
　　12 页。

23　全祖望:《亭林先生神道表》,朱铸禹:《全祖望集汇校集注》上册,上海古籍出版社
　　2000 年版,第 232 页。

25　黄本骥:《序》,《三长物斋丛书·郡县分韵考》卷首,第 1 页。

26　黄本骥:《三长物斋丛书·郡县分韵考》卷一,第 1 页。

27　章太炎:《国故论衡·小学略说》,上海古籍出版社 2003 年版,第 9 页。

28　39　章太炎:《论语言文字之学》,载《国学讲习会略说》,日本东京秀光社 1906 年
　　版,见张昭军编:《章太炎讲国学》,东方出版社 2007 年版,第 10、9、8 页。

29　罗常培:《方言校笺及通检序》,《方言校笺及通检》,科学出版社 1956 年版,第
　　Ⅳ页。

30　俞樾:《古书疑义举例》,中华书局 2005 年版,第 43 页。

31　俞樾:《群经平议序》,《群经平议》,《春在堂全书》本,第 1 页。

32　俞樾:《彭丽崧易经解注传义辨正序》,《春在堂杂文四编》七,第 7 页。

33　34　俞樾:《诸子平议》,中华书局 1954 年版,第 252、458 页。

35 俞樾:《诸子平议·序目》,中华书局 1954 年版,第 1—2 页。

36 俞樾:《群经平义》,王先谦编:《清经解续编》第五册,上海书店出版社 1988 年版,第 1032 页。

37 俞樾:《札迻序》,孙诒让:《札迻》,中华书局 2009 年版,第 1 页。

38 见郭在贻:《训诂学》,湖南人民出版社 1986 年版,第 206 页。

40 包世臣:《清故文学旌德姚君传》,《周易姚氏学》卷首,光绪三年(1877)崇文书局雕本,第 1 页。

41 李道平:《自序》,《周易集解纂疏》,中华书局 1994 年版,第 1 页。

42 丁氏此说,后来者并不轻信。如陈梦家撰《古文尚书作者考》予以驳论,认为丁说证据薄弱,而"王肃伪造孔传《尚书》,是一定不能成立"的。见陈梦家:《尚书通论》,中华书局 2005 年版,第 117—118 页。

43 孙诒让:《尚书骈枝叙》,《大戴礼记斠补·附尚书骈枝》,齐鲁书社 1988 年版,第 3—5 页。

44 胡培翚:《福建台湾道胡君别传》,《研六室文钞》卷十,道光十七年(1837)泾川书院刻本,第 11 页。

45 马瑞辰:《诗谱逸文考》,《毛诗传笺通释》卷一,中华书局 1989 年版,第 6—7 页。

46 马瑞辰:《十五国风次序论》,《毛诗传笺通释》卷一,中华书局 1989 年版,第 9 页。

47 黄式三:《葛覃》,《儆居集·经说一》,光绪十四年(1888)续刻本,第 3 页。

48 黄家岱:《郑笺释例》,《嬹艺轩杂著》,第 36 页。

49 姜亮夫:《孙诒让学术检论》,《浙江学刊》1999 年第 1 期。

50 孙诒让《周礼政要叙》,《周礼政要》,光绪壬寅年(1902)瑞安普通学堂石印本,第 1 页。

51 杨向奎:《读胡培翚的〈仪礼正义〉》,《孔子研究》1991 年第 2 期。

52 见胡培翚:《仪礼非后人伪撰辨》,黄智明点校、蒋秋华校订:《胡培翚集》,台北:"中央研究院"文哲所 2005 年版,第 85—88 页。

53 胡培翚:《上罗椒生学使书》,《研六室文钞》补遗,光绪四年(1878)世泽楼重刊本,第 4 页。

54 郑知同:《仪礼私笺后序》,《仪礼私笺》,续修四库全书编委会编:《续修四库全书》第 93 册,上海古籍出版社 2002 年版,第 344 页。

55 吴之英:《仪礼奭固叙》,《吴之英诗文集》,四川大学出版社 2008 年版,第 141 页。

56 曹元弼:《礼经校释叙》,《礼经校释》,续修四库全书编委会编:《续修四库全书》第 94 册,上海古籍出版社 2002 年版,第 529 页。

57 林昌彝:《进呈三礼通释启》,《林昌彝诗文集》,上海古籍出版社 1989 年版,第 337 页。

58 郭嵩焘:《三礼通释序》,《郭嵩焘诗文集》,岳麓书社 1984 年版,第 118 页。

59 蒙文通:《廖季平先生传》,《经学抉原》,上海古籍出版社 2006 年版,第 197 页。

60 李慈铭著、由云龙辑:《越缦堂读书记》,上海书店 2000 年版,第 66 页。

61 见陈庆镛:《籀经堂类稿》卷十一,续修四库全书编委会编:《续修四库全书》第 1522 册,上海古籍出版社 2002 年版,第 635 页。

62 分见李慈铭著、由云龙辑:《越缦堂读书记》,上海书店出版社 2000 年版,第 66—67、70 页。

63 胡玉缙:《三礼通释书后》,王元化主编:《学术集林》卷四,上海远东出版社 1995 年版,第 43 页。

64 黄以周:《礼书通故叙目》,《礼书通故》第六册,中华书局 2007 年版,第 2713、2722 页。

65 俞樾:《礼书通故序》,《礼书通故》第一册,中华书局 2007 年版,第 2 页。

66 章太炎:《黄先生传》,《章太炎全集》第四册,上海人民出版社 1985 年版,第 214 页。

67 刘文淇:《与沈小宛先生书》,《刘文淇集》,台北:"中央研究院"文哲所 2007 年版,第 47、48 页。

68 刘师培:《读左札记》,《刘申叔遗书》上册,江苏古籍出版社 1997 年版,第 292 页。

69 见刘师培:《春秋古经旧注疏证》,《刘申叔遗书》上册,江苏古籍出版社 1997 年版,第 290—291 页。

70 刘师培:《读左札记序》,《读左札记》,《刘申叔遗书》上册,江苏古籍出版社 1997 年版,第 292 页。

71 汤志钧编:《章太炎年谱长编》上册,中华书局 1979 年版,第 32 页。

72 〔日〕竹添光鸿:《左氏会笺自序》,《左氏会笺》第一册,巴蜀书社 2008 年版,第 5 页。

73 刘恭冕:《论语正义后叙》,《论语正义》下册,中华书局 1990 年版,第 798 页。

74 陈立:《论语正义序》,《论语正义》(诸子集成本),上海书店出版社 1986 年版,第

1 页。

75　潘氏子潘锡爵同治壬申年（1871）撰《论语古注集笺跋》说，此书编纂完毕时，"去先君子之殁，二十有三年矣"，可证潘氏当卒于 1848 年。

76　潘锡爵：《论语古注集笺跋》，《论语古注集笺》，光绪七年（1881）刻本，第 1 页。

77　丁晏：《孝经述注自叙》，《颐志斋文集》卷三，第 5 页。

78　丁晏：《孝经征文自叙》，《颐志斋文集》卷三，第 5 页。

79　80　黄彭年：《刑部员外郎何君墓表》，《续碑传集》卷二十，沈云龙主编：《近代中国史料丛刊》983，台湾文海出版社影印版。

81　详见《章太炎先生论订书》，支伟成：《清代朴学大师列传》，岳麓书社 1998 年版，第 2 页。

82　关于《史籍考》，此处参考了张升《〈史籍考〉撰修考》（收北京师范大学历史系编：《史学论衡》第 2 辑，北京师范大学 1992 年版）和林存阳《〈史籍考〉撰修始末辨析》（《故宫博物院院刊》2006 年 1 期）两文，特此说明。

83　该书未见著录。从现在的材料来看，很难判断其是否最终成书，或者按照原意成书。国内各大图书馆，似只有湖南省图书馆藏有残本。见湖南省图书馆网络书目，《史书纲领》一卷，（清）余肇钧撰，清光绪刻本，1 册。网址 http://opac.library.hn.cn/opac/book/2000128670? globalSearchWay =。

84　87　俞樾：《余苹皋史书纲领序》，《春在堂杂文续编》二，《春在堂全书》，光绪二十三年（1897）重定石印本，第 5 页。

85　86　李元度：《史书纲领序》，《天岳山馆文钞》卷二十七，光绪间文光堂刻本，第 20、19 页。

88　郭嵩焘：《史书纲领序》，《郭嵩焘诗文集》，岳麓书社 1984 年版，第 33—34 页。

89　王念孙：《读书杂志》，江苏古籍出版社 2000 年版，第 668 页。

90　俞樾：《札迻序》，《札迻》，中华书局 1989 年版，第 1 页。

91　92　孙诒让：《墨子间诂序》，《墨子间诂》上册，中华书局 2009 年版，第 3 页。

93　103　梁启超：《中国近三百年学术史》，朱维铮校注：《梁启超论清学史二种》，复旦大学出版社 1985 年版，第 360、405 页。

94　王先谦：《荀子集解序》，《葵园四种》，岳麓书社 1986 年版，第 79 页。

95　陈澧：《诸子书》，《东塾读书记》，三联书店 1998 年版，第 243 页。

96　章太炎：《菿汉微言》，《菿汉三言》，辽宁教育出版社 2000 年版，第 60 页。

97　章太炎:《诸子学略说》,汤志钧编:《章太炎政论选集》上册,中华书局1977年版,第293页。

98　黄以周:《尔雅释例叙》,《儆季杂著·文钞二》,自刊本,第22页。

99　胡培翚:《论语称诸异邦曰寡小君辨》,黄智明点校、蒋秋华校订:《胡培翚集》,台北:"中央研究院"文哲所2005年版,第91—92页。

100　张剑:《莫友芝年谱长编》,中华书局2008年版,第27—28页。

101　见孙诒让:《墨子间诂自序·跋语》,《墨子间诂》上册,中华书局2009年版,第2、5页。

102　有关黄奭生卒年,参见曹书杰:《黄奭生卒考》,《东北师大学报(哲学社会科学版)》1989年第6期。

104　王仁俊:《玉函山房辑佚书续编自序》,《玉函山房辑佚书续编三种》,上海古籍出版社1989年版,第1页。

105　胡培翚:《国朝诂经文钞序》,《研六室文钞》卷六,黄智明点校、蒋秋华校订:《胡培翚集》,台北:"中央研究院"文哲所2005年版,第170—172页。

106　郑时辑著:《王菉友年谱》,载《清诒堂文集》,齐鲁书社1987年版,第241页。

107　汪喜孙:《与朝鲜某大夫书》,杨晋龙主编:《汪喜孙著作集》上册,台北:"中央研究院"文哲所2003年版,第194—195页。

108　汪喜孙:《与朝鲜李尚迪书》,杨晋龙主编:《汪喜孙著作集》上册,台北:"中央研究院"文哲所2003年版,第197—198页。

109　汪喜孙:《与朝鲜金正喜书(二)》,杨晋龙主编:《汪喜孙著作集》上册,台北:"中央研究院"文哲所2003年版,第202页。

110　汪喜孙:《与朝鲜金正喜书(一)》,杨晋龙主编:《汪喜孙著作集》上册,台北:"中央研究院"文哲所2003年版,第200—201页。

第 四 章

批评与会通:晚清汉学与宋学

汉学与宋学,都是儒学的一部分。乾嘉时期汉学虽盛,但如前所述,其时学界已经出现汉、宋争端。道光以降,随着社会现实出现了新的状况,加之汉学与宋学自身的发展演变,汉、宋学之间的关系展现出新的面貌。汉、宋融合或者说汉、宋会通的趋势不断强化,治学应当实事求是,消除门户之见的看法,得到愈来愈多学者的认同。但同时,二者的区分在某种程度上继续存在。此外,虽然多数读书人逐渐主张治经不分汉宋,但也有不少人对于"汉宋调和"持反对态度,他们不赞成在汉、宋学之间调停折中,提出了"不分门户,非为调人"的观点。

一 宋学对汉学的批评

汉学在乾嘉大盛时期,宗宋学的姚鼐即批评说:"今世天下相率为汉学者,搜求琐屑,征引猥杂,无研寻义理之味,多矜高自满之气。"[1] 他甚至认为汉学家"生平不能为程、朱之行","安得不为天之所恶"?故毛奇龄、戴震等人才会"率皆身灭嗣绝"![2] 言辞十分激烈。

嘉庆时,江藩撰《国朝汉学师承记》,护翼汉学。江氏是惠栋的再传弟子,他的这部书引起了宗宋学者方东树的不满,方氏于道光间撰《汉学商兑》,对汉学进行了批驳。《汉学商兑》分为上中下3卷,卷中又分上下。其中,卷上辨析"道学"即"尧、舜、周、孔之圣学",卷中分别对汉学家的义理之学及其治学方法诸方面给予抨击,卷下则集中对江藩《汉学师承记》所附《国朝经师经义目录》所言之"纯正"汉学进行驳辩。总括而言,方东树在这部书里对汉学的辩驳主要有以下几个方面。

其一,汉学家对宋学家的批评皆为不实之辞。

汉学诸儒批评宋学家最激烈之处,就是指责他们多空言性理,援禅入儒。方东树以为,宋儒虽多习佛学,其最终的指归仍在光大儒学,并非离经叛道。程朱大儒游走儒、佛之间,实"古今能辨儒、禅之分,毫厘利害之介者"。[3] 他们是真正对孔家儒学有功的人。而汉学家"禁天下不许求心、求理,势必使人人失掉是非之心,即于惶惑茫昧,而无复观理之权衡矣"。"其人制行,皆溺于利欲常度,黩货滥色,迤势矜名,私狭忿忮,讲经与躬行心得,判而为二,无一人一事,可比禅德尊宿。则知其志虑,必不能闲邪卫道,忧在万世。且其学识,亦必不能精思密察,过于程、朱也"。[4] 在义理的层面上,汉学家的学术道德较诸宋学家相去甚远,而道德不及宋学家,学问自"必不能精思密察,过于程朱"。

汉学家对宋儒的另一个批评是认为他们不讲名物训诂,"知"尚未及,何以言"理"?针对此说,方东树作出回应。他指出,宋儒中不乏切实读书的人,朱熹便"教人为学,谆谆于汉、魏诸儒正音读,通训诂,考制度,释名物,以为当求之注疏,不可略"。[5] 他还引述朱熹的话说:

秦、汉以来,圣学不传,儒者惟知训诂章句之为事,而不知复求圣人之意,以明夫性命道德之归。然或徒诵其言以为高,而不知深求其意,遂致脱略章句,陵藉训诂,坐谈空妙,而其为患,反有甚于前日之陋者。[6]

方东树反复论证,想说明的不外乎是宋儒也讲训诂,且比汉学家更注重落脚在义理之上,故更胜一筹。他批判汉学家"昧于小学、大学之分,混小学于大学,以为不当歧而二之,非也。故白首著书,毕生尽力,止以名物、训诂、典章、制度小学之事,成名立身,用以当大人之学之究竟,绝不复求明新、至善之止,痛斥义理、性道之教,不知本末也"。[7]其实汉学家何尝不求义理? 戴震、阮元诸人,均力求通过训诂名物找寻经义本旨。只是汉学家所望见之义理,与宋学家自不相同。

其二,汉学的学术成果颇多可议处。

清代汉学家提倡"训诂明则义理明"。惠栋曾说:

经之义存乎训,识字审音,乃知其义,是故古训不可改也,经师不可废也。[8]

戴震同样提出:

训明则古经明,古经明则贤人圣人之理义明。[9]

钱大昕也认为:

夫穷经者必通训诂,训诂明而后知义理之趣,后儒不知训诂,欲以向壁虚造之说求义所在,夫是以支离而失其宗。汉之经师,其训诂皆有家法,以其去圣人未远。魏、晋以降,儒生好异求新,注解日多,而经益晦。[10]

这种理念使得文字、音韵、训诂等专门之学获得长足发展,并形成专门的"《说文》学"。

方东树不赞成"训诂明则义理明"的说法,他批评说:

> 谓义理即存乎训诂,是也。然训诂多有不得真者,非义理何以审之?[11]

义理究竟是存在于训诂的学术活动中,还是由参悟、躬行等活动而得,汉宋学家争辩激烈。方东树对汉学家惟汉是信的态度很不满,他认为所谓"本之古义者,大率祖述汉儒之误,傅会左验,坚执穿凿"[12],对阐扬儒学圣道,并无帮助。至于汉学家对《说文》的研究,方东树更是认为:

> 海内治《说文》者,专门异派,纷然并作,无虑数十家。所以标宗旨,峻门户,示信学者,上援通儒,下震流俗,无过此学矣。夫谓治经不可不先通小学,及《说文》之有功于小学,诚不易之论。……夫训诂未明,当求之小学,是也。若大义未明,则实非小学所能尽。今汉学宗旨,必谓经义不外于小学,第当专治小学,不当空言义理。以此欲蓦过宋儒而蔑之,超接"道统",故谓由考核以通乎"性与天道",由训诂以接夫唐、虞、周、孔正传。此最异端邪说,然亦最浅陋,又多矛盾也。[13]

从方东树的这段话不难看出,在义理和训诂的次序问题上,汉、宋双方无法达成接近的认识。汉学家抱定读书需先识字的看法,而宋学家则认为义理不明,则读书无用。

其三,汉学家义理之说立论欠妥。

汉学家中,戴震、焦循等人均有对义理的阐说,方东树对此批判甚烈。戴氏对宋儒所讲的"理"不以为然,多有辩驳,恪守道学的方东树斥责说:

> 考戴氏生平著述之大,及诸人所推,在《孟子字义疏证》
> 及《原善》。《孟子字义》,戴氏自谓"正人心"之书。余尝观
> 之,輆轕乖违,毫无当处。《原善》亦然,如篇首云云,取《中
> 庸》、《论》、《孟》之字,标举古义,以刊正宋儒,徒使学者茫然
> 昏然,不得主脑下手处,大不如陈北溪《字义》。[14]

至于戴震等人对程朱理学所提倡的"存天理、灭人欲"观点的批
判,方东树亦予以还击。他说:

> 程、朱以己之意见不出于私,乃为合乎天理,其义至精、至
> 正、至明,何谓"以意见杀人"? 如戴氏所申,当体民之情,遂
> 民之欲,则彼民之情,彼民之欲,非彼民之意见乎? 夫以在我
> 之意见,不出于私,合乎天理者,不可信;而信彼民之情、之欲,
> 当一切体之,遂之,是为得理,罔气乱道,但取与程、朱为难,而
> 不顾此为大乱之道也。[15]

方氏的看法,还是要把"情欲"纳入"天理"的约束之中,如果没有
了这种约束,人尽挥霍其私欲,那就会乱了天道。其实汉学家也并
非如方东树所指责的没有约束的情欲,他们同样知晓规约的力量,
所以逐渐产生"以礼代理"的一个思想动向。"以礼代理"是清中
叶之后汉学家提出的一个思想学说。[16]方东树对此进行了批评。
他说:

> 礼者,"理"也,官于天也;礼者,"天理"之节文,天叙、天
> 敕云云,皆是就礼一端言。……礼者为迹,在外居后。"理"
> 是礼之所以然,在内居先。而凡事凡物之所以然处,皆有
> "理",不尽属礼也。今汉学家厉禁"穷理",第以礼为教,尽失
> 其实……夫谓"理"附于礼而行,是也;谓但当读《礼》,不当
> "穷理",非也。"理"斡是非,礼是节文,若不"穷理",何以能

隆礼,由礼而识礼之意也? 夫言礼而"理"在,是就礼言"理"。言"理"不尽于礼,礼外尚有众"理"也。[17]

方东树以"理"、"礼"为内外表里之见,实际上是以"理"为根本,"礼"不能涵盖"理",是"理"的节文。

《汉学商兑》将汉学的缺失归结为"六弊",即:一,"力破'理'字,首以穷理为厉禁,此最悖道害教";二,"考之不实,谓程、朱空言穷理,启后学空疏之陋";三,"由于忌程朱理学之名,及《宋史·道学》之传";四,"畏程、朱检身,动绳以理法,不若汉儒不修小节,不矜细行,得以宽便其私";五,"奈何不下腹中数卷书,及其新慧小辨,不知是为驳杂细碎,迂晦不安,乃大儒所弃余,而不屑有之者也";六,"见世科举俗士,空疏者众,贪于难能可贵之名,欲以加少为多,临深为高也"。[18]

方东树的这部著作,是宗宋学者首次对汉学进行的全面回应。他驳斥汉学家训诂、音韵、《说文》等学术成就,但他攻击的根本出发点,还在 捍卫宋学家"义理"之说。《汉学商兑》在当时学界产生了一定影响,但其弟子苏惇元所说此书出汉学"遂渐熄",其族弟方宗诚所谓"汉学之气焰始衰,虽崇尚者,亦无敢公然诋毁矫诬"[19],则未免夸大其辞。

除方东树外,还有一些宗宋学者对汉学的治学方法、学术宗旨等进行抨击。其中以夏炘、夏炘的攻驳较为激烈,而他们所斥责的内容,也基本不脱方东树所言之范围。

首先,他们对汉学家"训诂明则义理明"的治学方法提出批评。夏炘批判说:

训诂是小学之一端,义理为大学之实际。若谓义理即在训诂,《尔雅》释诂、释言、释训三篇已能括尽义理,何以曾子作《大学》、子思作《中庸》，必欲深究义理之旨，以垂天下后世?[20]

他又说：

> 义理虽具于古经，而欲深明其旨趣，洞悉其渊微，断非读宋儒之书无从入手。汉儒只解其字义，考其篇章句读，其于道茫乎未闻也。[21]

夏炘认为汉学家"专好寻章摘句之学，……读其书味如嚼蜡，于身心形名、民生国计无一语提及，……不过为名物制度添一新解，为声音文字增一公案，为鲁鱼亥豕多一雠校"而已。[22]在夏氏看来，汉学家所治之学，于经义毫无益处，不过琐碎饾饤无用之事。对最关键的国计民生等重大问题，汉学家多无论焉，实为无用之学。而要有"用"，就应该讲求"身心性命"，才不会使人读书时感到"味如嚼蜡"，才会对人心经旨起到襄助之功。

其次，他们认为汉学家所讲的义理，差谬无益，应当予以驳斥。戴震及其《孟子字义疏证》依然是攻驳的主要对象。夏炘认为：

> 此书位置甚高，自以为孟子而后至我朝乾隆年间，近二千载，无一人能明孔子之道。宋程子、朱子皆不免冒宗乱族，贻祸无穷。特作《疏证》一书，由孟子以通孔子之道，不使程、朱害事害政之言复行于世。[23]

夏氏对戴震所讲之"理"，抨击殊烈，他说："理也者，万事万物当然之则，孔子所谓有物必有则是也"，戴氏《疏证》以自然者为欲，必然者为理，而不肯言当然。"在夏炘看来，理是"万事万物当然之则"，欲显然也是以理为"当然之则"，而非如戴震所说是"自然者"。夏炘还认为：

　　知名物制度不足以难程、朱也,遂进而难以性命;知道德崇隆不能以毁程、朱也,遂进而毁其学术。程、朱之学术,莫大于辨理、辨欲、辨气质之当变化,一切皆不便于己,于是扫而空之。以理责我者,以为是乃程、朱意见之理也;以欲责我者,以为欲乃人生之所不可无,圣人无无欲之说也;以变化气质绳我者,以为气质即天命之性,主敬存理皆宋儒之认本来面目也。[24]

理学至清世"竭泽而无余华",学理已经没有什么更多的发展。从夏炘的说法来看,他对戴震的批评没有什么新意,只是为程朱理学的"存天理、灭人欲"辩护而已。

　　对于凌廷堪提出的"以礼代理"之说,夏炘批驳说:

　　夫"天理"二字,虽始见于《乐记》,《乐记》亦古经之遗。《论语》虽无"理"字,然所谓复礼者,即复其天理也。所谓非礼勿视、听、言、动者,即非理勿视、听、言、动也。礼为理之节文,故言礼即是言理,其言博文约礼,亦即此理。……若谓"理"字为《论语》所未言,至宋儒始详言之,遂为援儒入释之左券,则言性始见于《汤诰》,言学始见于《说命》,言仁始见于《虺诰》,将谓仁与性与学,尧、舜、禹相承。不闻有此,则其所谓"危微、精一、执中"之理,亦与仁、性、学绝不干涉,可乎?[25]

"理"、"礼"相通,而根本仍在"理"字,夏炘的这个看法,明白标明其宋学的基本立场。

　　再次,宗宋学者认为汉学家孜砣于经术,致其身心性命之说十分迂疏。贺熙龄认为宗汉学者"以一名一物穿凿附会为能,于朱子之义理精微未能究心,而惟刻求其训诂征引之小有出人者,以为诟厉",实属"养其一指而失其肩臂,培其枝叶而忘其本根",并指则宗汉学者"身心未治而欲心治天下国家，无怪其颠倒迷惑而不能自主，眩摇于祸福利害而无能自克也"。[26]

姚莹批评汉学家云：

> 驳杂厖沓，破碎悠谬，著述日盛，圣义日微。近代二三妄人，乃又竞立门户，倒乱是非，取先儒删弃踳驳不经之说，搜而出之，以为异宝，炫博矜奇，毫发无益实用。末学空疏，为所摇惑，群而趋之，咸以身心性命之说为迂疏，惟日事搜辑古书奇字以相标榜，博高名，掇科第，莫不由此。是以圣贤立训垂示之苦心，纷然射利争名，风俗人心，孰有敝于此者哉？[27]

同治初，蒋琦龄上"中兴十二策"，鼓吹"崇正学"，抨击汉学。他说："以性道之空谈，较见闻之赅洽，诚觉汉学实而宋学空矣。然亦思圣贤之学，果何学哉？非以学为人子，学为人臣，入事父兄，出事长上者耶？"不明纲常伦理、身心修为，何谈"圣贤之学"？而正坐此，"世教衰微，人道匮乏，士气无节，民不兴行，陵夷流极，以有今日"。[28]所以若求圣贤学，还是应当以修身养性为要，治经治史，并非首要者。

此外，宗宋学者还对汉学家的辨伪之学提出批评。其中以对《古文尚书》的回护为代表。清儒自阎若璩、惠栋等人之后，《古文尚书》被定为东晋伪书。但伪《古文尚书》对于宋学的思想体系具有重要意义，被程朱理学奉为道统心传的十六字经文"人心惟危，道心惟微，惟精惟一，允执厥中"便出自《古文尚书》的《大禹谟》篇。更让宋学家不能接受的是，一些汉学家据此进一步对理学提出质疑。孙星衍说：

> 孔子曰君子亦有恶，恶莠、紫、郑声。莠何损于苗，紫何损于色，郑声何损于雅乐，是非不可以乱也。尧、舜、禹、汤、文、

武之言,可任其以伪乱真乎?……伪孔《古文》剽袭经传引书
之语,故有雅正之言,然是非倒置。……无论其制度典章之
谬,且圣人之学具在九经,何言不足垂教?而藉伪晋人之言以
为木铎,则盗亦有道,释典亦有劝善之言,岂儒者所宜择善服
膺哉?若知其伪而不疑,反附于阙疑之义,是见义不为,非慎
言其余也。[29]

夏炯也认为批评甚至排斥《古文尚书》,有失偏颇。他说:

(阎若璩)攻诘《大禹谟》"人心惟危"一十六字,以为无
一字不从剽袭而来,则肆妄未免太甚。夫自尧、舜、禹、汤、文、
武、周公、孔子、孟子,以逮有宋濂、洛、关、闽诸儒复生,道统相
传,不能外"危微、精一、执中"数句。穷而在下,守此数言则
为天德;达而在上,守此数言,则为王道。其著为成效,昭然可
睹。……谓《古文尚书》未可尽信则可,谓《古文尚书》无一字
可信则断不可。古文之真伪未能遽必,即使真系伪撰,其文词
古朴,义蕴宏深,古先圣王之遗训微言,亦深赖以不坠。历代
以来,朝廷颁置学官,儒者奉为圭臬,阎氏试自问所学能窥见
此中之万一乎?[30]

在他看来,《古文尚书》或存真伪之问题,自然"未可尽信",但武断
地指整部《古文尚书》为伪书,"则断不可"。所以,《古文尚书》所
蕴涵之"古先圣王之遗训微言",不能一概抹煞。

夏炘则指出,《古文尚书》虽有可疑处,但其言毕竟"足以垂世
立教",而朱子亦能发其微旨,他说:

朱子《中庸章句叙》发明《大禹谟》十六字为历圣传心之
要,而《文集》、《杂著》中《大禹谟》一篇字笺句释,虽于"曰若
稽古"三句颇致其疑,而其余阐明精训,几无余蕴,以为能备

二典之所未备。……然则古文虽伪,而其言之足以垂世立教,其见取于朱子如此。继朱子而攻古文者,自宋、元迄明,代不乏人。至我朝阎百诗、惠定宇诸先生出,穿穴抵巇,搜瑕索瘢,耳食之徒,众喙一词,莫不唾而弃之矣。然古文之伪,在乎来历之闇昧,筋脉之缓迟,文气之散漫,而非谓古昔之格言正论不藉是以存之也……彼阎、惠诸君子,其尚知其一而不知其二,未免胶柱而鼓瑟矣。[31]

他还认为,汉学家多信失传的孔壁古文为真古文,"而深惜其书之不存。窃以为逸十六篇即全在,其书亦无足轻重也。凡古籍之重于世者,为其名言至理足以垂世立教耳。苟言之不足以垂世立教,则虽上古之书,亦不过供学人之记诵,夸奥古,竞该博而已"。[32]

丹徒张崇兰崇程朱理学,对汉学家辨《古文尚书》之说不以为然,他撰《古文尚书私议》,从辩论郑玄所述篇目的角度来反击汉学家,有一定特色。他说:

> 淮安阎若璩踵梅鷟故智,著书若干卷,以攻古文。大指亦据郑破孔,而于伪《泰誓》犹遵旧说。惠氏皆取其书,益以己意,并《泰誓》之案,一律平反,于是别出一莫须有之古文,而见行之古文,将不改而自废。辅翼其说者,有沈彤、钱大昕、王鸣盛、孙星衍诸人。自此耳学之徒并为一谈,亦不复根究其由来矣!昔之卫古文者,有闽人陈第,浙之毛奇龄,辩论滋多,俱不及郑氏所述篇目,以非攻者所树之帜也。然则今日古文真伪之机,决在于此,因取惠氏之书,验之往籍,参考众说,疏其与私心剌谬者若干条,明著于篇。[33]

从上面的论述可以看出,宗宋学者对汉学家的学术成果加以辩驳,主要还是从义理的角度。他们认为汉学家多矜夸博学广闻,而对传衍圣人心法,则贡献无多。宋学家讲究穷理,重大义,以这样的立场出发,其治学的归指和那些纯以训诂为业的汉学家自然难以相通。

最后,一部分宗宋学者甚至认为鸦片战争之败,外国入侵,是由于汉学家"以考博为事","毁讪宋儒"所致。姚莹曾说:

> 自四库馆启之后,当朝大老,皆以考博为事,无复有潜心理学者,至有称诵宋、元、明以来儒者,则相与诽笑。是以风俗人心日坏,不知礼义廉耻为何事,至于外夷交侵,辄皆望风而靡,无耻之徒,争以悦媚夷人为事,而不顾国家之大辱,岂非毁讪宋儒诸公之过哉![34]

姚莹的批评,有其自身的时代环境。鸦片战争等事件,对中国冲击很大,读书人又常怀一种匹夫之责,故每念及此,便痛心无已,斥其学风,是十分自然的事情。虽然汉学考据在当时讲求经世致用的学者看来近乎琐碎无用,但若认为汉学导致国势式微,则着实过激过当。且学人对此也并不十分认可。王先谦就提到,"孙芝房先生以粤寇之乱,归狱汉学,大为士林姗笑"。[35]

从道光以降宋学对汉学的批评来看,其间经历了一个逐步系统的过程。但细察之会发现,作为被批评者的汉学,其对宋学的抨击并没有作过多的反驳,自道光之后,直接批评宋学的汉学家并不多见。而更为值得注意的一个现象是,虽然汉学、宋学互相指责,但双方对彼此阵营中的代表人物——汉学的郑玄和宋学的朱熹,又都表示一定程度的认可。汉学家不少都赞赏朱熹的躬行精神,宋学家则多对郑玄集大成之学表示钦佩。正是因为双方在争论时代已经有了相互认可的对象,才会在"既尊郑玄,又崇朱子"的学术旗帜下,出现汉宋会通的可能。

二 汉宋会通之趋势

汉宋之间虽然互有批评,但自乾嘉之时起,兼采、会通的声音已经出现。可以说,汉宋兼采、会通和汉宋争论几乎是同一时期的。卢文弨专治汉学,在看到彭绍升攻驳朱子之后,即致书责备其"离经而畔道"。[36]后翁方纲赞卢氏不仅"校雠之精,用力之笃","独叹其弗畔于朱子也"[37]。焦循更是批驳为学不该严立汉宋门户,他认为"学者述孔子,而持汉人之言,惟汉是求,而不求其是,于是拘于传述,往往扞格于经文。是所述者,汉儒也,非孔子也。……且夫唐、宋以后之人,亦述孔子者也,持汉学者或屏之不使犯诸目,则唐、宋人之述孔子,讵无一足征乎? 学者或知其言之足征而取之,又必深讳其姓名,以其为唐、宋以后之人,一若称其姓名,遂有碍乎其为汉学者也。"[38]这些论断为道光以后汉宋学的会通,打下一定基础。

胡培翚长于汉学,但他不以汉儒专考据、宋儒专义理之说为是,提出当归于"孔门之教"。他说:

> 人之言曰:汉学详于训诂名物,宋学详于义理。以是歧汉宋而二之。非也。汉之儒者未尝不讲求义理,宋之儒者未尝不讲求训诂名物,义理即从训诂名物而出者也。特汉承秦焚书之后,典籍散亡,老师宿儒之传,不绝如线。汉儒网罗搜讨,务期博采而兼收之,故于名物训诂特详。宋承五代之弊,人心盲昧,正学不明,故宋儒以言心言性为急。……以孔门之教论之,汉儒先博学致知而不废躬行,宋儒重躬行而亦必本于博学考据之学,则又兼博学审问慎思明辨以求致知者也。以汉学

为难,得其门径亦非难。以宋学为易,则诚有非易者。[39]

殆至晚清,汉、宋学家均不断进行学术反思,更加客观的评价他们的学术成果,从而推动了汉宋调融的趋势。一部分学者认为,治经无论汉、宋,均以传承孔圣之道为要。宗汉学者开始吸取宋学,而宗宋学者也不废汉学。王筠在《问经堂序》中就说:

> 窃尝思之,汉儒承焚书之后,搜讨于仪文度数至详,此孔门博文之教,非象数无以载义理也。宋儒承汉学明备之后,从而推求其所以然,此孔门约礼之教,非义理无以宰象数也。使汉儒生宋时,亦必汲汲于义理;宋儒生汉时,亦必汲汲于象数。……今有两相之仆,各道其主之美富,意气汹汹,傲不相下,而其主人协恭如故也。诚知以水济水之不可,而曷以意气为也?[40]

在王筠看来,一时代有一时代之风气,汉儒之所以成就后人所称颂之汉学,宋儒之所以养成清儒所苛责之宋学,盖时代之别也。但其发心于孔门圣学,则并无二致。

黄以周承认“经学之盛,允推乾嘉”[41],但需要具体对待不同问题,他说:

> 经学之盛,推乾嘉时,而说《易》之坏,亦于斯为烈。……《易》有君子之道四,曰辞、象、变、占。辞主义理,义理与象数不可偏主。说义理不参象数,则屯爻可迻于蒙,师爻可迻于比,其失在儱侗而不知轨涂。说象数不参义理,则刚爻而解以柔,消卦而解以息,其失在离畔而不守绳墨。[42]

黄氏认为《易经》之学,大坏于乾嘉之时,这个批评堪称激烈。黄以周还指出,论学当知人论世,对汉宋之学,更应如此。他说:

　　孟子言:"颂其诗,读其书,而必要之以论世。"夫亦谓不论世则其书之短长无由见,而其人之优劣亦无由定。后之治经者,往往执宋儒之义法以绳汉师,虽谓汉人知训诂不通理义,昧论世之学,失知人之明,自瞡瞡耳,何损乎汉儒? ……北宋诸儒,以汉注唐疏已详训诂,而思以理义胜之,其浅陋者不必言,即其学术优深立言不谬于圣贤,亦所谓郢书燕说者。朱子又鉴斯失,虽其学力尊程子,于《易传》亦有微辞,所著《易》、《诗》、《论语》、《孟子》、《大学》、《中庸》等注,皆先列训诂,次阐义理,兼取东汉、北宋之长,于注家又开一法,虽学力有不同,亦时事使之然也。而以此定其书之短长,且以定其人之优劣,可乎?[43]

可知在黄以周看来,定汉宋诸儒之优劣,不仅在读其书,更要论世,才能判断其书之短长,其人之优劣。

　　冯桂芬"说经宗汉儒,亦不废宋"[44]。他认为"汉学杂谶纬,朱学近禅,各有所蔽。汉学善言考据,凡名物、象数、文字、形声、训诂,非汉儒不传;宋学善言义理,表章《大学》,于群经中明诚正、修齐、治平、内圣外王一以贯之之说,陈义大且远,用能晚出千余年而俨然与汉儒埒,实亦各有所长。"[45]在他看来,宋学自有价值,实非汉学所能取代。"宋儒固不能如汉儒之博洽,而义蕴精微,亦非汉儒所有。其有功于圣学正同,以是历数百年莫能偏废。"[46]"且汉儒何尝讳言义理,宋儒何尝尽改汉儒考据。汉儒、宋儒,皆圣人之徒也……用圣人四科四教之法取之,兼收并蓄,不调而调,圣人复起,不易吾言矣。"[47]

　　丁晏向被人视为道咸以来"能以汉学通宋学"的代表人物,其治汉学成就颇大,然晚年已逐渐向宋学靠近[48]。他反对汉宋门户之见,主张归一于经学。他说:

　　窃谓为学之道,莫先于读经,读经之法,莫先于读注疏,注疏之学,朱子教人之学也。……夫以朱子研究注疏如此,而后之为宋学者,拨弃训故,空言心性,以自文其寡陋,则岂朱子之意哉?于是矫其弊者,又倡为汉学,其始创于一二好古之儒,广异扶微,甚有裨于学者。其流至于专己守残,支离附会,掊击宋儒,学愈歧而经愈晦矣。余谓汉学、宋学之分,门户之见也,汉儒正其诂,诂定而义以显。宋儒析其理,理明而诂以精。二者不可偏废,统之曰经学而已。[49]

在《左传杜解集证自叙》中,丁晏反对学分汉宋,将经学与理学歧而为二。他说:

　　自汉宋之学分,党同伐异,经学与理学歧而二之,非通儒之论也。郑君经传冶埏六艺之宗,匪独其学重也,粹然纯儒,品行卓绝千古,虽宋之理学名臣,无以过之。……呜呼!经学之不明,遂为政教彝伦之害,而儒术因之日歧,其患匪浅。愚正杜氏之失,所冀后之学者,正世道以正人心,慎毋歧经学、理学而二之,以流为伪学也。[50]

丁晏认为经学、理学歧而为二,将使之流为“伪学”,此论在晚清似乎并不多见。

丁晏之子丁寿昌亦赞同汉宋融合,他说:

　　汉儒未尝不明义理,宋儒未尝不精训故,实事求是,不尚专门,融汉宋为一家,合理数为一学。[51]

在《家大人〈读经说〉跋》一文中,丁寿昌阐发其父主张学不分汉宋而统于经学的思想,说:

　　夫经学无所谓汉宋也,汉宋时代不同,经学千古不易。家

大人治经,在嘉庆道光间,其时争言汉学,无及宋学者。家大
人预防其弊,作《读经说》,以教士力辟汉学宋学门户之见,而
统谓之曰经学。[52]

丁晏主张的学无分汉宋,统谓之经学,与清初顾炎武提出的"舍经
学无理学"有相似之处。不过顾炎武是针对明末空谈心性的学
风,而丁晏所面对的是汉、宋学的门户之争。

陈澧受阮元的影响,推服郑玄学术,曾与其门人弟子共同编纂
《郑氏全书》。但他并不以郑玄为单纯训诂之学,而认为"孔子删
述六经,而郑康成氏为之注,其细者训诂名物,其巨者帝王之典礼。
圣贤之微言大义,粲然具备……圣人之道不坠于地,惟郑学是
赖。"[53]可知陈澧实把郑玄看做传孔子"微言大义"者。他编辑《汉
儒通义》一书,着重发明汉儒义理之学,他在该书序言中说:

> 汉儒说经,释训诂,明义理,无所偏向。宋儒讥汉儒讲训
> 诂而不及义理,非也……汉儒义理之说,醇实精博……谨录其
> 说,以为一书。[54]

显然,陈澧编此书,在于表明汉儒不仅讲训诂,也讲义理,既反驳了
宗宋学者讥汉儒不讲义理,也矫正了一些宗汉学者不讲义理之失。
在《东塾读书记》等著作中,体现了陈澧为学"不分汉、宋门户",即
兼采调和汉宋。

贵州汉学家郑珍精研许、郑之学,但对朱子读书门径,亦表敬
服。他认为:

> 尊德性而不道问学,此元、明以来程、朱末流高谈性理坐
> 入空疏之弊。明于形下之器而不明于形上之道,此近世学者
> 矜考据规规事物陷溺滞重之弊,其失一也。程、朱未始不精
> 许、郑之学,许、郑亦未始不明程、朱之理,奈何视为殊途,偏执

之害后学所当深戒。[55]

　　张之洞虽为封疆大吏,然一直究心学术,每至一地,常办学堂以求保存旧学。他力主治学不分汉宋学门户,说:

> 近代学人,大率两途,好读书者宗汉学,讲治心者宗宋学。逐末忘本源,遂相诟病,大为恶习。夫圣人之道,读书治心,谊无偏废,理取相资。诋諆求胜,未为通儒。甚者,或言必许、郑,或自命程、朱,夷考其行,则号为汉学者,不免为贪鄙邪刻之徒;号为宋学者,徒便其庸劣巧诈之计。是则无论汉宋,虽学奚为? 要之,学以躬行实践为主,汉宋两门,皆期于有品有用;使行谊不修,莅官无用,楚固失矣,齐亦未为得也。若夫欺世自欺之人,为汉儒之奴隶,而实不能通其义,为宋儒之佞臣,而并未尝读其书,尤为大谬,无足深责者矣。[56]

张氏读书治经崇尚汉学,而治心、躬行则宗宋学。正如他所说:"读书宗汉学,制行宗宋学。"

　　俞樾主汉学,但也讲义理,他说:

> 世谓汉儒专攻训诂,宋儒偏主义理,此犹影响之谈,门户之见。其实汉儒于义理亦有精胜之处,宋儒于训诂未必一无可取也。[57]

俞樾虽为汉学家,但却与宋学家有来往,加之平生视曾国藩有知遇之恩,故对宋学有一定程度的认可。在《彭丽崧易经解注传义辨正序》中,他说:

> 窃谓三礼之学,必以郑氏为宗,《春秋》之学,必以《公羊》为主。是二者皆未可以后儒之说参之也。至于《易》,则汉学、宋学各有所得,亦各有所失。汉儒说《易》,自田、何以来,

渊源有自，所得固多。然如卦气、爻辰之说，求之于经，安有是哉？宋人惟创立先天、后天图，臆造伏羲八卦方位，诬古乱经，未敢苟同。至其说经，则深得孔子《系辞》之旨。夫孔子《系辞》言义理者十之八九，言象数者才十之一二而已。然则以义理说《易》，孔氏家法也，安见荀、虞之是而程朱之非哉？[58]

俞樾指出汉宋学均有得失，以《周易》为例，汉儒"卦气、爻辰之说"，宋儒"先天、后天图"等，皆非经之本义，但汉儒治经渊源非宋儒可比，而宋儒说经则更近孔子之旨。

由上可见，在晚清偏汉学的学者言说中，充分体认郑玄、许慎的东汉之学以及二程、朱熹等宋儒的沉潜之学，是一个比较明显的趋势，调和、兼采、会通二者，是不少学人的基本看法。

在汉宋学的对峙中，一部分宗宋学者同时兼采汉学，试图调和冲突。如桐城派弟子刘开对汉、宋之学都有所批评，但肯定汉儒的博学多识，强调应兼通汉学：

夫宋之与汉也，其学固有大小缓急之殊也，其交相为用一也，合之则两得，离之则两失。有大贤者出，兼汉宋之长而折衷于孔孟，不快一时之论而先百年之忧。取汉儒之博而去其支离，取宋贤之通而去其疏略。[59]

以"大"、"小"之义来判分汉宋学术，在宋学家中颇有一定共识。管同也说：

义理之得，贤者识其大也，文辞、训诂、名物、典章之得，不贤者识其小也。世之善学者，当识大于朱子，识小于汉唐诸儒及近代经生之说，而又必超然有独得之见，然后于经为能尽其全体而无遗。[60]

方潏颐也认为,在方法上,汉学与宋学都是明儒学圣道的途径。他说:

> 穷经者何?训诂之学也,汉学也;讲道者何?义理之学也,宋学也。有训诂之学,而后义理不蹈于空虚,有义理之学,而后训诂不邻于穿凿。二者相需为用,而弗容以偏胜也。[61]

沈垚学宗宋学,但对汉学的方法也很欣赏,对钱大昕、王念孙等人的学问,十分推重。他认为,"君子有高世之才学,必先能为时贤之所为矣。夫惟时贤之所为而觉不安于心,乃创古人所未有而天下不以为疑,成一己之独是而后人不以为惑","以时贤之所以读书者读书,则书无不通;以古人之所以治身治民者治身治民,则身无不修,物无不理。是故治身则必师古,读书则必参读古今"[62]。他注重躬行实践的经世活动,但又主张吸取汉学家的读书问学方法,从而能够更好的"治身治民"。

夏炘同样是一位吸取汉学方法的宗宋学者。他平生服膺朱子,对乾嘉汉学家有不少批评,特别是戴震、凌廷堪等人的义理学,更是给予比较激烈的抨击。但他同时又尊郑玄,"博通汉唐注疏、说文六书之旨",在一定程度上尊古文。如他撰《述朱质疑》,"笔画多依古文",致使该书刊刻之时,其弟子"恐学者惊惑,……爰就各卷中古体字,一一释之,俾学者一检便知,亦借以粗见古文之崖略"。[63]夏炘对文字、音韵等学,也有一定研究,著有《六书转注说》、《古韵部表廿二部集说》等。他的《檀弓辨诬》一书,用考据方法,疏证孔门真义,为世人所看重。夏炘认为:

> 《檀弓》一书,专为诋訾孔门而作也,戴次君无识,列诸四十六篇之中,后儒虽有疑其说者,往往震于古书,莫敢攻诘,但以为记礼者之失。[64]

故此，他详考相关史事，认定《檀弓》实为攻击孔门之书，当予以辩驳。曾国藩、吴大廷等人对此书评价较高，甚至认为"发千古之覆，成一家之言，足于阎氏《尚书疏证》同为不刊之典"。[65]

不但夏炘如此，其门人多崇尚宋学，但也能够表达会通汉、宋学的观念。白让卿说：

> 世之习汉学者，动诋宋学为空疏，尊宋儒者又以汉儒为佔毕，其实二者道同一贯，两不相妨。贾、董、郑、服，不独淹通渊博，即其立品植行，亦称一代醇儒。宋之濂溪、伊洛、横渠诸大贤，直接道统。至我考亭朱夫子，于书无所不读，阐扬圣功，发挥王道，更所谓集大成者。[66]

郭嵩焘早年深入宋学，但他对汉、宋学争立名目，相与争难，表示不满。他说：

> 孔子实始以身任师道，无与为敌者。孟子兴，而有杨墨；宋儒出，而有朱陆异同。显树之敌以争胜，至今日而标立汉学、宋学之名。假实事求是之说，推求度数、训诂，以攻击程朱，而宋学亦微矣，并不能与为敌。要其实，则所谓记问之学也，亦不足言变也。[67]

所以，郭氏虽然偏重宋学，但他吸取双方长处，力图融会贯通。他撰《毛诗余义》等书，评汉学之失，又撰《大学章句质疑》、《中庸章句质疑》等书，对朱子学说加以检讨。郭氏治经成就最大者，在《礼》经，《礼记质疑》为其代表作。该书撰作的目的，是在尊宋儒经说的基础上，对汉儒有精义的地方加以采撷，并详加考证。他说：

> 国朝诸儒创立汉学、宋学之名，援其说以诋程朱，而郑学

乃大显。讨论研习之深，精义之发于人心，亦足上掩前贤矣。
而援引傅会，屈《经》以从其说者，盖亦多也。嵩焘区区，时有
疑义，一准之《经》以校注之。有合与否，不敢意为从违。
……伏读钦定《礼记义疏》，实言《礼》者之圭臬，所录宋儒之
说为独多。惟其斟酌古今以求当于理，有宋诸子之所长也，嵩
焘于此亦时有会悟焉。[68]

郭嵩焘认为汉学家治经研习较深，有一定可取之处。但他又指出
汉学家有"屈《经》以从其说"的现象，故他"一准之《经》以校注
之"，本诸经文，斟酌古今，使其解《礼记》之说更合乎圣人本旨。

在宗宋学者中，曾国藩也是主张汉宋调和之说者，所谓"一宗
宋儒，不废汉学"。曾国藩在他的著述中，多次强调孔门四科之
学，他说：

有义理之学，有词章之学，有经济之学，有考据之学。义
理之学即《宋史》所谓"道学"也，在孔门为德行之科；词章之
学在孔门为言语之科；经济之学在孔门为政事之科；考据之学
即今世所谓汉学也，在孔门为文学之科。此四者阙一不可。[69]

曾氏倡导合义理、考据、词章与经济为一体，经世意识十分浓厚。

曾国藩对汉宋之学，兼采调和，其最具特色之处，就是力图以
《礼》来统一二者。他说：

乾嘉以来，士大夫为训诂之学者，薄宋儒为空疏；为性理
之学者，又薄汉儒为支离。鄙意由博乃能反约，格物乃能正
心。必从事于《礼经》，考核于三千三百之详，博稽乎一名一
物之细，然后本末兼该，源流毕贯。虽极军旅战争，食货凌杂，
皆礼家所应讨论之事。故尝谓江氏《礼书纲目》、秦氏《五礼
通考》，可以通汉宋二家之结，而息顿渐诸说之争。[70]

理学家颇重日常躬行,洒扫应对,皆应有矩。如此,便可渐得修行。而所谓矩者,主要就落实在礼数之上。故曾国藩之意,即不讲汉宋,惟本诸《礼经》,读清儒治《礼》之书,同时沉潜考据,默思躬行,才能在学术上摆脱汉与宋的无谓争端,以至沟通汉宋两学。他还指出:

> 《周礼》一经,自体国经野,以至酒浆廛市,巫卜缮橐,妖鸟蛊虫,各有专官,察及纤悉。[71]

曾氏重视《周礼》,亦标明其对古学(或曰汉学)的推重。因为《周礼》一书,向乃古学重要典籍,为历代汉学家所究心研讨,后廖平更以该书为区分今古文经学之衡准。曾国藩给予《周礼》如此高之礼遇,实为"宗宋不废汉"的典型做派。

三 "不分门户,非为调人"说

学界言及晚清汉宋学关系,多持"汉宋调和"之说[72]。但与"汉宋调和"论同时存在的,尚有"不分门户,非为调人"这一相关联但又自成一说的论点。此说亦赞成破除汉宋学之壁垒,但在破除的方法上却并不认同"调和"的论调。持此论者不仅刻意与"调和"论者划清界限,其内部也为到底怎样才是更为彻底的"非调和"而意见相左,以致引发攻讦,使晚清汉宋学关系呈现出更为复杂的一面。

"不分门户,非为调人"说大致出现于嘉道时期,由提倡不分汉宋门户的黄式三发轫,其子黄以周发展完善并提出"实事求是,莫作调人"的论点。戊戌以后,叶德辉、章太炎、刘师培、邓实等人相继对"汉宋调和"主将陈澧(旁及黄式三、黄以周)进行批评,强烈表现出不分汉宋学门户又反对甘作"调人"的思想倾向,这与黄式三父子(尽管遭到批驳)的观念相近。在"汉宋调和"的学术潮流中出现"不分门户,非为调人"的论说,说明晚清汉宋关系仍有复杂和细微之处,值得再思与反省。

（一）黄式三、黄以周父子"不分门户,莫作调人"思想的提出

后人注意到了浙江定海黄式三、黄以周父子强调不分汉宋学门户的思想,以及黄以周对黄式三在"会通汉宋"(有学者以为乃汉宋兼采、汉宋调和等)观念方面的继承,但对于父子二人在"莫作调人"这个思想旨趣上呈现出的前后相继的情况注意不够,未能凸显出黄氏父子在构建"不分门户,莫作调人"理论方面的努力[73]。这个理论由黄式三初步提出,经黄以周传承与总结,悬诸书院,成为治学训诫。

一般认为,黄式三为会通汉宋,或调和汉宋。[74]而黄式三之所以有此倾向,与其所处时代的学术风气有关。彼时汉学、宋学之间的差异性固然存在,但过分将汉宋学对立起来而导致的学术偏颇,引起学者的不安。将二者以什么样的名义和方法融合起来,是黄式三时代的一些学者共有的观念。不过,与黄氏同时代的学人虽称其"合汉、唐、宋、明之儒说折中而参考之"[75],但黄式三自己却有别样说法。

首先,作为一名治汉学者,他不走惠栋"好古"之路,而是坚持实事求是之原则。他举戴震、王鸣盛之言,称"求是必于古,而古未必皆是"[76]。正因为此,其所撰写的《论语后案》一书,广纳汉、宋以至近世诸儒之说,汇于一炉,阐发自己的见解。他认为,汉儒之说醇者不可偏废,朱熹之《论语注》亦应遵守,但二者皆有缺失,故

"凡此古今儒说之会萃,苟有裨于经义,虽异于汉郑君、宋朱子,犹宜择其是而存之"[77]。可见"实事求是"为最高准则,无论其为古今、汉宋。

其次,黄式三强调不分门户,尽力弱化汉学与宋学对立的局面,力求"合汉宋所长"。他认为,"宋儒之能为汉学者,莫如朱子,而汉儒之能启宋学者,岂非郑君欤"?"近大儒阎百诗、江慎修、钱竹汀、段懋堂,何尝自鸣一学,戴东原《诗考正》亦汉宋兼收"。[78]故汉宋学之间理应融合。在沟通汉宋学时,他采取两个办法。一是提出本源与"流委"的观点。他说:

> 夫理义者,经学之本源,考据训诂者,经学之枝叶之流委也。削其枝叶而干将枯,滞其流委而原将绝。[79]

他甚至认为汉宋学间有前后继承的关系,"汉学之后,继以宋学,二者并存天地,不必画山河之两戒。"他编辑《汉郑君粹言》一书,希望"后儒存分门别户之见,或藉是以融之。"[80]在黄式三看来,义理是治经的根本,如果不追求义理,纯粹的考据是枯燥的,且对于经学并无真正益处,这就把一般意义上长于训诂的考据和长于义理的宋学融合在本源与"流委"的体系中,淡化了汉宋学之间的截然对立。二是把汉宋两家纳入学术的同一领域内,即统一在"经学"的范畴之内。他认为,儒者最应该关心的是如何潜心治经,阐发经义,从而求得圣人之法,悟出圣人之道。"经学既明,圣道自著"。"汉之儒有善发经义者,从其长而取之,宋之儒有善发经义者,以其长而取之,各用所长以补所短",这样的做法,经学即可成为一个整体,既然"经无汉宋,曷为学分汉宋也乎?"[81]这充分说明,黄式三反对汉宋学之间的门户歧见,力证应当"不分门户"。

最后,黄式三强调了"意非主为调人"的思想。他在《论语后案》的序文中说：

> 夫近日之学，宗汉、宗宋，判分两戒。是书采获，上自汉
> 魏，下逮元明，以及时贤。意非主为调人，说必备乎众。是区
> 区之忱，端在于此，而分门别户之见，不敢存也。[82]

如果说之前"不分门户"、"不为调人"各有其说，这篇撰写于道光
丙申年（1836）的序文则说明，黄式三希望成为把这两种思想合二
为一的先行者，成为此观点的最早构建者。此前，有不分汉宋门户
者，却不曾意识到有成为"调人"的危险，持"不为调人"思想者，又
多无具体的学术指向，所论并非直接关乎汉宋学问题。黄式三把
反对门户之别，却又不简单作汉宋调停之人的想法提了出来，并加
以实践。同治元年（1862）夏天，《论语后案》更名为《论语管窥》，
黄式三再次写序，此时距《论语后案自序》已有 26 年之久，离其谢
世亦不远，可视作黄式三对自己一生学术的总结，最可判断其自我
的定位。文中仍然强调自己"素无门户之见，急分汉学、宋学，故
采之也备"[83]，可知其基本态度始终是不分汉、宋学门户，对于汉
儒、宋儒之说，皆采而存之，故时人称其"所著《尚书启蒙》、《易
释》、《春秋释》、《儆居集》中亦有经说，皆不拘汉宋，择是而从"[84]，
可谓近是。

黄式三"莫作调人"的学术理念，是通过"说必备乎众"或"采
之也备"来实现的。当然其"意非主为调人"，也就是并非要充当
简单的调停者，故至少在心理层面，黄式三与所谓"汉宋调和"有
所不同。不过，"说必备乎众"的做法令人不免觉得与"求是"的准
则有所背离，可能出现"眉毛胡子一把抓"的情形。正因黄式三似
求备多于求是，也就是施补华所言"兼总汉宋，交讦折衷"[85]，故而
后来章太炎、刘师培等人才会在批评陈澧时对黄式三亦加以批判。

所以,其子黄以周"实事求是,莫作调人"论说的提出,不仅完善了其父的理论思想,也就此成为学术史上的典范准则。

黄式三去世后,黄以周撰文追念时说父亲明确告诫他"汉宋学之分,互攻所短,不如互用其长,而又不可为调人。"[86]其后,黄以周逐渐悟出"读书必谈道",但他感到"今之为士者,辄以谈道为讳,此世风所以日替也"[87],一些宗汉学之儒完全埋首于纯粹考据之中,而不思求解圣道,甚至讳言"道"学,这种现象令以周感到忧虑,认为是世风日下的原因。故他始终有志于"祛汉学之琐碎而取其大,绝宋学之空虚而核诸实"[88]。当他听闻弟子唐文治讲宋儒之学时"甚喜",告唐"理学即经学,不可歧而为二",并教其"训诂义理合一之旨"[89]。

黄以周还从"尊德性"、"道问学"的角度来阐发对于汉宋学的理解。他在《德性问学说》一文中说:

> 仁、义、礼、智、信曰五德,亦曰五性,合而言之曰德性,此天之所与我者,故遵之。问也者,问此者也;学也者,学此者也。问之学之,而德性愈明,故道之。德性之诚,必以问学而大;问学之明,实由德性而融。尊德性,道问学,非截然两事也。……是以君子知万物备我,身体力行而又必孜孜于问学以扩充之,择善固执,反身而诚,德莫崇焉,性莫尽焉,问学莫大焉。不然,尊德性不道问学,不特问学未深,其德性亦浅矣。[90]

近人谓"如果我们把宋代看成'尊德性'与'道问学'并重的时代,明代是以'尊德性'为主导的时代,那么清代则可以说是'道问学'独霸的时代"[91]。此说所言清代,实际指的是乾嘉时期。黄以周身处晚清,其表现即有所不同。他试图将"道问学"与"尊德性"重新合并起来,主张"尊德性,道问学,非截然两事"。讨论朱熹之学时,黄以周注意到朱子"虽其学力尊程子",但其书"皆先列训诂,次阐义理,兼取东汉、北宋之长"[92],以证朱熹为会通汉宋之典范。

会通汉宋的同时,黄以周十分强调不能对汉宋学予以简单的调停。任南菁书院山长时,其为书院确立的治学宗旨中说:

> 经以载道,经学即是理学,经学外之理学为禅学,读《日知录》可会之。考据间有未明,义理因之而晦。不读郑注,为害不细。朱子于宁宗持重服事,亦自言之。则学朱子之学者,舍郑注其可乎哉?驳之者曰:"是议也,似持平而实调停之见也。"曰:"今之调停汉宋者有二术:一曰'两通之',一曰'两分之'。"夫郑、朱之说,自有大相径庭者,欲执此而通彼,瞽儒不学之说也。郑注之义理,时有长于朱子,朱子之训诂,亦有胜于郑君,必谓训诂宗汉、理义宗宋,分为两截,亦俗儒一孔之见也。兹奉郑君、朱子二主为圭臬,令学者各取其所长,互补其所短,以求合于圣经贤传,此古所谓实事求是之学,与调停正相反。[93]

黄以周深以当时调停汉宋之说为弊,他认为无论将汉宋学"两通之"或"两分之",皆"瞽儒不学之说"、"俗儒一孔之见"。应当同奉郑玄、朱熹为圭臬,"学者各取其所长,互补其所短",惟此才是"合于圣经贤传"的"实事求是之学"。他还总结出调停汉宋的两种形式,即执此以通彼和截然两分,并表示自己与这些做法正相反。显然,黄以周前承其父之说,又有所深入。

正是在这种思想观念的基础上,黄以周明确提出了"实事求是,莫作调人"的观点,作为南菁书院训诫,影响从学弟子甚众。曾为黄氏及门的吴稚晖在民国十二年(1923)为南菁学友孙道毅

(揆均)撰《寒厓诗集序》时回忆说:

> 年二十有三,著学籍。适其时瑞安黄体芳、长沙王先谦、茂名杨颐、长白溥良,先后督吴学,建南菁书院,刻《续皇清经解》,振朴学于东南。讲学南菁者,有南汇张文虎、定海黄以周、江阴缪荃孙、慈溪林颐山。余应选入南菁治学。第一日,谒定海先生。先生铭其座曰:"实事求是,莫作调人。"心窃好之。[94]

不但"心窃好之",他还把此语告诉胡适。据胡适讲,"有一天他(按指吴稚晖——引者)对我说,他第一天进江阴南菁书院,去见山长黄以周先生,见他座上写着'实事求是,莫作调人'八个大字。他说这八个大字在他一生留下很深的印象。'实事求是,莫作调人'是一种彻底的精神,只认得真理的是非,而不肯随顺调和。"[95]胡适对这八个字亦十分感兴趣,不但在古史讨论时引用此语与大家辩论[96],还据而称赞吴稚晖把国故"丢在毛厕里三十年","鼓吹成一个干燥无味的物质文明,人家用机关枪打来,我也用机关枪对打"是真正的"实事求是,莫作调人",因为"用程朱来打陆王,用许慎、郑玄来打程朱,甚至于用颜元、戴震来打程、朱、陆、王,结果终不免拖泥带水,做个'调人'。所以吴先生只要我们下决心鼓吹一个干燥无味的物质文明,只有这条路子可以引我们到思想彻底改造的地位。"[97]直到晚年在哥伦比亚大学做口述回忆,胡适仍然不忘吴稚晖拜谒黄以周见此八字之事,并饶有兴趣地说:

> 这句格言如译成英语或白话,那就是"寻找真理,绝不含糊!"这些也都说明了我国十九世纪,一些高等学府里的治学精神。[98]

除吴稚晖、胡适外,以史学方法见长的陆懋德也提及此事,说

"前清南菁书院山长黄以周每教诸生'实事求是,莫作调人'"[99]。乃至 1960 年代,两位辈分略晚于陆懋德和胡适的旅台学人屈万里和徐复观,在就《尚书》中一些材料的真伪问题进行辩论时,仍分别对"实事求是,莫作调人"作不同解读以阐释自己的治学态度[100]。可知此说冲击力甚大,影响深远。

值得注意的是,即便在当时,黄氏父子亦其道不孤。高均儒在称赞杨以增所编《礼理篇》时即提出:

> 汉儒精言礼,宋儒承之,而特揭理字,导人以从入之径,持循之端,……学者不察,自判汉、宋,各执门户,为一家言,亦曰勤止,而制礼之初意果如是乎?……先生藏书数万卷,退食劬读,日昃不遑,而仅举此以示为学之准,其用意微挚,亦惟智者善喻之耳。若谓调停汉宋,模棱持两端,是浅识之昧昧自诬,直与病入膏肓尚讳言忌医强诩克葆其体者同堪闵已。[101]

《礼理篇》刻于咸丰三年(1853)[102],此时黄式三尚健在,高均儒与其曾有书信往来,所论不知是否受到黄氏影响。

与晚清"汉宋调和"论者相同的是,黄式三、以周父子均持不分汉宋学门户的观点,但相异的是,他们坚持认为不应强作"调人"。黄氏父子所论或有侧重,但将其二人之说合而观之,即形成较为完整的"实事求是,莫作调人"的理论。其主旨,是不分汉宋学门户,但又拒斥简单调停。因此,黄氏父子二人均宣称自己与调停者不同。尽管后人对他们(特别是黄式三)有所批评,甚至认为其与调和者并无实质分别,但就理论层面而言,二人提出的这种论说,与一般意义上的"汉宋调和"论是有显著不同的。

(二)"汉宋调和"思想的批评者

晚清主调和论者,岭南陈澧为一代表。陈氏著作宏富,流传甚广,《东塾读书记》受人推重。弟子众多,其调和汉宋的思想颇有拥趸。然而,偏重汉学的陈澧后来却被同样偏重汉学且提倡不分门户的叶德辉、章太炎、刘师培等人强烈批评[103],同时遭到叶、章、刘等人批评的还有自称"莫作调人"的黄式三、黄以周父子。指斥缘由,是他们不过在汉宋学之间调停而已,并未找寻到能会通汉宋学的最佳方式。可见晚清主张不分汉宋门户的学人群体,对于如何不分门户,真正消解汉宋学之间的对立局面,见解之间差异亦甚大。

叶德辉对陈澧的批评,首见于戊戌时期。时叶氏读到徐仁铸《輶轩今语》之后,即撰评语驳斥,其中反驳的重要对象,即是陈澧的汉宋调和之学。他说:

> 学使宛平徐先生,壬辰分校礼闱,余出其门下。其时先生服膺陈东塾之学,曾以手书相告,欲余远师亭林,近法兰甫。余复书略言:亭林,命世大儒,当时汉宋之帜未张,故其著书无汉无宋,一以实事求是为主,师之固所愿也。兰甫人品亦笃实可风,而其讲学调和汉宋,在门户纷争之后,所谓舍田芸田,不可法也。(考据无如汉人之精,义理无如宋儒之专。学者当求吾学之通,不当求古人之合,此为人、为己之界也。)[104]

徐仁铸是叶德辉座师,命叶氏效法顾炎武、陈澧之学。对此,叶德辉不能完全苟同。他认为,顾炎武治学不分汉宋,应当遵从。但他同时也暗示说并非顾炎武不分汉宋,而是彼时之学风如此。至于陈澧,处汉宋学激烈对峙过后的时期,所谓"门户纷争之后",却提倡"调和汉宋",则不可师法。其原因,叶氏亦明言,即"学者当求吾学之通,不当求古人之合"。也就是要从学术内核上寻求如何会通汉学、宋学,而不是勉强将二者勉强凑在一起。

陈澧弟子罗敬则阅叶德辉评语后,意有不惬,致书叶氏向其问难:

> 舍田芸田,诚如尊旨。然弟侧闻先师绪论,谓门户一开,遂启洛、蜀之祸。东塾学出仪征,实为河间再传弟子。消融门户之见,为汉宋作调人,其说自河间倡之,《四库提要经部总叙》可覆按也。[105]

罗敬则之意,在表明其师陈澧之所以强调"不分门户",是因为看到北宋时期程颐、苏轼之间学术思想混杂在政治斗争中而终至两败俱伤的结局,故隐然有将二者引向"共赢"取向。同时他指出,陈澧之学出自阮元,阮元为纪昀门生,则陈澧就是纪昀再传弟子,其"调和汉宋"的学术观点实际上是对纪昀的继承,且首倡权在纪昀。罗的意图,是要在学术背后的动因和学术源流两方面为其师之说寻求合理性依据。但叶德辉观察问题的层面显然与罗敬则并不相同,在回信中他说:

> 学有渊源之儒,其识力必远超乎流俗也。……至东塾先生,人品学术,不愧一代儒宗,然学旨各有所成,何必强人就我?……大约言学问之道可通而不可同,亦读书心得如斯,并非敢立门户。河间著书,乃权衡汉宋之得失,非调停汉宋之异同。……狗曲墨守之见,与言心言性之辞,皆汉宋学之分歧,吾辈所当力戒。又平生志趣所向,往在东汉、北宋诸贤之间,故贱性亢直磊落,亦颇近之。……拙著大旨,本无矫同立异之心,我公亲炙陈门,自应昌明师说。且品学如东塾先生,其人又岂可不笃守其家法?惟是,鄙人生长湖湘,先辈如王湘潭、郭湘阴,一时号为学者所宗,鄙人亦未尝依附。所谓士各有志,学各有宗,通识如公,久亦必能见谅也。[106]

叶德辉首先礼貌性赞誉陈澧人品、学品之高，但又指出自己与陈学术宗旨不同，不应强附其说，即所谓"学问之道可通而不可同"。针对罗氏所言纪昀倡言"调和汉宋"，叶反驳说，纪之观念实际上"乃权衡汉宋之得失，非调停汉宋之异同"。也就是说，纪昀之意是衡量汉宋学之高下，而非要充当"调人"，息事宁人。叶氏进而表明"士各有志，学各有宗"，客气却又坚定地希望罗氏能够理解其独立的学术立场，体谅其对陈澧之批评。

　　其后，叶德辉另致罗氏书信一封，更为详尽地谈论其与陈澧学术思想之分歧。信中自称到京师之后，"日与日下知名之士文酒过从，又时至厂肆遍取国朝儒先之书读之，遂得通知训诂、考订之学。其时东塾先生遗书尤为士大夫所推重，鄙人亦购置一册，朝夕研求。"在认真研读陈澧著作后，"觉其书平实贯通，无乾嘉诸君器陵气习，始知盛名之下，公道在人，众口交推，良非虚溢。"但读到陈澧所编《汉儒通议》时，"于此心始有未洽"。因为在叶德辉看来，"性与天道"的问题，"本非汉儒所究心，何必为之分门别类"？叶氏认为，"宋人性理之说，亦一时风气使然"，故而性命天理，高明者与卑陋者，不独境界不同，即便知识本身，其会意亦差之千里。故其自称"于宋学之书独重朱子，于朱子之学，尤重实践"。特别是朱熹的读书之法，更谨守大纲。"惟疑经非传之言，不敢引申而推衍，此生平治汉宋学之始末也"。既然"最服膺朱子之学"，叶德辉却又坦言"最畏居理学之名"，盖因"平生言行之际，大德不踰"，畏惧如理学家之末流那样，学品、人品皆不足取。[107]

　　对于争论百年的清代汉宋学术，叶德辉指出其源头为二人，一为戴震，一为江藩。江藩著《汉学师承记》、《宋学渊源记》，招致方东树不满，作《汉学商兑》排击江氏，汉宋学之间的分歧由此明朗化，两学似乎处于水火不容的态势。但这本是学术流派双方基于

学理差异而产生的对打，可"无知之夫，斥汉学为左道异端"，极力
诋毁汉学，"湘中老宿，沿袭此等谬论者尤多"，叶德辉对此极为不
满。因为在他看来，汉儒的重要功绩是传经，而其传经的方法乃
"章句训诂"，并未将考据、义理截然分开，治汉学者当然也应以此
为准，岂"能废其章句之本而别求一孔门之真迹乎"？言说至此，
叶德辉又回到抨击陈澧的老路上，就是汉学本就与宋学有相通之
处，却非要寻章摘句牵强附会以证彼此"你中有我，我中有你"，此
法实不可取。至于陈澧所担忧的"门户一开，即启蜀洛之祸"，叶
德辉更是不以为然。他认为"许、郑之长在贯通经义，程、朱之长
在敦行践履"，持此态度治汉宋两学，既不会有门户纷争，"且何畏
于党祸"？陈澧认为程颐、苏轼之争启北宋政治祸乱，叶德辉则指
出党争与程颐、苏轼关系不大。因"讲学、立朝，却是二事"，程、苏
又非"体用兼备之儒"，怎能与真正对北宋政治格局发生影响的王
安石对抗？言下之意，陈澧将学术主张与政治角逐混为一谈，亦不
可取。但同时，叶德辉反复宣称，自己之所以反对陈澧此说，皆因
"学旨始终不能苟同"，虽遭友人如沈曾植的反对，"亦不欲自弃其
心得"，因所论全在学理之内，绝无其他恶意中伤之意。[108]其弟子
刘肇隅也为乃师辩白说："吾师平日治学，本不主持门户，并世经
师，亦颇推重东塾，惟不喜其调停汉宋之说。故间与诸子论学，别
白其是非。世儒不知，以为有薄视东塾之见，非吾师意也。"[109]此
言非虚。仔细看来，叶德辉最非议者主要是陈澧《汉儒通义》中勉
强按照宋学的规则为汉儒寻找类似地方的比傅牵合的做法，对其
他论点鲜见驳论。入民国后，叶氏对此仍"不欲自弃其心得"，在
1915 年为长沙湖南省教育会所撰讲义《经学通诰》中依旧说：

> 南宋经学派以朱子为大宗，三传而为王应麟，四传而为黄
> 震，遂开有清顾、惠二氏之学。流衍至于乾嘉，号为汉学。

……乃纪文达昀、戴震之徒，于其学所从出，而反唇以相讥，则亦数典忘祖之甚矣。……吾平生颇尚汉学，而独崇朱子，然非曾文正、陈澧调人之说所谓汉宋兼采者。则以朱子自有真实之处，在学者之探求，不在口说之争辩耳。[110]

这段言论表明，叶德辉认为汉学实以朱子为渊源，自己则兼治汉、宋两学，既讲汉学、又崇朱子，但绝非"调人"，因他注重的是探求实事求是之学，朱子也有实事求是的地方，无需曾、陈等人虚词口辨。

不过需要注意的是，叶德辉在戊戌维新时期反对"调和汉宋"还别有一层衷曲，即反对游走京师等地的康有为、梁启超等人拿公羊学作幌子以为其政治诉求张目[111]。叶氏说：

国朝宋学之盛在康、雍两朝，汉学之盛在乾、嘉两朝。道咸以来，则互相消长，笔舌交闠之事，则诚有之，初亦无所谓党祸。凡古之所谓党祸，大都小人倾陷君子之所为。……近日康、梁邪说显，欲立新旧党之名，其人大都不学无耻之流，无论谬妄轻浮，不足以张羽翼。即令其幸窃一日之柄，亦必自相残贼，不能有成。……鄙人尝云，凡事有调停之见，必无是非之心。今之调和汉宋与夫为新旧解纷者，譬如两造，比邻而居，终日阋墙，决无休息之理。况乃引之同居共爨，其有不日寻征讨者耶？[112]

显然，汉宋之学争斗固然激烈，也不过是学术内部的事，与政治无关，更非党祸之根源。但康有为、梁启超等人以公羊学论政，并自立政治门户，维新辟旧，把学术分野与政治分派挂起钩来，且直欲"立新旧党之名"，则是叶德辉无法容忍的。他认为康、梁等人不过是利用了公羊学讲微言大义的特性，在外患日迫的情形下比傅近事"以行其私"罢了[113]，故他严辞抨击康、梁等人为"不学无耻之流"，竭力从学术上破掉其炫目外衣，又宣称维新派"谬妄轻浮，不足以张羽翼。即令其幸窃一日之柄，亦必自相残贼，不能有成"，表达出对康、梁等人举趋新之学为旗帜的蔑视与愤慨。当然，从某种程度上叶德辉把汉宋调和这样的学理问题与"立新旧党"并举而抨击之，看似有些牵强。但其"凡事有调停之见，必无是非之心"一语实道出内心真实的想法。[114]叶所最在意者，乃学者是否有是非之心，不为骑墙之见，一切本诸"实事求是"之原则，这显然符合其一贯的思想观念。在他看来，康、梁等人无论论学、论政，皆不足取。康、梁欲立新旧党，把叶德辉等人归入"旧"的一面对立起来，叶氏也无法接受。

如果说叶德辉批评汉宋调和在学术缘由外复有几分政争与人事因素的话，重古文经的章太炎、刘师培等人对调和式的治学方法提出批评，则更多基于纯粹学人的准则与立场。章太炎批评的主要对象同样是陈澧。他在《清儒》中说：

> 晚有番禺陈澧，当惠、戴学衰，今文家又守章句，不调洽于他书，始匄合汉、宋，为诸《通义》及《读书记》，以郑玄、朱熹遗说最多，故弃其大体绝异者，独取小小訚盍，以为比类。此犹揣毫于千马，必有其分刌色理同者。澧既善傅会，诸显贵务名者多张之。弟子稍尚记诵，以言谈劋说取人。[115]

太炎认为，陈澧遗弃郑、朱两人绝大部分相异之处，却尽力寻找不过是细小得多的相同点，"揣毫于千马，必有其分刌色理同者"，这种做法根本站不住脚。章氏对于陈澧的品行亦表怀疑，他指斥陈澧因"善附会"，故显贵务名者多欲罗致以利用之。对陈澧学生，章太炎亦毫不客气，抨击他们不过是"以言谈劋说取人"之辈。他甚至引仲长统之言,暗示陈澧及其弟子,乃学士之奸。[116]

距初次评论陈澧汉宋调和之后约十年,太炎被袁世凯囚禁于北京钱粮胡同,其间与弟子吴承仕论学,仍旧提出治汉宋学当力避妄为调人。他说:

> 世故有疏通知远、好为玄谈者,亦有文理密察、实事求是者,及夫主静居敬,皆足澄心,欲当为理,宜于宰世,苟外能利物,内以遣忧,亦各从其志尔。汉宋争执,焉用调人?喻以四民,各勤其业,瑕衅何为而不息乎?[117]

依太炎意见,汉宋之争是十分正常之事,汉宋各立门户,亦未尝不可。只要各安其位,各勤其业,互不打扰,互不影响,自然不会有任何瑕衅。如此,何必有调人出来加以调停?显然太炎受到庄子及佛学的影响,但汉、宋之间确有明显不同,双方又都自认圣学真传,岂能不去相互争胜?而且细查太炎"焉用调人"之论,恰恰反映出其明显的门户之见,故其纵然希望非为调人,但其并非不分汉宋学门户的真正拥护者。

光绪三十一年(1905),与章太炎关系密切的刘师培在《国粹学报》上发表文章,斥责陈澧等调停汉宋者"不过牵合汉、宋,比附补苴,以证郑、朱学派之同","惟不能察其异同之所在,惟取其语句之相同者为定,未必尽然也"[118]。光绪三十三年(1907),他又在文中专论广东学者,认为:

> 广东学者,惟侯康为最深醇,其次有南海朱次琦、番禺陈澧。次琦笃信宋学,而汉学特摭据之。澧学钩通汉宋,掇引类似之言,曲相附和。……朱、陈稍近名,各以其学授乡里,然束身自好,不愧一乡之善士。惟学术既近于模棱,故从其学者,大抵以执中为媚世。自清廷赐澧京卿衔,而其学益日显。[119]

显然,刘师培同样对陈澧"掇引类似之言"、"曲相附和"的调和汉宋之法不以为然。不但如此,他还和章太炎分享了另一个相同的观点,即陈澧之学所以得名,有学术以外的政治因素。因此,他也连带斥责陈澧的弟子们大多无学,实为"以执中为媚世"之辈。[120]

陈澧之外,刘师培还把自称"莫作调人"的黄式三、以周父子归为"调和汉宋"系脉中一并予以驳斥。在 1905 年发表的文章中他将黄式三与陈澧并列,称为调停汉宋之流[121]。同年 9 月 18 日至 11 月 16 日,刘师培又在《国粹学报》第 8 至 10 期连载《理学字义通释》[122],批评宋儒理不宗训诂,并指出黄以周《经训比义》一书未得戴震、阮元真传。他说:

> 定海黄先生作《经训比义》,虽师淑阮氏之学,然立说多调停汉宋,与戴、阮之排斥宋学者不同。……近世巨儒,渐知汉儒亦言义理,然于汉儒义理之宗训诂者,未能一一发明;于宋儒义理之不宗训诂者,亦未能指其讹误。不揣愚昧,作理学字义通释,远师许、郑之绪言,近撷阮、焦之遗说。周诗有言:"古训是式。"盖心知古义,则一切缘词生训之说,自能辨析其非,此则古人正名之微意也。[123]

之所以批评黄以周,是因为在刘师培看来,汉学、宋学虽然都讲义理,但义理中亦有分别:一宗训诂,一不宗训诂,黄以周等人皆未能悟出此旨。此说可谓从深层学理挑战了主张汉宋调和论者。调停汉宋者最大的问题,就是没有深入了解汉宋学术的"异同"所在,实际上对汉、宋两学均未能深入堂奥。调和论者竭力在汉、宋两边"取其语句之相同者为定",但文字虽有近者,其文意、主旨、所用方法等多有不同,岂能简单的"牵合汉宋,比附补苴,以证郑、朱学派之同"?从这个角度论之,刘师培、章太炎和叶德辉所论颇为接近，堪称批评"调和汉宋"论者的同盟。

《国粹学报》的另一位干将邓实，与刘师培的观点亦相类似。他认为"汉学、宋学，皆有其真，得其真而用之，皆可救今日之中国"。因为汉学解释理欲、掇拾遗经，故可以发明公理、保存国学，如此则"民权日伸"，"神州或可再造"。宋学则暗含"民族之思想"、"尚武之风"，"民族主义立，尚武之风行，则中国或可不亡；虽亡而民心未死，终有复兴之日"。显然，邓实更加亟亟考虑的是救亡保国的问题，无论汉学、宋学，"苟舍短取长，阙疑信古，则古人之学皆可为用"。既不可自守门户，互相排击，也不能"专务调停古人之遗说，而仆仆为人，毫无自得"。他特别指出：

> 晚近定海黄式三、番禺陈澧皆调和汉宋者，然撦合细微，比类附会，其学至无足观。夫古人之学，各有所至，岂能强同。今必欲比而同之，则失古人之真，故争汉宋者非，而调和汉宋者亦非也。[124]

不难看出，以邓实存古之真的标准而言，黄式三、陈澧都有勉强求同的治学取向，由此则汉宋学皆失其本来面目，何谈为今所用？故邓氏虽与章太炎、刘师培角度略有差异，但也对"调和汉宋"持否定态度。

除偏古文经学者外，今文经学者皮锡瑞亦有相近看法。皮氏认为，"今文废而经义不明，不得不归咎于毛公、马郑之崇尚古文者"[125]，故提出治《尚书》时当"合于今文者录之，不合于今文者去之，或于疏引而加驳正"[126]。但他并不一味袒护今文经学，而是强调解经"当实事求是，不当党同妒真"，并审慎地表示要"各依其本书，不敢强之使一"[127]。在言及汉宋学时，他也注意到了陈澧在《汉儒通义》中"和同汉宋门户"之意。光绪二十四年（1898）初，在时务学堂讲学的皮锡瑞说：

> 　　乾嘉以后,学者乃专主国初诸儒训诂考据,引而伸之,于是标举汉学之名以别异于宋学。……陈兰甫作《汉儒通义》,意在和同汉宋门户。而主张汉学者,议其不应强作调人。予谓汉学出自汉儒,人皆知之。汉学出自宋儒,人多不知。国朝治汉学者,考据一家,校刊一家,目录一家,金石一家,搜辑古书一家,皆由宋儒启之。……汉学颛门精到之处,自视宋儒所得更深。然觞源导自前人,岂宜昧所自出。以此推论,则汉、宋两家之交,夫亦可解纷矣。[128]

不难看出,皮锡瑞更多站在客观立场上,对陈澧《汉儒通义》及其受到的批评作出评判。他对偏汉学者"不应强作调人"的论点并未否定。而其"不可徒争门户","不敢强之使一"的治学态度实与"不分门户,非为调人"的论点甚为接近。虽然其本意是从"汉学出自宋儒"以及"汉学师孔子,宋学亦师孔子"等角度以论证汉、宋二学之源流与关系,但其主旨与"不分门户,非为调人"之说无疑有契合的一面。

(三)"不分门户,非为调人"说形成原因之分析

诚然,晚清汉宋学关系以"调和"论为其大端,然以黄式三父子、叶德辉、章太炎、刘师培、邓实等人为代表,尽管彼此存有分歧,甚至并不完全认同,但确然构建出"不分门户,非为调人"的论说,这其中既有历史因素,又有晚清特殊之缘由。概而言之,有如下几点:

第一,清中叶以前反"调人"的思想传统。

"调人"角色进入学术领域,与西晋刘兆有关。《晋书·刘兆

传》言，刘氏"博学洽闻，温笃善诱，从受业者数千人"，"潜心著述，不出门庭数十年。以《春秋》一经而三家殊涂，诸儒是非之议纷然，互为仇敌，乃思三家之异，合而通之。《周礼》有调人之官，作《春秋调人》七万余言，皆论其首尾，使大义无乖，时有不合者，举其长短以通之。"[129] 显然，刘兆深知《春秋》经过西汉末年的争立学官，《左传》《公羊传》《谷梁传》已经成为鼎立之势。学者读经求义，每感相互歧异，难于裁断。于是他以"调人"自居，撰《春秋调人》一书，对《三传》之长短进行弥缝，将"三家之异，合而通之"，竭力寻求"和合"的完美结局。

《春秋调人》据云已亡佚[130]，究竟刘兆如何扮演"调人"的角色已难以详察，但其思想旨趣已大略可知，后世学者对此亦有所评说。南宋黄震读《周礼》时即提出疑问说：

> 调人掌平民之争，然则不剖其是非欤？[131]

此言可谓切中要害。"调人"以息事宁人为目的，难免会在判断是非方面用力不足。明儒陈言撰《春秋疑》也说：

> 圣典之湮，《传》《疏》为之也。专门者固名家者，訾同异驳糅说者，徒欲取调人之义以平之，此不然，吾信吾是而已，吾所是者经而已。[132]

可见以调人立场治《春秋》，学人早就感到不满。

殆至明末清初，对"调人"的批评亦随处可见，且泛见于各个层面，不独在论辩《春秋》异同之时。黄宗羲在写给顾梁汾的信中，论及高攀龙辨朱熹、王阳明之学，认为高氏看穿"阳明之无善无恶谓无善念恶念，非性无善无恶也，竟以无善无恶属之性者，乃其门人之误"，是"深得阳明之传者"，但强辨阳明分心、理为二，非朱子所为，"以阳明之学攻阳明"，则"不过欲为朱子之调人"，并未明朱熹"言人心之灵,莫不有知;天下之物,莫不有理",实际上已将心、理分而论之[133]。钱谦益论禅宗与净土宗时,认为"楚石,禅门尊宿也,而有西斋净土之咏;云楼,念佛导师也,而有禅关策进之编。未尝不水乳相合也",两者之间并无决然鸿沟。然而,"世之学者,妄生分别,或相为斗诤,或曲为调人,伥伥然莫知所适从"[134]。故深入两宗内里,拆掉宗派门槛,既不相互斥责,也不勉强调和,才是正途。阎若璩于《尚书古文疏证》中言及朱熹疑古文事,指其"不知经与《传》固同出一手",认为朱熹将《尚书》古文内容分为二体,所谓"有极分晓者,有极难晓者","《尚书》诸《命》皆分晓,盖如今制诰,是朝廷做底文字;诸《诰》皆难晓,盖是时与民下说话,后来追录而成之"云云,"犹为调停之说",经不住经文的检验。[135]

乾嘉时期,学界无论宗汉与否,对"调人"的态度相对一致。全祖望承浙东史学之余绪,对黄宗羲十分尊崇,在谈到天命问题时,明确指出黄氏以"善言天者征之人事,善言人者验之天命"证其"支干之不足言命",多为调停之说,故云"梨洲之言天也固,其谈命也支","欲通两家之邮,而未免依违为调人之见,其于天人之际未尽焉"。[136]几乎同一时期的朱珪,学宗汉儒,重视礼学,深知治《礼》者众说纷纭,难以定论。乾隆五十九年(1794),朱珪为金榜《礼笺》作序,赞其"词精而义赜,不必训诂全经而以之宜译圣典,不失三代制作明备之所在"。同时以疑问的口气称金氏"岂独以礼家聚讼,姑以是为调人也哉"[137]?可见,朱珪并不希望金榜研治礼学,仅仅停留在曲为调和的层面。

朱熹、陆九渊同异问题,学人争论不休,也常有学者出面调停二人之说。章学诚对此批评说:

> 天人性命之理,经传备矣。经传非一人之言,而宗旨未尝

不一者，其理著于事物，而不托于空言也。师儒释理以示后
学，惟著之于事物，则无门户之争矣。……宋儒有朱、陆，千古
不可合之同异，亦千古不可无之同异也。末流无识，争相诟
詈，与夫勉为纷解，调停两可，皆多事也。然谓朱子偏于道问
学，故为陆氏之学者，攻朱氏之近于支离；谓陆氏之偏于尊德
性，故为朱氏之学者，攻陆氏之流于虚无；各以所畸重者，争其
门户，是亦人情之常也。[138]

在章学诚看来，言理当著于事物，否则易流于空虚，"著之于事物，
则无门户之争"。但门户之争固可消，门户之别却无需刻意消除，
双方"各以所畸重者，争其门户，是亦人情之常"。如朱熹、陆九
渊，二人学说本就有差异，且论学也应当有所差异，即"千古不可
合之同异，亦千古不可无之同异"。无此见识者，或"争相诟詈"，
相向责骂，或"勉为纷解，调停两可"，力图从形式上遮掩学说间正
常的不同之处，"皆多事也"。当然，章学诚不宗汉学，亦不宗宋
学，所以其能有此论，正反映了章氏自己学术思想淡化门户之见的
特点。

　　江藩也注意到了朱熹、陆九渊相争的问题，只是他从朱熹与郑
玄、陆九渊与王明阳之间的关系进行讨论。江氏认为朱熹服膺郑
玄，曾多次说"郑康成是好人"、"康成是大儒"，但为宋学者"不第
攻汉儒而已也，抑且同室操戈"。尊朱与尊陆者互相攻评，后因王
明阳尊陆九渊之学，士风翕然而随。但王阳明又撰《朱子晚年定
论》，扮演调人角色，"自悔其党同伐异"，有为朱子回护之处，主动
弥缝自己与朱熹之间的差异。因此，无论是郑玄汉学、朱熹宋学，
还是宋学内部的朱熹、陆九渊之间，其距离并无后人所见之大，且
儒生读圣人之书，应以明道为目的，最要者在身体力行的修身，

"岂徒以口舌争哉"[139]？门户相争的结局之一,便是出现王阳明之辈勉"为调人之说",甚至自悔前学。[140]

上述可见,自宋以至清中叶,"调人"已成为面对学术论争时常会运用到的词汇。西晋刘兆以调人自居,开启调和论调之先。后来学人论佛学纷争、郑玄朱熹之争、朱熹陆九渊之争等等,也往往用调人一词形容欲行弥合者。更为关键的是,无论诸人所论程度有何分别,但凡这个词汇被表出时,基本以负面的意义而存在,鲜见赞赏之态度。江藩弟子汪喜孙曾请其师赐寄《汉学师承记》[141],得书后受命为之写跋,内中除罗列汉学大师之名以呼应乃师外,还列举了一些在其看来的诬妄之为,如汪琬私造典故、毛奇龄肆意讥弹等。提到王懋竑时,汪喜孙愤然说道:"王白田根据汉宋,比诸春秋之调人",斥责他与汪、毛等人皆为"恶莠乱苗,似是而非"[142]。显然,汪不但和江藩等其前辈同样用批判的情绪使用"调人"一词,而且他对王懋竑的指责,恰恰回应了西晋刘兆自比"《春秋》调人"的行为。

第二,晚清学人言说中"调人"负面形象的增加。

进入晚清,调停的思想与行为仍无正面之意,且有增加之趋势。廖平就说:

> 《王制》、《祭统》,今学;《祭法》,古学。二者庙制、祭时,一切不同,且故意相反。两汉经师言庙制、祭仪,皆牵混说之。特以之注经,则自郑君始。议礼之事各有意见,多采辑诸说以调停其间,不能由一人之意,此议礼之说多不可据也。[143]

廖平之意,在论今古文经学,但对"调停"的反对却十分明显。

黔儒郑珍善治《礼经》,读《周礼》至"调人"处,甚感困惑,写专文对"调停"、"调人"进行考辨与剖析。他认为若存在《周礼》

"调人"的话，则"天下杀人者无罪也"，"治天下可不设刑政也"，"如其言，将天下尽人皆可杀，尽人皆可以杀人，几何不人类与人道俱绝哉"！在郑珍看来，杀人者本当诛，可调人却使杀人者依法放逐"海外"或"千里之外"，势必引起更多的仇杀。因为被杀者亲属寻仇报复，"雠家怨室竟死志报复，杀之于数千里之外，有司者又以其就而雠之，取其人而杀之，不且杀二人耶！如不杀而仍使避之，而所杀者之父兄子弟，又从而杀之，则愈雠愈杀，愈杀愈雠，不且雠杀无已耶！人道绝，吾安知人类不与之绝也！"[144]可知调人之存在，不但不能解决彼此的对立与仇恨，只会使得矛盾激化，以致无穷无尽，甚至有灭绝人类之危险！

　　如果说郑珍批评的是古制中的"调人"，闽儒林昌彝则把"调停"的做法与国运联系在一起，提出严厉的批评。他说：

　　　　自古君子小人之进退，盖关乎气运之盛衰、王道之消长者也。……昔宋元祐时宣仁太后临朝，用司马光、吕公著为相，当时群贤毕聚，天下咸望治平，以为庶几嘉佑之风矣。光死，范纯仁继之，是时熙、丰之徒，多捏飞语，以动摇在位大臣为自全计，遂开幸门，延入李、邓，谓之调停。其后群邪并进，诸贤窜逐凌迟，至于靖康之末，而天下亡矣。……宋之天下亡于夷狄，而其祸则由于奸臣。宋之奸臣，盛于熙、丰而极于靖康，然而调停之说不行，则奸臣不至于昌炽，而徽、钦亦不至于北狩之辱矣。……天下之祸患成于小人，而亦由于君子，宋室之祸，元祐诸君子不得不任其责矣。[145]

北宋亡国之原因，自然多有说解，但在林昌彝看来，司马光死后熙宁、元丰年间政治争斗过程中"调停"之法，才是后来"群邪并进，诸贤窜逐凌迟"，以至于"靖康之末，而天下亡"的重要原因。所以,北宋之亡,表面上亡于夷狄,实则根源于奸臣当道,而奸臣之所以能够有机可乘,又与"调停"之说大行其道不无关系。故此,"调停之说不行,则奸臣不至于昌炽,而徽、钦亦不至于北狩之辱"。林昌彝或许夸大了"调停"说的历史作用,但其对于"调停"的反对甚至痛恨的情绪,则由此可见一斑。

不难发现,无论是"调人"之名,还是"调停"之法,在晚清部分学人的思想世界里,是令人难以接受的一种称谓、一种态度。在此大的思想背景下,"调和"汉宋之说,难免让人与之相关联,故其受到学者的诘难甚至抨击,从某种程度上是与此思想脉络相承接的一种表现。

第三,陈澧学术自身存在矛盾与缺陷。

陈澧被时人目为能会通汉学宋学,但遭后人"调停"质疑亦最多,此或与其汉宋学观中的缺失有关。陈澧强调宋儒对汉儒的继承,刻意消泯宋学与汉学的对立。其举朱熹、王应麟为例,言曰:

> 孔子删述六经,而郑康成氏为之注,其细者,训诂名物,其钜者,帝王之典礼,圣贤之微言大义,粲然具备。其于先师之说,有宗主,有不同,赞而辩之,家法至善,传之百世而无弊;又于纬候之书,历数、律令之学,莫不贯综,是亦所谓集大成者也。自魏晋至隋唐数百年,朝廷之议论,儒生之讲诵,得所依据,圣人之道不坠于地,惟郑学是赖,虽王肃、许敬宗辈妄肆讪毁,无伤日月。至孔、贾义疏颁行,乃盛极而寖衰焉。宋儒代兴,朱子犹称述郑学,洎元明而遂衰绝。然王伯厚采集《易》注,实郑学复兴之兆。本朝儒者讲汉学,尊郑氏,此则无往不复之道也。[146]

陈澧使用"无往不复"一词,有其深意。《易·泰》云:"无平不陂,无往不复。"孔颖达《正义》云:"初始往者必将有反复也。"[147]既然陈澧认为清儒讲汉学乃"无往不复之道",说明在他看来,清儒提倡汉学,不过是一个学术的循环。汉代由郑玄集大成,魏晋南北朝时学人仍尊之,至唐代五经正义颁行后,郑学衰落。宋儒朱熹、王应麟称述之,有所谓"郑学复兴",元明时又衰败,清代则再次复起。故可谓循环往复,学有承继。如此,清代复兴汉学,与宋儒尊郑学,正可谓渊源有自、异曲同工,其本质正相同。

陈澧之根本目的,仍是破除汉宋门户。他说:

> 拙著《东塾类稿》近年不复刷印者,中年以前治经,每有疑义则解之,考之,其后幡然而改,以为解之不可胜解,考之不可胜考,乃寻求微言大义、经学源流、正变得失所在,而后解之,考之,论赞之,著为《学思录》一书,今改名曰《东塾读书记》。此书自经学外,及于九流诸子、两汉以后学术。至宋以后,有宋元明学案之书,则皆略之,惟详于朱子之学。大旨在不分汉、宋门户。其人之晦者,则表彰之,如宋之王万、明之唐伯元;文之晦者,则采录之,如《宋文鉴》所选林希《书郑康成传》、《广东通志》所录林承芳《重刻十三经注疏序》是也。[148]

所以他殷殷期望道:

> 窃冀后之君子,祛门户之偏见,诵先儒之遗言,有益于身,有用于世,是区区之志也。若门户之见不除,或因此而辩同异、争胜负,则非澧所敢知矣。[149]

正是为实现此期望,陈澧照宋儒义理之框架,寻找两汉义理之说,编纂《汉儒通义》,"采两汉经师义理之说,分类排纂,欲与汉学、宋学两家共读之"[150]。

晚年,陈澧总结自己的治学思想时说:

魏晋以后,天下大乱,而圣人之道不绝,惟郑氏礼学是赖。读《后汉书》,以为学汉儒之学,尤当学汉儒之行。读朱子书,以为国朝考据之学,源出朱子,不可反诋朱子。又以为国朝考据之学盛矣,犹有未备者,宜补苴之。……又著《汉儒通义》七卷,谓汉儒善言义理,无异于宋儒。宋儒轻蔑汉儒者,非也;近儒尊汉儒,而不讲义理,亦非也。[151]

也就是说,陈澧编纂《汉儒通义》时,希望寻求到汉儒义理之学,还要竭力把他早经发现的"汉儒之行"给揭示出来,从而完全弥缝汉宋学术之间的差异,以达到其"祛门户之偏见"的渴望,永久免除长期存在的"辩同异、争胜负"的局面。正如其弟子胡锡燕所言:

先生早年读汉儒书,中年读宋儒书,实事求是,不取门户争胜之说。以为汉儒之书,固有宋儒之理,此书所录,如《说文》云:"惟初太始,道立于一。造分天地,化成万物。"《公羊》何注云:"元者,气也。无形以起,有形以分。"即濂溪《太极图说》之意,其与程、朱之说同者,尤不可毕举。……至于所采录者,则意义明显矣。其排比次第,取一义之相属,尤取两义之相辅。……兼而存之,无偏尚之弊。盖取先儒二十二家之说,会萃精要,以成一家之书。[152]

可以说,陈澧为调停汉宋门户之争费尽心机,竭力采撷两者共通之处,然而正是其"排比次第,取一义之相属,尤取两义之相辅"的做法,在具体实践过程中,难免出现寻章摘句、强汉就宋或强宋就汉的情况,这些矛盾和缺陷,给批评者以充分的口实。

同时,若将陈澧与同遭批评的黄式三进行比较,也可看出二者在对待汉宋学方面的差异。黄式三尝云:

　　夫自元、明以来数百季，聚天下之才人学士，使之毕力于《论语》，故说之者多。不佞素无门户之见，急分汉学、宋学，故采之也备。[153]

黄式三与陈澧做法最大的不同，在不轻予评判，不强予弥缝，惟采诸家论说之是者而从之，"凡此古今儒说之会萃，苟有裨于经义，虽异于汉郑君、宋朱子，犹宜择是而存之"[154]，此为"兼采"而非调人之法。陈澧则要么各斥其非，要么勉强论证汉中有宋、宋中有汉，这种方法，即为调停而非会通。所以，陈氏与黄以周等人提出的不分汉宋学门户，各取其长，实事求是的看法，并不尽相同。众所周知，汉儒（尤其是东汉）长于训诂名物、考释制度，宋儒善于讲明天命、阐发性理。二者之所以逐渐确立各自门户，根本之由就在于彼此确实各有所长，如果说二者之间各含对方之长，则无异于否定了各自立学之根基。故兼取汉宋学之卓绝处，应该说是可取的，而如陈澧这样强以通之，从汉儒著作中搜检带有"义理"色彩的论说，归类排比的做法，着实如章太炎所喻"此犹揣毫于千马，必有其分刌色理同者"，与调人甚类。故此，持"不分门户，非为调人"之见的学者多集矢于陈澧身上，实在所难免。至于同样批评汉宋学"调和"论的黄式三、黄以周父子（特别是黄式三）却被刘师培等人批评，虽然显得有些相互矛盾，但这其实是汉学群体内部对于何谓汉学、汉宋学关系之本质等问题的认识存在差异造成的，且这些差异又并不妨碍他们得出不分汉宋学门户、却"莫作调人"的共同见解。而这种现象的存在，无疑也更加凸显出晚清汉宋学关系的复杂性。

　　总之，清初时较为清晰的汉学概念尚未完全成型，学人"皆以宋学为根柢，不分门户，各取所长"，一些汉学开山人物的学术思想不免糅杂着宋学,成"汉宋兼采之学"[155],"不分门户"处于自然为之的状态。至乾嘉时期,专门汉学在刻意与宋学分立门户的过程中逐渐确立,形成汉宋学对峙的情形。但学术思想的发展往往有如梁启超所言"以复古为解放"的逻辑模式,当专门汉学达到顶峰,需要寻求新的出路的时候,部分学人即力图效仿清初诸儒"各取所长",因而出现"调和汉宋"之说,并在晚清形成思想主流。但在此声音之外,时时出现"不分门户,非为调人"的论调,对汉宋调和的论点及学术实践予以批判。其时段分布自道咸以至光宣,虽论者内部亦不相认同甚至产生攻讦,且鲜见与调和论者直接的交锋与论战,但毕竟对彼时的"汉宋调和"论形成了冲击。

民国后,"再造文明"的学者不断发展出新的研究议题,但更侧重"整理国故"的学者仍会关注旧的学术内容。1920 年代,柳诒徵在南京作《汉学与宋学》的专题演讲,在讲辞中以现代学科分类讨论了汉学与宋学。他认为,"所谓汉学,可以分为文字学、历史学;所谓宋学,可以分为伦理学、心理学",竭力降低两种学术之间的对立,希望听众"认此等学术,即是学校中之某种学程,不必分别朝代,分别界限",今后"不复讲汉学、宋学之名词"。至于"陈兰甫著《汉儒通义》,谓汉人亦讲理学。而于《东塾读书记》中又极言朱子之讲小学",柳诒徵自认"并非主张调和两派者,故不必申其意"[156]。柳氏之旨,首先在于取消所谓汉学、宋学之名词,而转以现代学科名词的历史学、文字学、心理学、伦理学等,且不应该拘于年代及学科界限。用今日之语,或可谓打通学科及时间界限,运用综合方法进行研究。故其意仍在深入寻找汉学、宋学的学术内容,且以"通"的方式进行,而不是牵强附会的"傅合"方法,而这种方法显然是陈澧的重要方法。所以,在提到《汉儒通义》时,柳氏明确表示不主张调和汉宋两学,这何尝不是"不分门户,莫作调人"

的另一种表述。

至1946年,杨树达在为苏舆撰墓志铭时,再次提及陈澧《汉儒通义》一书,赞其有意解汉宋"二家之学各为壁垒,终古不可沟合"之弊病,但该书"取汉儒之说义理者以傅合于宋儒,思以解两曹之纷,承学者虽许其用心,意不谓是也"[157]。杨氏虽未点明"承学者"究竟是谁,但以其学养推之,加之出身湘学,应当指叶德辉诸人。杨树达所言承学者许其用心,从某种程度合乎实情,因为对陈澧的批评皆为学术辩论,尽管邓实严苛地说"其学至无足观",但对陈氏之学术品行,则均无一言之责。

质言之,晚清汉宋学之趋势,以"统一"、"融合"为归,故出现"汉宋调和"之说。但"汉宋调和"论本身又充满悖论,因汉、宋二者皆儒学支脉,实难以"调和",就如硬币之两面,只要让两者各自合理存在,立于一处,看似矛盾,实际上已是最和谐的共存。所以,晚清在"汉宋调和"论之外出现"不分门户,非为调人"之说,有其必然性与合理性。近来学界有论者甚至提出,汉学内部理念与实践的脱节"所造成的紧张,就是所谓汉宋之争"[158],故汉宋之争实际与宋学关系不大,这显示出论者在探求汉宋关系问题时的焦虑与困惑。事实上,冯桂芬早就指出:"汉儒、宋儒皆圣人之徒也。汉古而宋今,汉难而宋易。毋蔑乎古,毋薄乎今,毋畏乎难,毋忽乎易,则学者之为之也",故"兼收并蓄,不调而调,圣人复起,不易吾言矣"[159]。这种见解,不仅与后来章太炎"以不齐为齐"的思路接近,而且已经预见到了晚清以降中国的学术思想必会走向变动不居、多元并存的近代化形态。

最后还需要指出的是,晚清时期,在"不分门户"、"调和"、"会通"等趋势之外,汉学与宋学彼此之间刻意的区分仍然存在。黄以周总结汉、宋、清学诸家学术说:

> 汉儒注书,循经立训,意达而止,于去取异同之故不自深
> 剖,令读者自领之,此引而不发之道也。至宋儒反复推究,语
> 不嫌详,已有异于汉注。今人著书,必胪列旧说,力为驳难,心
> 中所有之意,尽写纸上,有异于宋人。[160]

黄氏之说,提示了汉儒、宋儒、清儒治学的不同。汉儒治学,惟求
"意达而止";宋儒则每立一说,反复申述,"语不嫌详",与汉儒不
同;今人(即清儒)治学,"必胪列旧说,力为驳难",又异于宋儒。

王先谦也曾经说:

> 仆在江南,续刊《经解》。有谓不当如阮文达不收李文
> 贞、方望溪辈著述以为排斥宋学者,仆晓之曰:"子误矣! 经
> 学之分义理、考据,犹文之有骈、散体也。文以明道,何异乎骈
> 散? 然自两体既分,各有其独胜之处。若选文而必合为一,未
> 可谓知文派也。为义理、考据学者,亦各有其独至之处。若刊
> 经学书而必合为一,未可谓知学派也。仆倘续通志堂经、苑二
> 书,则必取言义理诸书,而考据家皆在所弗录矣。"其人大悟,
> 此可见彼之为说者,于学术之深,未尝兼通而博究也。[161]

在王氏看来,区分汉宋学术仍乃十分重要之事。两部《经解》可谓
当时学界的一部学术汇典,但因为王先谦坚决主张汉宋学不同而
一如阮元不收"李文贞、方望溪辈著述",这从侧面提示了晚清学
人分别学派的意识。

同样提示出汉学群体存在的,还有江苏学人吴翊寅。吴氏曾
于光绪年间游幕于江西、浙中,后客居广雅书局。[162]其一生仕宦不
济,为学似亦未为时人所注目。所撰《易汉学考》一书,以惠栋《周
易述》、《易汉学》为依傍,考求两汉《易》学,附以己说。该书《叙
目上》中说:

欲求东汉《易》学之原流，当先考西汉《易》学之派别，辄补《两汉师承叙录》二篇。其西汉《易》学派别凡四：曰训诂举大义，……曰阴阳候灾变，……曰章句守师说，……曰象象解经意。费直、高相二家，民间所用以传受者是也。其东汉《易》学派别凡四：曰马融、刘表、宋衷、王肃、董遇春皆为费氏易，作章句者也；曰郑玄、荀爽，本治京氏易，而参以费氏者也；曰虞翻，本治孟氏易，而改以参同契、纳甲为主者也；曰陆绩，专治京氏易者也。郑、荀、陆三家皆主京氏，京出于孟，可谓同源异流。独虞翻五世传孟氏易，后据师说，以参同契立注其上，奏称前人通讲多玩章句。……《易》汉学无他，训诂举大谊而已，章句守师说而已。盈虚消息升降往来，即汉学之大谊也。说卦逸象，即汉学之师说也。章句定，训诂明。而《易》之象数在其中，即《易》之义理在其中。彼薄章句训诂而妄测象数，空谈义理，夫岂知《易》者哉？[163]

是文作于光绪癸巳年（1893），其时吴氏讲汉学依旧深笃，以汉学为自己治学依傍。从他希望质诸当世之治《易汉学》者可知，至少在其思想意识中，当时学界宗奉汉学之人仍然不少。

清季，亦仍有宗宋学者，如唐文治曾就学于南菁讲舍，其学尊崇汉儒，但其说已显露出对朱子之学的钦敬。他说：

焦里堂《孟子正义》，考据详核，高出旧疏远甚。……然蒙于此书，有不能无讥者。夫《孟子》一书，大要在崇仁义、辨心性、别王霸，而仁义心性王霸之辨，则莫精于宋儒。……治他经之学或可专守汉注，而《论语》及《孟子》两书，辨别仁义心性王霸，文理密察，必摒宋儒而不用，其惑者既失精微而辟者又随时抑扬，违离道本。[164]

在唐氏看来,汉学虽然长于考据注疏,但经书之中,九经用汉儒之说,当无异议,而《论语》、《孟子》两书,主要辨别仁义、心性,当用宋儒之说。

这里再举一个民间宋学家的例子。据黄以周说,有一位胡洪安者,曾向其父黄式三问学,式三得知其早年失学,便教其"读《论语》以植其体,读《戴礼》以践其实"。后来粗通训诂之学,又来向黄式三问学,式三认为他不堪治经,就让他"读有宋诸子书以充其识"。胡洪安读了宋人书后,甚推崇陆九渊之说。某日见以周,竟说当世有志讲学者,惟自己与黄以周二人。黄以周治汉学,听了胡氏的话后,说:"然。然子之学,禅学也,安有合于我?"胡洪安很不高兴,两人便"纵言义理"。以周"辄举经义折之",胡洪安"终不服"。他说:"子之训诂优于我,我之道理自足于子。"以周回答说:"经外之学,非敢知也。"他推荐胡氏往上海拜龙门书院掌教刘熙载为师,因其乃"近之深于宋学者也"。后胡氏果然"欣欣走沪上,问业二载",终于"恍然有悟",发愤撰著《沪上问业》2 卷、《履冰录》1 卷,"皆卓然可传"。[165]

胡洪安的治学过程,以及其尊宋学(更多是心学)后与黄以周的争论,包括其投师真正深于宋学者之后学术思想的变化,在黄以周的描述中,十分动态的呈现在我们的面前。这个例子固不能代表其时的大多数学者,但至少说明在晚清民间学人中,依然存在学宗宋学的现象。

注　释

1　姚鼐:《复汪孟慈书》,《惜抱轩诗文集》,上海古籍出版社 1992 年版,第 295 页。

2　姚鼐:《再复简斋书》,《惜抱轩诗文集》,上海古籍出版社 1992 年版,第 102 页。

3　4　5　6　18　方东树:《汉学商兑》卷下,《汉学师承记》(外二种),三联书店 1998

年版，第 388、391—392、393、393、385—386 页。

7　11　12　13　方东树：《汉学商兑》卷中之下，《汉学师承记》（外二种），三联书店
　　1998 年版，第 320、311、312、333—334 页。

8　惠栋：《九经古义述首》，《松崖文钞》卷一，漆永祥点校：《东吴三惠诗文集》，台北：
　　"中央研究院"文哲所 2006 年版，第 300 页。

9　戴震：《题惠定宇先生授经图》，《戴震文集》，中华书局 1980 年版，第 168 页。

10　钱大昕：《左氏传古注辑存序》，《潜研堂文集》卷二十四，《潜研堂集》上册，上海古
　　籍出版社 2010 年版，第 387 页。

14　15　17　方东树：《汉学商兑》卷中之上，《汉学师承记》（外二种），三联书店 1998
　　年版，第 283、278、293—294 页。

16　关于此时的以礼代理之说，参考张寿安：《以礼代理：凌廷堪与清中叶儒学思想之
　　转变》，河北教育出版社 2001 年版。

19　方宗诚：《柏堂师友言行记》卷一，续修四库全书编委会编《续修四库全书》第 540
　　册，上海古籍出版社 2002 年版，第 552 页。

20　夏炘：《书潜研堂文集后》，《夏仲子集》卷三，民国十四年（1925）刻本，第 12 页。

21　夏炘：《书戴氏遗书后》，《夏仲子集》卷三，民国十四年（1925）刻本，第 11 页。

22　23　夏炘：《学术有用无用辨》，《夏仲子集》卷一，民国十四年（1925）刻本，第 11 页。

24　夏炘：《与友人论〈孟子字义疏证〉书》，《景紫堂文集》，沈云龙主编：《近代中国史
　　料丛刊》934（文海本），第 579—588 页。

25　夏炘：《书〈礼经释例〉后》，《夏仲子集》卷三，民国十四年（1925）刻本，第 18 页。

26　贺熙龄：《潘孝桥四书章句集注辅序》，《寒香馆文钞》卷二，《贺长龄集·贺熙龄
　　集》，岳麓书社 2010 年版，第 20 页。

27　姚莹：《钱白渠七经概叙》，《中复堂全集·东溟文集》卷二，沈云龙主编：《近代中
　　国史料丛刊续编》51（文海本），第 85 页。

28　朱克敬：《儒林琐记·雨窗消意录》，岳麓书社 1983 年版，第 52 页。

29　孙星衍：《呈覆座主朱石君尚书》，《岱南阁集》，中华书局 1996 年版，第 199 页。

30　夏炘：《书阎百诗〈尚书古文疏证〉后》，《夏仲子集》卷三，民国十四年（1925）刻本，
　　第 8 页。

31　夏炘：《古文尚书不可废说》，《景紫堂文集》卷三，沈云龙主编：《近代中国史料丛
　　刊》934（文海本），第 147—151 页。

32　夏炘:《壁中古文不足轻重说》,《景紫堂文集》卷三,沈云龙主编:《近代中国史料丛刊》934(文海本),第 153 页。

33　张崇兰:《古文尚书私议自叙》,《古文尚书私议》,光绪丁酉(1897)重刻本,第 3—4 页。

34　姚莹:《复黄又园书》,《东溟文后集·外集》卷一,沈云龙主编:《近代中国史料丛刊续编》(文海本),第 1045—1046 页。

35　161　王先谦:《复阎季蓉书》,《葵园四种》,岳麓书社 1986 年版,第 296 页。

36　卢文弨:《答彭允初书》,《抱经堂文集》卷十八,《抱经堂文集》,中华书局 1990 年版,第 262 页。

37　翁方纲:《送卢抱经南归序》,《复初斋文集》卷十二,光绪丁丑(1877)重校、戊寅(1878)补正本,第 1 页。

38　焦循:《雕菰楼集》卷七,道光四年(1824)刻本,第 15 页。

39　胡培翚:《答赵生炳文论汉学宋学书》,《研六室文钞》卷五,道光十七年(1837)刻本,第 24—25 页。

40　王筠:《问经堂序》,《清诒堂文集》,齐鲁书社 1987 年版,第 112—113 页。

41　黄以周:《答周官问》,《儆季杂著·文钞四》,自刊本,第 12 页。

42　黄以周:《答吴孟飞书》,《儆季杂著·文钞三》,自刊本,第 28 页。

43　92　黄以周:《再答陈善余书》,《儆季杂著·文钞三》,自刊本,第 20—21、21 页。

44　李鸿章:《墓志铭》,《显志堂集》卷前,沈云龙主编:《近代中国史料丛刊续编》783(文海本),第 27 页。

45　47　159　冯桂芬:《阙里致经堂记》,《显志堂集》卷三,沈云龙主编:《近代中国史料丛刊续编》783(文海本),第 313—314、314 页。

46　冯桂芬:《太上感应篇合注序》,《显志堂集》卷一,沈云龙主编:《近代中国史料丛刊续编》783(文海本),第 161 页。

48　严寿澂以为,丁晏的思想不仅经历了"弃汉返宋",后来更是"由宋入明"。说详严寿澂:《嘉道以降汉学家思想转变一例——读丁晏〈颐志斋文集〉》,载严寿澂:《近世中国学术通变论丛》,台北:国立编译馆 2003 年版,第 170—181 页。

49　丁晏:《读经说》,《颐志斋丛书》第二十册,同治元年(1862)刊本,第 1 页。

50　丁晏:《左传杜解集证自叙》,《颐志斋文集》卷三,民国三十八年(1949)刊本,第 2 页。

51　丁寿昌:《读易会通序》,《睦州存稿》卷六,沈云龙主编:《近代中国史料丛刊》605

（文海本），第433—434页。

52　丁寿昌:《家大人〈读经说〉跋》,《睦州存稿》卷六,沈云龙主编:《近代中国史料丛
　　刊》605(文海本),第439页。

53　146　陈澧:《郑氏全书序》,《东塾集》卷三,黄国声主编:《陈澧集》第一册,上海古
　　籍出版社2008年版,第113—114页。

54　149　陈澧:《汉儒通义序》,黄国声主编:《陈澧集》第五册,上海古籍出版社2008
　　年版,第115页。

55　郑知同:《敕授文林郎征君显考子尹府君行述》,《巢经巢文集·附录》,香山黄氏古
　　愚室1949年影印本,第19页。

56　张之洞:《輶轩语一·通论读书》,《书目答问二种》,三联书店1998年版,第
　　308页。

57　俞樾:《梁芷林先生论语集注旁证序》,《春在堂杂文续编》二,《春在堂全书》第四
　　册,凤凰出版社2010年版,第71页。

58　俞樾:《彭丽崧易经解注传义辨正序》,《春在堂杂文四编》七,《春在堂全书》第四
　　册,凤凰出版社2010年版,第329—330页。

59　刘开:《学论中》,《刘孟涂集·文集》卷二,道光六年(1836)刊本,第4页。

60　管同:《答陈编修书》,《因寄轩文二集》卷一,光绪五年(1879)刊本,第1页。

61　方濬颐:《学论》,《二知轩文存》卷一,光绪四年(1878)刊本,第1页。

62　沈垚:《与许海樵》,《落帆楼文集》卷九,续修四库全书编委会编:《续修四库全书》
　　第1525册,上海古籍出版社2002年版,第481页。

63　王焕奎:《述朱质疑·释字》,《述朱质疑》,咸丰壬子(1852)新刻本。

64　夏炘:《檀弓辨诬·自序》,景紫堂全书本,第1页。

65　曾国藩:《湘乡相国书》,《景紫堂全书》卷前。

66　白让卿:《述朱质疑后跋》,咸丰壬子(1852)新刻本。

67　郭嵩焘:《答黄性田论学校三变》,《郭嵩焘诗文集》,岳麓书社1984年版,第
　　118页。

68　郭嵩焘:《礼记质疑自序》,《郭嵩焘诗文集》,第22—23页。

69　曾国藩:《问学》,《曾文正公全集·求阙斋日记类钞》卷上,沈云龙主编:《近代中
　　国史料丛刊续编》第一辑(文海本),第17963页。

70　曾国藩:《复夏弢甫》,《曾国藩全集·书信二》,岳麓书社1994年版,第1576页。

71　曾国藩:《孙芝房侍讲刍论序》,《曾国藩全集·诗文》,岳麓书社 1994 年版,第 256 页。

72　涉及晚清"汉宋调和"的论文甚多,较有代表性的专论有:何佑森:《清代汉宋之争平议》,台湾大学《文史哲学报》1978 年第 27 期;王家俭:《由汉宋调和到中体西用——试论晚清儒家思想的演变》,台湾师大《历史学报》1984 年第 12 期;龚书铎、孙燕京:《道光间文化述论》,《福建论坛(文史哲版)》1985 年第 6 期;陈居渊:《论晚清儒学的"汉宋兼采"》,《孔子研究》1997 年第 3 期;史革新:《从"汉宋鼎峙"到"汉宋合流"——兼论晚清汉宋学关系》,《社会科学辑刊》2007 年第 5 期;张昭军:《晚清汉宋调和论析》,《清史研究》2006 年第 4 期,等。

73　程继红提出,黄氏父子治学"并不止于汉宋兼采,他们还能够超越汉宋,进入到'实事求是,莫作调人'的新境界",认为"这是黄氏父子学术最为精彩之处",并称二人"发扬浙东汉宋兼采传统,倡导'实事求是,莫作调人'的理念,对民国学风影响甚巨"。详见程继红:《黄式三、黄以周与浙东学派的关系及其传衍》,《浙江社会科学》2010 年第 11 期。该文已经触及黄氏父子"莫作调人"的思想,但未分析与"不分门户"观念之关系,且黄氏父子思想前后的发展脉络,亦未深论。

74　陈祖武在《乾嘉学派研究》(河北人民出版社 2005 年版,第 621 页)中,指黄式三"主张会通汉宋,实事求是",并没有明言其调和汉宋。魏永生则在《黄式三学术思想评议》(《东方论坛》2000 年 3 期)一文中,认为黄式三"主张汉宋调和"。"会通汉宋"、"汉宋调和"实不尽相同,当另文讨论。

75　刘灿:《儆居集序》,《儆居集》,光绪十四年(1888)续刻本,第 1 页。

76　黄式三:《易释》卷四,光绪戊子(1888)春黄氏家塾刊本。

77　黄式三:《论语后案原叙》,《儆居集·杂著一》,第 7 页。

78　81　黄式三:《汉宋学辩》,《儆居集·经说三》,第 23、22 页。

79　80　黄式三:《汉郑君粹言叙》,《儆居集·杂著一》,第 14—15、15 页。

82　黄式三:《光绪九年浙江书局刻本黄式三〈论语后案〉自叙》,《论语后案》,凤凰出版社 2008 年版,第 552 页。

83　黄式三:《光绪九年浙江书局刻本黄式三〈论语管窥〉叙》,《论语后案》,凤凰出版社 2008 年版,第 547、550 页。

84　黄式颖:《光绪九年浙江书局刻本黄式颖〈论语后案〉叙》,《论语后案》,凤凰出版社 2008 年版,第 551 页。

85 施补华:《像赞》,《傲居集》,光绪十四年(1888)续刻本,第 1 页。

86 黄以周:《敕封征士郎内阁中书先考明经公言行略》,《儆季所著书五种·文钞五》,自刊本,第 39 页。

87 黄以周:《与高伯平先生书》,《儆季杂著·文钞三》,第 3 页。

88 黄以周:《答刘艺兰书》,《儆季杂著·文钞三》,第 17 页。

89 唐文治:《茹经先生自订年谱》,沈云龙主编:《近代中国史料丛刊三编》90,台北:文海出版社 1973 年版,第 10—11 页。

90 黄以周:《德性问学说》,《儆季杂著·文钞一》,第 8—9 页。

91 余英时:《清代学术思想史重要观念通释》,《中国思想传统的现代诠释》,台北:联经出版事业公司 1987 年版,第 411 页。

93 黄以周:《南菁书院立主议》,《儆季所著书五种·文钞六》,第 32—33 页。

94 吴稚晖:《寒厓诗集序》,《吴稚晖先生文粹》(四),台北:华文书局影印 1929 年版,第 302 页。

95 97 胡适:《几个反理学的思想家》,《胡适学术文集·中国哲学史》下册,中华书局 1991 年版,第 1165、1169 页。

96 胡适:《古史讨论的读后感》,《胡适文存二集》,黄山书社 1996 年版,第 71 页。

98 唐德刚译注:《胡适口述自传》,台北:传记文学出版社 1983 年版,第 12 页。

99 陆懋德:《史学方法大纲》,北京师范大学史学研究所资料室"史学史资料丛刊"本,1980 年,第 58 页。

100 屈万里于 1961 年 3 月 15 日在《新时代》发表《〈尚书〉中不可尽信的材料》一文,指出《尚书》中的作伪问题。徐复观看到这篇文章后,于 1961 年 10 月 5 日在《民主评论》刊发《阴阳五行观念之演变及若干有关文献的成立时代与解释的问题》进行批驳。随后,屈氏于 1962 年撰文进行回应,并援引其素所服膺的"实事求是,莫作调人"一语,强调"在没有确切证据足以证明那些话语是确实可信的材料之前,我们只好疑以传疑"。徐复观读完此文后,即对屈氏的有关考证再行辩难,但对于"实事求是,莫作调人"这八个字却基本持肯定态度,承认"'实事求是'这一句话是好的。'莫作调人'这句话,原来的意思大概是不要把世俗的人情世故夹入到学问的辩论中去。若是这种意思,则这句话,对我国今日的知识分子,常常把人情夹到学问的是非中去的情形而言,也有若干意义的"。相关史事,详见屈万里:《对于〈与五行有关的文献〉之解释问题敬答徐复观先生》,《屈万里先生

文存》(第一册),《屈万里全集》(十七),台北:联经出版事业公司1985年版,第
169页;徐复观:《由〈尚书·甘誓〉、〈洪范〉诸篇的考证看有关治学的方法和态度
问题——敬答屈万里先生》,《中国思想史论集续编》,上海书店出版社2004年
版,第82页。

101 高均儒:《礼理篇跋》,徐世昌等编纂:《清儒学案》(七),中华书局2008年版,第
6252页。

102 见丁延峰:《海源阁刻书考》,《文献》2005年第2期。

103 罗检秋已经注意到,"晚清学者对陈澧调和汉、宋的学术路径不乏评论。……至
今仍有人认为,汉学深厚者如章太炎、刘师培,乃至以'杂学'见称的叶德辉对调
和汉、宋的取向均不以为然"。但罗先生认为,"嘉道以后汉学深厚者如黄式三、
黄以周父子,绩溪胡氏都有调和汉宋的言行。清末古文家如王先谦、叶德辉、章
太炎等人门户观念较深,对康有为等今文家颇多讥刺,对调和汉、宋者陈澧也有
微辞,但均有特定的语境和针对性,实际上他们基本认同于调和汉、宋潮流,且在
考据研究中兼治义理",此说或可再商。因为叶、章等人确实"在考据研究中兼治
义理",但并非"基本认同于调和汉、宋潮流"。对于陈澧调和汉宋的思想,即便有
"特定的语境和针对性",恐怕也不能接受,这从他们对陈澧的批评中即可见"调
和汉宋"与"不分门户"分歧之所在。见罗检秋:《清末正统汉学家的学术二重
性》,朱诚如、王天有主编:《明清论丛》第六辑,紫禁城出版社2005年版。

104 113 叶德辉:《輶轩今语评序》,《翼教丛编》卷四,上海书店出版社2002年版,第
70、71—72页。

105 《罗大令来书》,《郋园书札》附,王逸明主编:《叶德辉集》第1册,学苑出版社
2007年版,第330页。

106 叶德辉:《答罗敬则大令书》,《郋园书札》,王逸明主编:《叶德辉集》第1册,学苑
出版社2007年版,第330页。

107 108 详见叶德辉:《与罗敬则大令书》,《郋园书札》,王逸明主编:《叶德辉集》第
1册,学苑出版社2007年版,第331—332页。

109 刘肇隅:《郋园书札叙》,《郋园论学书札》卷前,王逸明主编:《叶德辉集》第1册,
学苑出版社2007年版,第313页。

110 叶德辉:《经学通诰》,长沙:湖南省教育会,民国四年(1915),第2—3页。

111 罗检秋已观察到,叶德辉等人"对康有为等今文家颇多讥刺,对调和汉、宋者陈澧

也有微辞,但均有特定的语境和针对性",但罗先生论述重点不在此处,故未及展开论说。详见罗检秋:《清末正统汉学家的学术二重性》,朱诚如、王天有主编:《明清论丛》第六辑,紫禁城出版社 2005 年版,第 372 页。

112　叶德辉:《与罗敬则大令书》,《郋园书札》,王逸明主编:《叶德辉集》第 1 册,第 331—332 页。

114　张晶萍也认为,叶德辉之意在提示"后人治学应各取其长,各去其短,而不应折衷异同,充当调人",但对于叶氏责难康、梁等人的另一指向,似未注意。详见张晶萍:《从〈翼教丛编〉看叶德辉的学术思想》,《湖南大学学报(社会科学版)》2004 年第 4 期。

115　116　章太炎:《訄书·清儒》,《章太炎全集》(三),上海人民出版社 1984 年版,第 159 页。

117　章太炎:《菿汉微言》,《菿汉三言》,辽宁教育出版社 2000 年版,第 61 页。

118　121　刘师培:《汉宋学术异同论》,《刘申叔遗书》上册,江苏古籍出版社 1997 年版,第 541 页。

119　刘师培:《清儒得失论》,《刘申叔遗书》下册,江苏古籍出版社 1997 年版,第 1539 页。

120　刘师培、章太炎二人在这些思想上如此接近,考虑到刘之文章刊于 1907 年六月八日的《民报》第十四号,此时章太炎尚任《民报》主编之职,不知二人之间可有影响? 俟考。

122　该文的具体刊载时间,参见陈奇:《刘师培年谱长编》,贵州人民出版社 2007 年版,第 387 页。

123　刘师培:《理学字义通释序》,《刘申叔遗书》上册,江苏古籍出版社,1997,第 460 页。

124　邓实:《国学今论》,《国粹学报》第一年第五号,1905—5—12,第 2 页。

125　皮锡瑞:《今文尚书考证》卷十五,中华书局 1989 年版,第 322 页。

126　皮锡瑞:《经学通论·书经》,中华书局 1954 年版,第 104 页。

127　皮锡瑞:《今文尚书考证·凡例》,中华书局 1989 年版,第 6、7—8 页。

128　《皮鹿门学长南学会第七次讲义》,《湘报》第三十七号,光绪二十四年三月廿八日(1898—4—18)。

129　房玄龄等:《晋书·刘兆传》,中华书局 1974 年版,第 2350 页。

130　见朱彝尊:《经义考》卷一七四，中华书局 1998 年版，第 899 页。

131　黄震:《黄氏日钞》卷三十，《景印文渊阁四库全书·子部》第 707 册，台湾商务印书馆 2008 年版，第 839 页。

132　朱彝尊:《经义考》卷二百二，中华书局 1998 年版，第 1036 页。

133　黄宗羲:《顾梁汾书》，沈善洪主编:《黄宗羲全集》（增订本第十册），浙江古籍出版社 2005 年版，第 212—213 页。

134　钱谦益:《杭州黄鹤山重建永庆寺记》，钱曾笺注、钱仲联标校:《钱牧斋全集》第二册，上海古籍出版社 2003 年版，第 1108—1109 页。

135　阎若璩:《言朱子于古文犹为调停之说》，《尚书古文疏证》下册，上海古籍出版社 2010 年版，第 601—602 页。

136　全祖望:《原命》，《鲒埼亭集外编》卷四十八，朱铸禹:《全祖望集汇校集注》中册，上海古籍出版社 2000 年版，第 1799—1801 页。

137　朱珪:《礼笺序》，金榜:《礼笺》，续修四库全书编委会编:《续修四库全书·经部》第 109 册，上海古籍出版社 2002 年版，第 1 页。

138　章学诚:《朱陆》，《文史通义》上册，中华书局 1985 年版，第 262 页。

139　江藩:《国朝宋学渊源记》卷上，《国朝汉学师承记》，中华书局 1983 年版，第 153 页。

140　吊诡的是，江藩虽在此处振振有词，可众所周知正是其撰写的《国朝汉学师承记》、《国朝宋学渊源记》严分汉、宋学门户，甚至在汉学内部不承认顾炎武、黄宗羲的位置，从而引起偏重宋学人物方东树的激烈反弹，著《汉学商兑》以驳之。汉学、宋学的门户之见，乾嘉时期或存于学人心中，即便有论，也多只言片语，抑或如姚鼐对戴震那样发牢骚以泄愤。而江藩、方东树二人之间这场以专著的形式进行的未能正面交锋的争论，使得汉、宋之争被彻底摆上台面，但同时也蕴含着双方必然的改变。

141　汪喜孙在给江藩所写书信中称自己打算将顾炎武、戴震、钱大昕、程瑶田、凌廷堪、洪榜、阮元、许宗彦、焦循等人的学行集为一书，闻江氏刊有《宋学师承记》，便索寄一部。见汪喜孙:《与江郑堂先生书》，杨晋龙主编:《汪喜孙著作集》中册，台北:"中央研究院"文哲所 2003 年版，第 415 页。

142　汪喜孙:《汉学师承记跋》，《国朝汉学师承记》，中华书局 1983 年版，第 134 页。

143　廖平:《今古学考》，李耀仙主编:《廖平选集》上册，巴蜀书社 1998 年版，第 69 页。

144　郑珍:《调人》,《巢经巢经说》,续修四库全书编委会编:《续修四库全书·经部》
　　　第 176 册,上海古籍出版社 2002 年版,第 526 页。

145　林昌彝:《调停议》,《林昌彝诗文集》,上海古籍出版社 1989 年版,第 255—
　　　256 页。

147　阮元校刻:《十三经注疏》上册,中华书局 1980 年版,第 16 页。

148　陈澧:《复刘叔俛书》,《东塾集》卷四,黄国声主编:《陈澧集》第一册,上海古籍出
　　　版社 2008 年版,第 167 页。

150　陈澧:《复王倬甫书》,《东塾集》卷四,黄国声主编:《陈澧集》第一册,上海古籍出
　　　版社 2008 年版,第 162 页。

151　陈澧:《自述》,《东塾读书记》卷首,黄国声主编:《陈澧集》第二册,上海古籍出版
　　　社 2008 年版,第 10—11 页。

152　胡锡燕:《汉儒通义跋》,黄国声主编:《陈澧集》第五册,上海古籍出版社 2008 年
　　　版,第 246 页。

153　黄式三:《光绪九年浙江书局刻本黄式三〈论语管窥〉叙》,《论语后案》,凤凰出版
　　　社 2008 年版,第 547 页。

154　黄式三:《光绪九年浙江书局刻本黄式三〈论语后案〉自叙》,《论语后案》,凤凰出
　　　版社 2008 年版,第 552 页。

155　皮锡瑞:《经学历史》,中华书局 1959 年版,第 341 页。

156　柳诒徵演讲,赵万里、王汉笔记:《汉学与宋学》,东南大学、南京高师国学研究会
　　　编:《国学研究会演讲录》(第一集),上海商务印书馆 1924 年版,第 90 页。

157　杨树达:《平江苏厚庵先生墓志铭》,《积微居诗文钞》,上海古籍出版社 2006 年
　　　版,第 86 页。

158　张循:《汉学内部的“汉宋之争”:从陈澧的“汉宋调和”看清代思想史上“汉宋之
　　　争”的深层涵义》,台北:《汉学研究》2009 年第 4 期。

160　黄以周:《示诸生书》,《儆季杂著·文钞四》,第 14—15 页。

162　尚小明:《清代士人游幕表》,中华书局 2005 年版,第 264 页。

163　吴翊寅:《叙目上》,《易汉学考》卷一,光绪癸巳(1893)广州刻本,第 1—3 页。

164　唐文治:《读焦氏孟子正义》,《南菁讲舍文集》文三,第 5 页。

165　黄以周:《胡君莅庵家传》,《儆季所著书五种·文钞六》,第 15—16 页。

第 五 章

排斥与吸纳:晚清汉学与今文经学

汉学与今文经学的关系,是比较复杂的一个学术命题。汉学是否包含今文经学,自晚清以降就有不同观点。本章所说的汉学,不含今文经学。乾嘉及其后的汉学家,治经所据为古文经,故关于汉学与今文经学的关系,也主要是古文经学与今文经学的关系。

一 争论与排斥

在晚清时期,汉学家与今文经学家存在着一定的排斥性,彼此有相互否定的一面。二者之间这种排斥与否定,原因是有多方面的,概括说来,主要是学术观点的差异和政治倾向的不同。

今文经学通过乾嘉时庄存与、刘逢禄等人的努力,已经逐渐复兴,在道光时期逐渐形成了所谓常州今文学派。庄、刘等人发挥《公羊》学说,为"大一统"的政治目的而摇旗呐喊。龚自珍虽从刘逢禄习今文经学,但更注意运用今文经学"经世",所以他特别表彰《公羊》"三统"、"三世"的思想。他说:"古之王者存三统,国有大疑,匪一祖是师,于夏于商,是参是谋。"[1]他讲据乱、生平、太平三世,提出了带有进化色彩的社会发展观。他还对古文经表示不满。刘逢禄曾指责刘歆窜易《左传》,龚自珍承接这个思路,"于《左氏春秋》,审为刘歆窜易显然有迹者,因撰《左氏决疣》"。至于古文经的另一部重要典籍《周礼》,他同样指斥刘歆作祟,认为"《周礼》晚出,刘歆始立。刘向、班固灼知其出于晚周先秦之士掇拾旧章所谓,附之于《礼》,等之于'明堂、阴阳'而已。后世称为经,是为述刘歆,非述孔氏"。[2] 他不但对古文经学进行批判,还从今文经学的立场,对经学中颇有争议的地方,提出自己的看法。如其《太誓答问》诸篇,对《太誓》为后得之说提出质疑,他认为"孔安国既上古文五十五篇,而秘府取民间本《太誓》合并数之,兼三事言,因曰五十八矣"[3],故今文《尚书》二十九篇中,并没有《太誓》。

　　魏源和龚自珍一样,基本取今文经的立场。他对汉学家戴震、段玉裁等都有过一些攻击的言辞。他从"辅道"的角度立论,认为汉学无益,惟西汉今文之学,才能"承七十子微言大义",他说:

　　　　今世言学,则必曰东汉之学胜西汉,东汉郑、许之学综六经。呜呼!二君惟六书、三《礼》并视诸经为闳深,故多用今文家法。及郑氏旁释《易》、《诗》、《书》、《春秋》,皆创异门户,左今右古。其后郑学大行,骚淫遂至《易》亡施、孟、梁丘,《书》亡夏侯、欧阳,《诗》亡齐、鲁、韩,《春秋》邹、夹,《公羊》、《穀梁》半亡半存,亦成绝学,谶纬盛,经术卑,儒用绌。晏、肃、预、谧、赜之徒,始得以清言明理并持其后,东晋梅赜伪古文《书》遂乘机窜入,并马、郑亦归于沦佚。西京微言大义之学,坠于东京;东京典章制度之学,绝于隋、唐;两汉故训声音之学,熄于魏晋;其道果孰隆替哉?[4]

魏源赞今文经说,否认"东汉之学胜西汉"的看法,因为今文经学

"以经术为治术"，能够"通经致用"，而古文经学"以故训音声蔽小学，以名物器服蔽三《礼》，以象数蔽《易》，以鸟兽草木蔽《诗》，毕生治经，无一言益己，无一事可验诸治者乎"？[5] 则治经的目的，要在能"验诸治"。西汉今文经学讲微言大义，能够"贯经术、政事、文章于一"。故他对庄存与复兴的今文经学十分推重，认为其学乃"真汉学"[6]。

为"发明西汉《尚书》今、古文之微言大谊，而辟东汉马、郑古文之凿空无师传"，魏源撰《书古微》，认为伏生《尚书》二十九篇，乃今文经学，欧阳、夏侯两家曾从其学。孔安国得《古文尚书》四十五篇，较今文多十六篇，孔氏以今文读之，是为古文经学。但孔安国曾问学于欧阳生习今文经，故今古文学实为一家，魏源认为其"大同小异不过十一，初非判然二家"。但后来马融、郑玄所注解的《古文尚书》，魏源认为并非如一些经师所言乃真古文，他开列五例，斥马、郑说之非，指出今、古文"厄于东汉马、郑之臆说"，"全赖有《史记》、《汉书》及伏生《大传》残本，《汲冢周书》佚本三者"，古说"至今存什一于千百，而微言大谊绵绵延延，竟能回千钧于一发，使古谊复还"。[7] 今文经不但能够发覆"古谊"，魏源认为其微言可经世，特别是"通三统"、"张三世"的《公羊》学说，更值得深研。他说：

> 太史公作《五帝本纪》，列皇帝、颛顼、高辛、尧、舜，而不数少昊氏。斯义也，本之董生论三统，孔子论五帝德，《国语》柳下惠论祀典。盖少昊氏之衰，九黎乱德，颛顼修之，故柳下、孔子、董生、太史公论列五帝，皆桃少昊一代于不言，视《月令》郯子所论，识殊霄壤。此正统本于三统之名微，岂徒胪列记载，体同胥史，遂并董狐乎？[8]

魏源对三统、三世之说有比较详细的论述，他批驳东汉古文经学于经义微言无所阐发，力倡西汉今文经学。

邵懿辰崇今文而薄古文。他批评说：

> 今自乾隆、嘉庆以来，六七十年之间，学者以博为能，以复古为高，矜名而失实，务劳精疲神，钩考众家笺疏之说，下至官车制度、六书假借、碑碣盂鼎之铭识，而广为之证。凡传注之出于宋儒者，概弃不录，曰：吾以崇汉而已。其徒相与号曰汉学。噫！此岂异夫立熟食火化之世，而追茹毛饮血之俗；挽碣石入海之河流，而反诸大伾龙门以上哉。不唯骂讥吐弃，于宋儒无毫发之损；亦且推崇奖许，于汉儒无涓埃之益。[9]

他认为汉学这种"考证训诂之学，内不本身心，外不可推行。于时虚声慕古，古籍愈出，而经愈裂"[10]，对治经问学，有负面作用。

邵懿辰对汉学的批评态度，还集中体现在其所著《礼经通论》一书中。邵氏反驳古文学派所言孔壁《逸礼》多《礼经》三十九篇的观点，他说：

> 汉初，鲁高堂生传《礼经》十七篇，五传至戴德、戴圣，分为大戴、小戴之学，皆不言其有阙也。言仅存十七篇者，后人据《汉·艺文志》及刘歆《七略》，因多《逸礼》三十九而言耳。夫高堂、后苍、二戴、庆普，不以十七篇为不全者，非专己而守残也，彼有所取证，证之所附之记焉耳。[11]

邵懿辰认为后世太过尊信刘歆《七略》中《礼经》的次序，反而置得《礼经》真传的戴德、戴圣之本于不顾，殊为不当。他还认为不应该崇信古文经学的重要典籍《周礼》，因为"《周官》大体，本亦周公所作，特久而后出，疑有周代后王损益及为后人所窜乱者"[12]。他承认《周官》为周公所作，但经过后世的窜乱之后，已非原来面目。

古文《逸礼》多三十九篇之说不可信，应该恢复《仪礼》为《礼经》，而所据的次序，当为戴德之《大戴》本，这是邵懿辰今文经学的重要思想。

晚于龚自珍、魏源的廖平，一生经学思想多变，在前三次变化中，基本以尊今文为主。其《辟刘篇》、《今古学考》等著作，着重阐发其今文经学观点。廖平认为，今文经只有《韩诗外传》、《大戴礼》、《小戴礼》(即《礼记》)、《庆礼》(即《仪礼》)、《公羊春秋》、《穀梁春秋》尚留存其书，而《杨氏易》、《施氏易》、《孟氏易》、《梁丘氏易》、《京氏易》、《高氏易》、《欧阳尚书》、《大小夏侯尚书》、《鲁诗》、《齐诗》、《韩诗》(本经)、《今孝经》、《今论语》等皆已在魏晋间亡佚。古文经数量不多，惟《费氏易》、《孔氏古文尚书》、《毛诗》、《周礼》、《左氏春秋》、《古孝经》、《古论语》诸家，但除费《易》、《古文尚书》亡佚外，其余均得以保存。廖平认为今学"浸微"，古学难辞其咎，"盖今学盛于西汉，至于哀、平，古学乃兴，以后皆古学弟子，故今学浸微。魏晋之后，今经遂亡"。廖氏并指责郑玄对今学之亡，有不可推卸的责任，他说：

> 郑注古学，兼采今学，今学之亡，郑氏之过也。[13]

康有为本从朱次琦治古文经，在受到廖平著作的影响之后，逐渐转治今文经学。反映他今文经学思想的重要著作，是《新学伪经考》。在这部书中，康有为极力抨击古文经学，认为西汉经学并无古文，古文皆为刘歆伪造，而刘歆之所以要伪造这些古文，主要是帮助王莽夺政，予其理论上的支持，故此所谓古文经，实际上离经叛道，掩盖了孔子经义的本旨。康有为的说法，把千余年所尊奉的经典进行了鞭挞，对人们思想的冲击十分强烈。

康有为反对古文经十分激烈，他不但认为古文经出于刘歆伪

造,连那些钟鼎彝器都是刘氏伪造。他说:

> 刘歆之伪经,既造伪文,又伪钟鼎、伪简册以实之。藉中秘之力,以抑外学之愈陋,惟同时学者知之。传之百数十年,钟鼎、简册益加古泽,使仆今日幸列校书,遇此异学,亦必为惑。故虽在李育、何休,亦只攻左氏之义,不能攻其伪,何况马、郑之笃信古文者乎?[14]

康有为认为与刘歆同一时代的学者,无论宗今文的何休抑或宗古文的郑玄、马融等人,都未能明了刘歆作伪之事,他自己因为身处后世,所以能够将其看穿。

康有为还对汉学家只讲训诂名物,忽略孔子大义的做法,提出批评。他说:

> 今日之害,于学者先日训诂,此刘歆之学派。用使学者碎义逃难,穷老尽气于小学,童年执艺,白首无成。必扫除之,使知孔子大义之学,而后学乃有用……若一格以古学,则穷读两部《皇朝经解》,已非数年不能,而于孔子之大义尚无所知……欲其成学,岂不难哉?[15]

《清经解》及《清经解续编》,以搜罗清代汉学家解经著作为主,康有为认为两书乃皇皇巨著,穷读已非易事,而且即便能够穷读,对孔子大义仍不能知,因而这种治学方法并不可取。

除了批评刘歆外,康有为还认为郑玄乃刘歆帮凶,正因他混合今古学,才使得今学灭亡千余年。他说:

> 国朝顾、阎、惠、戴诸人用功于汉学至深,且特提倡以告学者,然试披其著述,只能浑言汉学,藉以攻朱子,彼何尝知今古之判若冰炭乎? 不惟不知其判若冰炭,有言及今古学之别乎?

> 夫两汉之学,皆今学也。自郑君混一今古之文,而实以古文为
> 主,魏、晋之博士皆易以古学,而今学遂亡。[16]

在康氏看来,清初以降的汉学名家,虽然用功至深,但并不能清晰分别两汉今古之学,而只能"浑言汉学",对于郑玄混用今古致今学逐渐衰亡这一事实,也没有引起足够的注意。而今文学家"乃能以《繁露》、《白虎通》解《公羊》,始为知学。则今学熄灭废绝二千年,至数十年间乃始萌芽,所谓穷则反本也"。[17]

如果说《新学伪经考》一书还是一部以学术思想为主的著作的话,那么稍后的《孔子改制考》则带有政治的意味。在《孔子改制考》中,康有为认为六经均为孔子表述自己理想制度的著作,孔子是托古改制的先圣。特别是《公羊传》保留的孔子"通三统"、"张三世"的微言大义,后世更当奉为圭臬。

康有为著《新学伪经考》、《孔子改制考》两部书的思路是:

> 先辟伪经,以著孔子之真面目;次明孔子之改制,以见生民未有;以礼学、字学附之,以成一统;以七十子后学记续之,以见大宗。辑西汉以前之说为《五经》之注,以存旧说,而为之经;然后发孔子微言大义,以为之纬。[18]

康有为的思想是比较有体系的,在对当时中国的学术与社会现实给予批评的同时,能够提出比较完整的维新方案,有破有立。

对于今文学家的治学观点和方法,宗古文者也予以批评。张之洞曾说,他"平生学术最恶公羊之学,每与学人言,必力诋之,四十年前已然,谓为乱臣贼子之资。至光绪中年,果有奸人演《公羊》之说以煽乱,至今为梗。"[19]可见他对《公羊》学的排斥。张之洞还作《学术》诗来表明自己对今文经的态度,诗云:

> 理乱寻源学术乖,父雠子劫有由来。刘郎不叹多葵麦,只

恨荆榛满路栽。[20]

诗中的"刘郎"是指刘逢禄。张之洞自注其诗说：

> 二十年来，都下经学讲《公羊》，文章讲龚定庵，经济讲王安石，皆余出都以后风气也，遂有今日。伤哉！[21]

对于《公羊》学，张之洞是很不满的，他认为讲《公羊》后，流弊丛生，应当尽力"防弊"。他认为："群经简古，其中每多奥旨，异说或以篇简摩灭，或出后师误解。汉兴之初，曲学阿世冀以立学，哀、平之际，造谶益纬，以媚巨奸，于是非常可怪之论益多……而说《公羊春秋》者为尤甚……演其余波，实有不益于今之世道者，如禁方奇药，往往有大毒，可以杀人。"所以，"诸经之义，其有迂曲难通纷歧莫定者，当以《论语》、《孟子》折中之。"[22]张氏视《公羊春秋》多非常可怪之论，解经之说无益于世道人心，十分恶劣，甚至"有大毒，可以杀人"，可见他对以《春秋公羊传》为首的今文经批判之激烈。

叶德辉主古文经学，他认为《周礼》分官治事，当为今世所用。《左传》褒贬微谊，皆强于《公羊》等离经之说。他斥责康梁等人的学说对中国固有的教化纲常，危害甚大，"海内不学之士可以文其固陋，不轨之徒可以行其党会。其始倡言变法以乱政，其继阴乘变法而行教。……其徒日繁，乃相率而鸣于众曰'康学'……假素王之名号，行张角之秘谋"[23]。对"刘歆造伪经"之说，叶德辉反驳说：

> 以《周礼》为刘歆伪撰，宋儒胡五峰之言也，朱子已驳之。近世万充宗、方望溪之徒扬其颓波，康有为又拾万、方之唾余，以为"新学"、"伪经"之证。其本旨只欲黜君权，伸民力，以快其恣睢之志，以发其傺侘不遇之悲。[24]

　　叶德辉不喜《公羊》、《穀梁》,认为三《传》中惟《左氏传》能纪实,且于圣人笔削褒贬之心可以因事证明得其微旨。对于刘逢禄《左氏春秋考证》"《春秋》非记事之书,不待左氏而后明"的说法,叶氏认为"此言最谬"。他说:

> 当夫子之时,各国史记尚在,自不待左氏而后明。及数十年后,设无记事之书,何以考其是非得失?[25]

　　叶德辉还认为,《公羊》学之所以在西汉兴盛,是因"公羊家用心至巧,其牵合图谶,以为《春秋》因汉制而作,既足以结人主之心而箝古学之口,又书短而易习,义浅而易推",便于人们取巧,于是"弟子徒众布在朝列,其时父以是诏其子,师以是传其弟",盛极一时。[26]而《左传》,文烦义重,立学又迟,其学徒亦知依附时君,已落《公羊》之后。但《左传》之学却能不绝若缕,可见《左传》自有其不可替代的优点。所以他说:

> 苟非卓然有以自立,其不为《公羊》所夺者几希矣。譬如今日功令,以四书文取士,而一二好学深思之士,或治经,或治史,穷年累月,置干禄之事而不顾,安得不谓之志士?[27]

　　晚清今文经学家主张《春秋》所重在于义,而《左传》长于记事,故斥《左传》申《公羊》。叶德辉则认为以治经而论,传记远重于口说。他指出,口说多出于后学之传述,托之传闻,失多而得少;传记多出于及门之载笔,得多而失少。口说经数传,本不免传闻之误,失其本旨。而且,"同一今文家言,而《公》与《穀》异"。如《春秋》"哀公十四年'西狩获麟'传,《公羊》以为记异,谓麟非中国之兽;《穀梁》以为其不言来,不外麟于中国;其不言有,不使麟不恒于中国。此篇终一义,口说亦如此相反,岂可谓之错置乎"?[28]正因为今文经说多传自口说,乖误较多,故会出现同为今文,却对经有相悖解释的现象。

李慈铭学宗汉学,他对今文家好以《公羊》为高论,攻击《左氏传》、《榖梁传》的情况表示不满,他说:

> 近日经学大师,硕果不存,间有隽异之士,又好为高论,标举《公羊》,攻击《左氏》,兼及《榖梁》,昧是非之公,涉蹈虚之弊。独稽中宿彦,如李次白氏之《左传贾服解辑述》、钟子勤氏之《榖梁补注》,皆潜心考索,纷纶古谊。道光以后所出之书,以二书为巨擘。[29]

李慈铭的这篇序文,大约撰于光绪五年(1879)。从中可知,李氏认为从道光以来,治《春秋》之书,唯李贻德《春秋左传贾服注辑述》、钟文烝《春秋榖梁经传补注》为善,而治《公羊》者"昧是非之公,涉蹈虚之弊",对学术当无助益。

李慈铭还对攻击郑玄之风不以为然,甚至以其"为宋学助之攻"。他说:

> 说经之家,昭代为盛,乾嘉之际,硕儒辈兴,间已前无古人,后无来者。然至刘申甫、臧在东、陈硕甫诸先生出,拾遗补阙,其学愈密。而尊奉西京,藉薄东汉,颇诋康成,以信其说。故孙伯渊氏谓:"近来学者,好攻郑氏,其患不细。"盖孙氏同时,若程易田氏、焦里堂氏,皆喜与郑为难,而段懋堂承其师传说,亦有违言。卒之,姚姬传、陈硕士辈,借端排毁,经学遂微。不及卅年,澌灭殆尽。好高之过,其弊至此。
>
> 弟尝谓郑氏遍注六经,数百万言,既繁且博,自难并绝小疵,又时习谶纬。朝廷所尊,狃于闻见,间一援引,以晓愚蒙,不得为过。著述既多,门徒益盛,复不免假托师说,杂糅其间,故或先后不同,从违不一。后儒挟私寻衅,于江河之大,求泥

沙之微,固无有不得者也。庄珍艺有言:"汉学之存于今者,
苟有一字一句之异同,要当珍若拱璧。"弟常心佩,以为名言。
至如孙氏之注《书》,酷信纬学,刘氏之说《春秋》,尊之《公
羊》,力申黜周、王鲁、三统之义,谓夫子借以行天子事。庄氏
谓《夏小正》即《连山易》,改其名为《夏时明堂阴阳经》。此
皆意过其通,惊世骇俗,反为宋学助之攻矣。[30]

从这段话可以看出,李慈铭认为自嘉道间学界渐有诋郑玄之风,而
后来"经学遂微",此风气有其责任。李氏又为郑玄辩护,认为郑
氏遍注群经,难免瑕疵,今日儒者当奉汉代京师之言为拱璧,怎能
轻启攻驳之辞? 庄述祖之说,更是"意过其通,惊世骇俗,反为宋
学助之攻矣"。可见李氏对今文经学家治学思路的不满。不特对
清儒治今文经学者不满,对于《公羊》家尊奉的祖师何休,李慈铭
之批驳更为不遗余力。何休撰《春秋公羊传解诂》,题写"何休
学",李慈铭对此嗤之以鼻。他认为,"汉曰某氏学者,谓此经师弟
传授,有此一家之学也",而何休"此书不过考据杂文,且有代人酬
应无聊短篇,而竟题其书曰'何氏学',则真妄而不通矣"![31]

朱一新治学不分汉宋,难以归入纯然的宗汉学者中,但他治学
"平澹",力主实事求是。朱氏曾批评刘逢禄《左氏春秋考证》"多
专辄之词,深文周内,窃所不取。"[32]而他对康有为《新学伪经考》一
书中的不少观点,亦难苟同。康有为在《新学伪经考》中认为,秦
焚书后六经未曾亡缺,朱一新则认为:

夫谓秦未焚书者,特博士所藏未焚耳,《始皇本纪》所载
甚明。其黥为城旦者,以令下三十日为限,限甚迫矣。偶语
《诗》《书》,罪且弃市,则设有抗令弗焚者,罪恐不止城旦。史
文弗具,未可以是而疑秦法之宽也。

当史公时，儒术始兴，其言阔略，《河间传》不言献书，《鲁共传》不言坏壁，正与《楚元传》不言受《诗》浮丘伯一例。若《史记》言古文者皆为刘歆所窜，则此二传乃作伪之本，歆当弥缝之不暇，岂肯留此罅隙以待后人之攻？足下谓歆伪《周官》，伪《左传》，伪《毛诗》、《尔雅》，互相证明，并点窜《史记》，以就己说，则歆之于古文，为计固甚密矣，何于此独疏之乎？[33]

朱一新同样看到了《河间献王传》和《鲁共王传》中并无献书、坏壁等事，这也正是康有为大悟之所据。但朱一新认为两事其实并无甚惊奇处，因为《楚元传》中亦不曾言受《诗》于浮丘伯一事，然并不能遽然否认之。故康有为视为洋洋自得之大发现处，在朱一新看来则不过一寻常史例而已。

对于康有为刘歆伪造古文说，朱一新反驳道：

足下谓今文之与今文，古文之与古文，皆同条共贯，因疑古文为刘歆所伪造。夫古文东汉始行，本皆孔氏一家之说，岂有不同条共贯之理？若今文固不尽同，西汉立十四博士，正以其说之有歧互也。……今文家言传者无多，自东汉时师法已乱，其仅存者乃始觉其同条共贯耳，岂西汉诸儒之说，果如斯而已乎？西汉之有家法，以经始萌芽，师读各异。至东汉而集长舍短，家法遂亡，由分而合，势盖不能不如此。儒者治经，但当问义理之孰优，何暇问今古文之殊别。近儒别古文，特欲明汉人专家之学，非以古文为不可从，必渐灭之而后快也。古文果不可从，马、郑曷为从之？马、郑而愚者则可，苟非甚愚，岂其一无所知，甘受人愚而不悟？刘歆之才识视马融等耳，足下何视歆过重，至使与尼山争席，视马、郑过轻，乃村夫子不若乎？且足下不用《史记》则已，用《史记》，而忽引之为证，忽斥之为伪，意为进退，初无确据。是则足下之《史记》，非古来相传之《史记》矣。凡古今学术偏驳者，莫不持之有故，言之成理，不然，聪明之士安肯湛溺乎其中，愈聪明则愈湛溺？差之毫厘，缪以千里，故君子慎微。[34]

在朱一新看来，"儒者治经，但当问义理之孰优，何暇问今古文之殊别"？追求圣人大义，从经文中探求义理，这是治经的根本目的。而像康有为这样晓晓于今古文之别，而不去重视治经的根本问题，是朱一新所不能满意的。同样让朱一新不能满意的，是康有为治学的方法。他认为康氏"不用《史记》则已，用《史记》而忽引之为证，忽斥之为伪，意为进退，初无确据"，摇摆不定，胸无准绳，前后自相矛盾，非为朴学做法。朱一新还指出：

《毛诗》废矣，《鲁》、《韩》之简篇残佚，可使学者诵习乎？欲废《左传》，然《左传》废矣，《公》、《穀》之事实不详，可使学者悬揣乎？[35]

也就是说，《毛诗》、《左传》较诸今文《鲁诗》、《韩诗》和《公羊传》、《穀梁传》，更为完整，故不能废止。

章太炎是晚清古文学大家，他对今文经学所作的批评十分值得重视。对于嘉道年间的今文学家，章太炎认为魏源在经学方面并不懂得师法略例，且不通小学，其学说实杂乱无章。而龚自珍虽稍知书，但以文章博时名，后来者受其影响，舞文弄墨，文风淫丽，未能耽于学问。[36]

章太炎自称在光绪十七年（1891）时，"始分别古今文师说"[37]。而这一年，康有为《新学伪经考》也正好刊行于世。恪守古文的章太炎不可避免地要针对康有为的著作以及今文经说作出回应与批判。

　　章太炎在初看到康有为《新学伪经考》之时,曾试图著书辩驳,但仅成驳议数十条而已,且多"琐屑之谈,无预大义"[38]。后来他撰《春秋左传读》、《驳箴膏肓评》等书,才开始真正驳难刘逢禄等今文家,但并不十分成功。大概在光绪二十五年(1899)之后,章太炎对《春秋》的学术思想,逐渐成形,对康有为、廖平、皮锡瑞等人的今文说提出较多的批评。

　　康有为在戊戌以后,撰写《中庸注》、《论语注》等书,继续宣讲其"三世"之论。他认为,在据乱、升平、太平三世之"每世之中,又有三世焉。则据乱亦有乱世之升平、太平焉,太平世之始,亦有其据乱、升平之别。每小三世中,又有三世焉,于大三世中,又有三世焉。故三世而重之,为九世,九世而三重之,为八十一世。展转三重,可至无量数,以待世运之变,而为进化之法"[39]。章太炎认为,康有为虽喜讲"三世",但其说并不准确,"察《公羊》所说,则据乱、升平、太平于一代而已矣。礼俗变革,机器迁讹,诚弗能于一代尽之"[40]。也就是说,三世实为一代,与"三统"之三代并不相同,康有为常常混用,是不对的。虽然章太炎与康有为在某个时段里的政治见解有相近的地方,但章氏承认:"古今文经说,余始终不能与彼合也"。[41]

　　针对廖平《经话》、《古学考》等书,章太炎撰《今古文辨义》与之商榷。章氏对廖平的观点进行了总结和"剖释",主要有以下几个方面[42]:

　　其一,孔子与诸经的关系。

　　廖平等今文学家,强调六经乃孔子所作。章太炎则以为,哓哓于群经由谁制作,并不能真正显示孔子作为儒者先师的真正功德。"孔子贤于尧、舜,自在性分,非专在制作也"。孔子修身立言,以为万世儒师,其贤德倍于前人者,主要在于其儒者之"性分",而不是因为他制作了六经。而且若依今文家说,经为孔子作,则经也只是"孔子之经",非尧舜等所据,又何以可据经较孔子与先贤之高下? 更何况在古文家看来,六经是否皆孔子作,还是个大问题。

其二,《左氏》非虚词。

廖平认为《左氏》释经,常"自造事迹,而借其语以加王心"。章太炎则指出,"《左氏》借古义美词以释经",然"所谓古义美词者,皆当世自有其言,特《左氏》缀集以释经耳"。《左氏》文辞虽美,但其事实则无不因实而发,绝非虚词,故不能以《公羊》、《穀梁》比之。至于其何以有此一难,太炎认为"大抵《左氏》以事托义,故说经之处,鲜下己意,而多借他处之义以释之。故其义最为难知"。所以要深知《左氏》之意,惟有洞悉"二百四十年之遗语"方可。但其文中之事,殆非虚也。廖氏见到了《左氏》与《公羊》、《穀梁》之别,观察到世儒为表出《公羊》而明斥《左氏》,却未明斥《穀梁》,洵卓见。但却不见《穀梁》之于《公羊》,其异之多,亦不在《左氏》与《公羊》之别。这不能不说是廖氏之"差池处"。

其三,廖平所谓"今文重师承,古文重训诂"之说,不确。

廖氏根据此说,以为"惟重师承,故不能自为歧说;推重训诂,故可以由己衍释"。太炎指此实"大误"。今文《诗》确有明确师承,但"彼此相非",齐、鲁《诗》甚如仇雠,"相忌克如此,安能恪守师说"? 而且所谓师承,也非必刻板。如果完全以师承来论,太炎以为"则五经只应有五师耳","安得有十四博士乎"? 而古文之训诂,则乃"凿山通道"之功。正因训诂学之功,古文学者左右采获,求得字句之通,"征结尽解",章句义理"豁然塙斯而不可变"。不特如此,训诂既通,然后求经旨大义者,其说才出现诸多异义,相争相辨,经说才会有诸家之变化。这实际上正与今学十四博士说经异义之状况相类。"今古文皆然,何独谓古文不重师承乎"? 章氏更指责廖平訾古文家不守师说,然其自身亦未严守今文师法。

章太炎不但抨击廖平不守师法,连在今文学家中被认为最守师法的皮锡瑞,也受到了章太炎的批评。章氏撰《驳皮锡瑞三书》,反驳皮氏的今文学说。他认为,皮锡瑞《王制笺》、《经学历史》、《春秋讲义》诸书,"乃大诬谬"。《王制笺》以《王制》为素王改制之书,实为荒疏之说。《经学历史》钞疏原委,愚妄滋甚。《春秋讲义》不能守师说,杂糅三《传》,更非今文经之本义。[43]

对于今文学家所宣扬的"经世"之说,章太炎也提出不同的看法。他在《与王鹤鸣书》中说:

> 足下云:儒术在致用,故古文不如今文,朱、陆不如颜、李……仆谓学者将以实事求是,有用与否,固不暇计……近世翁同龢、潘祖荫之徒,学不覃思,徒据摭《公羊》以为奇觚,金石刻画,厚自光宠,然尚不敢言致用。康有为善傅会,媚以拨乱之说,又外窃颜、李为名高,海内始彬彬向风,其实自欺。诚欲致用,不如掾史识形名者多矣。学者在辨名实,知情伪,虽致用不足尚,虽无用不足卑。[44]

章氏曾说,所谓"通经致用,特汉儒所以干禄"[45]耳,所以治学当以"实事求是"为准则,是否致用,则"不暇计"。

今文学家多倡"经世",章太炎认为,"经犹纪也,三十年为一世,经世犹纪年耳"[46]。他还说:

> 自春秋作,十二公始有叙次,事尽首尾,以年月称衔,归之隐括,而文无殆疑,故曰"经世"。经世者,犹云世纪编年矣。[47]

章氏此说确否暂不论,但他对今文家动辄言"经世"着实比较反感。且他以历史的眼光看待经书,确能得出独到的见解。

　　由上可知,汉学与今文经学之间,在学术方面存在诸多分歧,形成较长时期的论争。总括看来,主要是以下几个方面:

　　首先,是刘歆与古文经的关系问题。今文学派大多认为刘歆伪造古文,所以唐以后长期尊奉古文经说,实际上是尊刘而非述孔。古文派则不承认刘歆伪造古文经的说法。刘歆争立古文经博士,遭到汉代今文学者的反对,但时人也不过说刘歆"颠倒五经,毁师法"[48],并没有言及刘氏伪造之事。而康有为《新学伪经考》引《史记》以证刘歆伪造古文,却又斥《史记》中相关记载为伪,自相矛盾,难以自圆其说。

　　其次,是孔子与六经的关系问题。今文学家认为六经乃孔子作,廖平在《古学考》、《群经凡例》等著作中,认为六经为孔子所撰。康有为《孔子改制考》立"六经皆孔子所作考",专申孔子作六经之说。皮锡瑞虽然也认同孔子之后始有六经,但他却审慎地提出孔子乃"删定六经"[49]。但不管是认为孔子之后始有六经之名,还是孔子撰作六经,今文学家多以孔子之前无六经。古文学家认为既然孔子自称"述而不作",怎么能说其写定六经?

　　最后,是治经的方法与指归问题。清代汉学兴起之后,讲求训诂名物,十分注重考据,但末流有琐碎之弊。今文学者认为,治经应该注重讲求微言大义,当以通经致用的实用性为指归,如果执着于饾饤文字、考据枝节,则失去了经学原有的意义。古文学者承接乾嘉汉学,他们仍然主张重视考据训诂,认为只有明了名物训诂,才能真正寻求到经说的微言大义。所以他们反驳今文学者,认为他们断断于所谓的微言大义,但经字音义尚未明辨,又如何可知古人之微谊?

　　王筠曾说:

　　　　顾亭林氏教以实学,而贤士辈出,相与阐明之。及今甫二百年,而其弊已见。后世必有大力者,尽举而反之,亦其势然也。[50]

顾炎武所开之汉学,传至乾嘉而达于高峰。但到王筠之时代,"其弊已见",常有批评之声音。在这种情况下,王筠推测后世必有"大力"者,能够尽举而反之。不意此大力者,即从汉学自身出。早年习古文经学的康有为等人,果然对东汉古文经学"尽举而反之",使得汉学受到剧烈震荡,直至冲击了经学乃至儒学本身,这恐怕又是王筠所不可逆料的。

除了学术方面的论争以外,汉学家与今文经学家之间的论争,还有政治倾向的层面,同样需要仔细解读。

晚清今古文两派政治倾向的不同,在戊戌前后比较明显的表现出来。以康有为为代表的今文派和以张之洞等人组成的古文派,他们彼此之间政治主张的对立,比较集中地表现为要求维新和反对维新。今文经学家多主张开新,要求变法。古文学家和与其观点接近者则多主张守旧,或以渐进的方式来变革社会。故围绕康有为的著作引发的争论,实际上成为一场政治论辩。康有为主张"托古改制",在《上清帝第一书》里面,康有为就提出变法,称若"知旧法之害,即知变法之利",当"妙选仁贤,及深通治术之士,与论治道,讲求变法之宜,而次第行之",则"治可立待"。但如果变法,就必须彻底改变"门堂十重,重重隔绝;浮图百级,级级难通"的陈旧体制,否则"虽良法美意,反成巨害,不如不变之为愈矣"。[51]他阐发"穷则变,变则通"之古训,申说"为政不调,甚者更张,乃可为理"的观点,提出设"议郎"等重要政治设想[52],代表了今文经学家的政治理念。

古文派多希望保持社会现状,他们虽然也比较认可在技术、实业层面作出一些改变,但对变革纲常名教则十分敏感,甚至竭力表示反对。张之洞曾说：

> 不可变者，伦纪也，非法制也；圣道也，非器械也；心术也，非工艺也……法者，所以适变也，不必尽同，道者，所以立本也，不可不一。……所谓道本者，三纲四维是也。若并此弃之，法未行而大乱作矣。若守此不失，虽孔孟复生，岂有议变法之非者哉？[53]

王先谦极力反对维新变法，他认为振兴国祚，要在身体力行，多做实事。他考察日本的明治维新，认为中国当像他们那样，从实业入手，而非徒务虚名。康有为、梁启超等人之说，实为"中国之巨蠹"。[54]叶德辉甚至说：

> 康有为之徒，至欲举天下学问一扫而空，以肆其言佛、言天之事，则其兴今文、崇孔氏，皆假托之词，心迹不如此也。鄙人一日在湘，一日必拒之，赴汤蹈火，有所不顾。[55]

梁鼎芬思想比较保守，他致信王先谦说：

> （时人——引者）崇奉邪教之康有为、梁启超，乘机煽乱，昌言变教，恰有阴狡坚悍之黄遵宪、轻谬邪恶之徐仁铸，聚于一方，同恶相济。名为讲学，实与会匪无异。[56]

这些言论说明，两派之间的政治倾向有明显差异。虽然维新派不尽是今文学派，守旧派也不尽是古文学者，但他们之间的关系展示出晚清学术与政治不可分割的一面。

清末时期，原本在戊戌时期都主张变法，政治立场相近的康有为和章太炎等人，逐渐在"保皇"与"排满"，"改良"与"革命"等问题上出现分歧，今古文学两派也随之产生新的辩难。

章太炎主张排满，他在光绪二十六年（1900）即"解辫发"，表示与清廷决裂。他还对自己曾经"客帝"的幻想进行反思,说:"余自戊、己违难,与尊清者游,而作《客帝》,饰苟且之心,弃本崇教,其违于形势远矣。"如今,"满洲弗逐,欲士之爱国,民之敌忾,不可得也。浸微浸削,亦终为欧美之陪隶已矣"。[57]表现出对国是的忧虑。

与此相对的是,曾经倡言变法的康有为,却始终坚持改良思想,鼓吹保皇保教,甚至不惜对思想有波动的学生加以威胁。他还撰《孟子微》、《论语注》、《春秋笔削微言大义考》等著作,为其学说提供理论支持。光绪二十八年(1902),康有为发表《答南北美洲诸华商论中国只可行立宪不可行革命书》和《与同学梁启超等论印度亡国由于各省自立书》两封信,认为革命自立实为"求速灭亡",立宪则可免于"革命之惨"。[58]这些言论和章太炎的立场是相背离的,故此,两人之间发生争论就不可避免了。

梁启超尊康有为之说,于光绪二十七年(1901)发表《积弱溯源论》,认为中国之所以积弱,错在慈禧太后一人,而与光绪皇帝无关。章太炎得读此文,表示不满,遂撰《正仇满论》以驳之[59],两派争论正式展开。后来,梁启超又提出"新史学"的观念,认为历史应该乃"叙述人群进化之现象而求得其公理公例者也"[60]。章太炎则认为,"所贵乎通史者,固有二方面:一方以发明社会政治进化衰微之原理为主,则于典志见之;一方以鼓舞民气、启导方来为主,则亦必于纪传见之。"从这段话中,可以看出章氏与梁氏思路之不同。更为迥异的是,章太炎是古文经学家,以孔子为"古良史也"[61],将其身份定位为史学家;而康、梁等人尊今文,以孔子为"素王",是政治家的身份。

这个时期,章太炎思想已经十分激进,而康有为还在鼓吹保皇等论调,章太炎站在古文学家立场上,撰《驳康有为论革命书》长

文,倡言排满革命。章太炎提出:

> 公理之未明,即以革命明之;旧俗之俱在,即以革命去之。
> 革命非天雄、大黄之猛剂,而实补泻兼备之良药。[62]

而如光绪皇帝这样"未辨菽麦"的"小丑",并不值得以命相保。章氏还认为康有为既主张《公羊》,可《公羊》主张"复九世之仇",而此恰与当日之反满革命相吻合,康氏既然信奉《公羊》,岂不与此说适相矛盾? 章氏斥康有为"种种谬戾,由其高官厚禄之性素已养成,由是引犬羊为同种,奉猿尾为鸿宝",故对其"向之崇拜《公羊》,诵法《繁露》,以为一字一句皆神圣不可侵犯者,今则并其所谓复九世之仇而亦议之"[63],攻诘康氏甚为彻底。

《驳康有为论革命书》是古文经学家章太炎反对今文经学家康有为的重要文献,集中体现了他用革命反对保皇的思想。此后,两人愈行愈远,走上完全不同的政治道路。

二　认可与吸纳

晚清汉学和今文经学除了相互的批评与排斥之外,彼此也存在认可与吸纳的一面。

乾嘉年间,今文经学逐渐崛起,但其对古文经学并不是一味排斥。刘逢禄虽然严立今古文的区别,著《公羊何氏释例》,"治《春秋》今文之学,有志发挥成一家言"[64],并撰《左氏春秋考证》,认为刘歆附益《左传》,表示对古文经的不满。但他又肯定《毛诗》等古文经书,在一定程度上对古文经学有所接纳。宋翔凤同样为常州今文学派的中坚人物,他崇尚《春秋公羊传》,注重发挥微言大义,也赞同刘逢禄提出的刘歆窜易《左传》之说,但他又和一般的今文学家不同。首先他十分重视小学,曾撰有《小尔雅训纂》,被梁启超称为"走偏锋而能成家"者之一[65],这使其显示出一定的汉学特色。其次他对古文经的看法,更显示出他对古文学说的汲取。如周武王卒年之问题,历来存在争论。司马迁参考《尚书·金縢》篇,于《史记·鲁周公世家》中云:"武王克殷二年,天下未集,武王有疾,不豫。"后在《史记·封禅书》中更明言:"武王克殷二年,天下未宁而崩。"[66]刘歆则认为武王克殷之时,年已八十六,又七年之后去世。宋翔凤认为"案之事理,(今文说)多有龃龉,不如古文家之为当也"[67]。宋翔凤作为今文学家,却也能够采用一些古文学家的观点。

入晚清后,今古文经学之间仍有互为认同的表述。龚自珍素有汉学根柢,曾对江藩著《汉学师承记》有所批评,认为其"名目有十不安"。他对江藩以训诂、义理为标准区分汉、宋之学不能认同,指出"汉人何尝不谈性道"?"宋人何尝不谈名物训诂"?[68]但他并不是真正排斥汉学,他所反对的是汉学疏于义理的一面。对于汉学一脉的古文经学,他也有一定的回护,如在《最录尚书古文序写定本》中,他认为群经中今古文异字的情况颇多,但其著书即"依古文"而定[69]。龚自珍虽然没有专门的经学著作,但他毕竟受外祖父段玉裁之影响,在研经之时遇到问题异同,他采用古文,说明了他学术中吸纳古文学的一面。

廖平治学主今文,对古文经学讲训诂名物而略于义理有所不慊,故严立今、古文门户,并对康有为的今文学思想产生影响。廖氏学术思想嬗变不居,前后有所谓"六译":从混合古今到平分今古是第一变,尊今抑古是第二变,古大今小是第三变,区分人学、天学是第四变,融合天人、大小乃第五变,以《内经》等说解经义,是第六变。这里面,前三变学术特性比较明显,后面的则逐渐有虚妄的倾向,学术思想十分庞杂。廖平虽然以今文经学家面目视人,但他也并非一味排斥古文经学的观点。廖氏自称初对小学并无措意,但科考之时,得读《说文》一书,后以之解科试命题,"大蒙矜赏,牌调尊经书院,文不足言,特由此得专心古学"。[70]廖平不但一度沉于古文学,且有小学方面论著,并有一定建树。如《六书旧义》等,提出了自己的文字学理论。此外,他还撰有《左传汉义补证》、《春秋左氏古经说疏证》等书,吸收马融等东汉古文学家的经说。即便是在今文学著作中,其对古文经也有所采纳。他在《穀梁春秋经传古义疏》"凡例"中说:

> 《左氏》、《公羊》,与《传》同说一经,不须求异,唯汉以后久已别行。今既别解,《公羊》、《左氏》三传,各立门户,不取苟同,务就本传立说。然义本相同,后来误解,因致歧出者,则必化其畛域以期宏通。……《国语》为左氏作,本孔子六艺书说,附会事实而成,为经作传,所谓贤为圣译也。《史记》本纪、世家又本《春秋》谱牒而作,至《左传》、《史记》,说事解经,与《传》异者,皆《左氏》无本,弟子推考而出,其文当全见《左氏说微》中,非《国语》原文也。今除《说微》舛异之外,疏中引用事实者,以《史记》为主,《左》亦间用之。[71]

从这段话中可以看出,廖平对《左传》仍持批评态度,但他疏解《穀梁传》,仍间用《左传》之说,因他认为三《传》虽后来出现"误解"、"歧出"等现象,但其"义本相同",故当努力"化其畛域以期宏通"之。后来民国期间廖平述《春秋三传折中》,认为三《传》同出一源,"无彼此是非之异,宏纲巨领,靡或不同;文字偶殊,不关典要"[72],力图会通《三传》要义,延续了他今古文并采的思路。

今文经学家虽然以讲明微言大义为优长,但他们对汉学家的治学方法也有一定的借鉴。如陈乔枞、陈立、柳兴恩、钟文烝等人,在研治《三家诗》、《公羊传》、《穀梁传》等著作时,便受到了汉学家的影响。

陈乔枞著有《今文尚书经说考》、《尚书欧阳夏侯遗说考》、《三家诗遗说考》、《毛诗郑笺改字说》、《四家诗异文考》等著作,采用汉学家考据的方法考论今文经学,在晚清今文学家中较有代表性。其中,在父亲陈寿祺的基础上编撰而成的《三家诗遗说考》,丰富了对《诗经》的研究。陈寿祺曾"以郑注《礼记》多改读,又尝钩考齐、鲁、韩三家《诗》佚文、佚义与毛氏异同者,辑而未就。病革,谓乔枞曰:'尔好汉学,治经知师法,他日能成吾志,九原无憾矣!'"[73]陈乔枞尊父命,肆力续补该书,内容较其父所纂多出数倍。《三家诗遗说考》十五卷,由《鲁诗遗说考》、《齐诗遗说考》和《韩诗遗说考》三部分组成,每部书前均有《自序》、《叙录》,述各家之源流。该书虽然以今文经为主,但从两个方面体现其吸纳汉学的特色。第一,广搜佚文,审慎钩沉。三家《诗》自宋代王应麟等人以来,已有辑佚著作,但散于古书中的佚文,仍然没有得到充分的搜罗。陈乔枞尽力搜求,且考订审慎,使得该书成为比较完善的本子。第二,对辑佚之文本进行精心的校勘。陈氏十分注重对文本的校勘工作,因为三家诗亡佚甚久,但流传过程中难免有鲁鱼豕亥的情况存在,必须详加校对,才能使得辑本可信。这两个特点,在陈乔枞的其他著作中也是适用的。此外,在《礼堂经说》中,他从《说文》入手,辨别经字,对三《礼》有一定的研究。如《袗袀二字辨》,不但纠正段玉裁改字之非,还能据《礼记》、《左传》等经以证字义[74],带有一定的汉学家色彩。

陈立(1809—1869),字卓人,江苏句容人,是乾嘉时期学者凌曙的弟子。凌曙治今文经,为西汉今文经师董仲舒《春秋繁露》作注，又撰《公羊礼疏》等书。陈立从其游，亦治今文经，著《公羊义疏》七十六卷。不过，陈立又曾师从刘文淇，并撰《白虎通疏证》一书，显现出容纳今古文的倾向。故其《公羊义疏》也并非如一般今文经学者那样重在阐发微言大义，他对于治《公羊》者最关心的"三统"、"三世"之说均不甚措意，而是把重点放在制度礼数的考证疏通之上。如《春秋经》文公十六年云："夏六月，公四不视朔。"《穀梁传》："是后视朔之礼遂废。"陈立引江永《乡党图考》辨正之：

> 自文后视朔之礼亦非尽废，或行或否，故至定、哀时，有司犹不敢去其羊，但不行之日为多，故子贡欲去之。[75]

可见陈立撰这部书，详加征引诸家之说，稍加裁断，可谓多闻阙疑，这其实和汉学研究的精神是相通的。

《穀梁传》也是一部今文经传[76]，但在三《传》研究中，其最不受重视。嘉庆以前清儒治《穀梁》者不多，大体说来，不过许桂林、侯康、柳兴恩几家，且比较好的新疏并未出现。钟文烝撰《春秋穀梁经传补注》二十四卷，足以厕身于清儒新疏之林。这部书在卷首有《论经》和《论传》两文，总括性的介绍了其《穀梁》学的思想，别具特色。在古文经的问题上，钟文烝亦有自己独到见解。他在阐发《穀梁》特色之时，十分注重探究与古文经的关系。郑玄曾以《穀梁》"善于经"[77]，钟文烝承认郑氏此说，并进一步阐发其义，认为"穀梁又有与《毛诗》合者"，而其文句，又与《易经》之《彖》、《象》传相似。[78]钟文烝用汉学的考据方法，融会今古文，探讨经文微义，十分难能可贵。

皮锡瑞以治今文经为主，早年曾受理学熏陶，自称"颇近宋学，亦尝观五子书"[79]，但后来看到汉宋学争端之弊，开始专研两汉学术,并推崇西汉今文经说,他认为,"孔子所定六经,皆有微言大义,自东汉专讲章句训诂,而微言大义置不论,今文十四博士师传中绝,圣经宗旨暗忽不章"[80],所以他要力图恢复孔子之微谊。皮氏虽然严守今文学家法,但在治经的过程中,却积极吸取汉学的治学取向。他十分推重郑玄,著《孝经郑注疏》以疏通郑义。皮氏说:

> 郑君深于《礼》学,注《易》笺《诗》,必引《礼》为证。其注《孝经》,亦援古礼。此皆则古称先、实事求是之义。自唐以来,不明此义,明皇作注,于郑注征引典礼者,概置不取,未免买椟还珠之失,而开空言说经之弊。[81]

皮锡瑞认为"郑君先治今文,后治古文",唐宋学人不明此义,遂使《孝经》郑注渐为不显。故他《孝经郑注疏》,"于郑注引典礼者,为之疏通证明,于诸家驳难郑义者,为之解释疑滞,冀以扶高密一家之学。"[82]而且,即便是康有为,他虽然极力辩驳古文经说,但在宣讲今文说时,还是以汉学考据的方法,撰写《新学伪经考》、《孔子改制考》,以合于彼时学界之习惯。

今文经学重在阐发经义,对蕴涵于经书之内的微言大义十分注目,但如宋翔凤、魏源、陈乔枞、钟文烝等虽治今文经,却也吸收汉学的考据方法,广搜资料并加以罗列排比,之后才断以己意,这和一部分今文学家不讲考证,纯粹发挥经义的取向是不同的。但需要注意的是,虽然某些今文经学家采用汉学的方法,某些汉学家的论点,体现出一些汉学的精神,但其根本上还是为了标立其今文学派,衍展其今文经说服务的,这种根本立意与代表汉学的晚清古文经学终究是截然不同的。

古文经学家是汉学的直接传人,但其中一些学者虽治朴学,对今文经学却也并不敌视,间或采纳一些今文说法,甚至阐发今文经的思想,这是晚清汉学与今文经学之间吸纳与认可的另一面表现。

丁晏治学宗汉学,尊古文经说,但在研治《孝经》之时,却能够平和对待,在考证今《古文孝经》为伪之后,用今文说之,以明原经本旨。他说:

> 自唐初司马贞灼然正古文(指《孝经》古文——引者)之伪,玄宗石台《孝经注》,依用今文十八章定本。……注《孝经》者,无虑数家,而文正公《指解》、华阳先生之《说》,尤为明白正大,粹然儒者之言。惜其误信古文之伪,窜易篇章,增改字句,寖失其真。朱子述汪端明之说,《孝经》古文与《尚书》古文,皆后人伪为,而所撰《孝经刊误》,参用古文今文,未为定论,故《述注》之本,一依今文为训也。[83]

朱熹《孝经刊误》一书,已经明指《孝经》古文与《尚书》古文均为伪作,但参用今古文,未为定论。而丁晏撰《孝经述注》,则完全依照今文之说,摈弃了存疑的古文。

马瑞辰、黄以周、陈倬等人均注意到了古文经“假借”的问题,即古文经多用假借字,而今文经用正字。汉学家多回护古文经,但今文经所用却多为正字,对此,马瑞辰认为可借今文以证古文。此说虽然仍明显站在古文经立场上,但在“经字”这个今古文经的根本问题上借鉴今文,可谓对今文经的最大程度采纳。马瑞辰说:

> 《毛诗》为古文,其经字类多假借,毛《传》释《诗》,有知其为某字之假借,因以所假借之正字释之,而即以所释正字之义释之者。说诗者必先通其假借,而经义始明。齐、鲁、韩用今文,其经文多用正字,经传引诗释诗,亦多有用正字者,正可藉以考证毛诗之假借。……凡此皆传知某字之假借,而因以

所释正字之义释之者也。[84]

黄以周也说:"古文多假借字,……后人任意改经,古文遂灭。"[85]陈奂弟子陈倬,承其师说,崇尚汉学。他治《诗经》之时,比照今文三家与《毛诗》,认为多有互通之处。如关于《诗经》中假借字的问题,他说:

> 《毛诗》用古文,三家《诗》用今文。古文多假借字,《传》每释以本字,而三家亦有此例。如《鲁颂·駉篇》:"以车祛祛。"《毛传》:"祛祛,强健也。"言经义,不言字义。《韩诗章句》则云:"祛,去也。"以"去"释"祛",此以本字释假借字。[86]

陈倬认为,《毛诗》为古文经,"每释以本字",但三家《诗》虽为今文,也有明通转释假借者。而其所举又恰是《毛传》释经义而不及字义,今文《诗》则释以经义之例,这说明今古文《诗》在"字"与"义"的解释问题上,有互相吸取的情况,并非古文经专讲训诂而不及经旨,今文经重经义而忽略对经字的训释。

俞樾是古文经学大家,晚清汉学重镇,但他对《公羊》这部今文经却比较看重,其弟子章太炎甚至称他"治《春秋》颇右公羊氏"[87],而俞樾对《公羊》学也确有一定研究,能够阐发其微旨。俞樾认为,《左氏》乃纪事之书,而《公羊传》则是说经之书。"经者,孔子为万世立素王之法,非为鲁记事也"[88]。因此,《公羊春秋》传孔氏之经,所言礼制为素王之制,非必与鲁史相合。

公羊家善讲微言大义,有孔子改制之说。所谓孔子改制,是指孔子改周之旧制,立《春秋》新制。古文家认为此未明著于竹帛,故激烈反对。汉代《公羊》学家则笃信此说。俞樾作《王制说》认为,"孔子将作《春秋》,先修王法,斟酌损益,具有规条",他详论《礼记·王制》中的三等爵制、三时田制、建国之制、立学之制以及公田籍而不税之制,并指出这些制度与公羊师说"往往符合",故《王制》为孔子所作,"门弟子与闻绪论,私相纂集而成此篇",而"后儒见其与《周礼》不合而疑之,不知此固素王之法也"。[89]俞樾此说,颇有代今文家言的味道。

《公羊》学的另一个重要思想是三统说。董仲舒在《春秋繁露》中,对三统说有详细论述,其说主要有"三王"、"五帝"、"九皇"等概念。三统即指"三王"之统,强调"同时称王者三"。所谓"同时称王者三",即新王确立王统地位后,使前二代王之后退封百里为侯国,他们形式上保留前代之王的统绪,仍继承原来的正朔和服色,客而不朝。"五帝""九皇"则是三王之前更久远的朝代。退出"三王"者为帝,帝数有五;退出"五帝"者为皇,皇数有九。董仲舒的三统说一是强调三统更替,即每当一王兴起受命而王时,就有一新王之统加入三统,同时也有一旧王之统退出三统,而形成一具有新内容的三统。二是认为三统礼制不同。在他看来,每一王兴起,必建一新统。在此新统中,正朔、服色、礼乐制度都与前王之统不同,以示新王统受命于天。他又以黑、白、赤三色分别代表不同的三统,以示三正之色不同。俞樾对董仲舒的三统说基本认可,他引董氏之说,认为"王者之治,必正号、绌王,谓之帝,存二王之后,同时称帝者五,称王者三,是故周人之王,上推神农为九皇,而改号轩辕,谓之黄帝。因存帝颛顼、帝喾、帝尧之帝号,绌虞而号舜,曰帝舜,录五帝以小国。下存禹之后于杞,存汤之后于宋,以方百里,爵号公。皆使服其服,行其礼乐。然则,九皇五帝三王之名,随世代而迭迁。因谓董氏所谓《春秋》作新王之法,殷周为王者之后,绌夏改号,禹谓之帝",并认为此为"《春秋》之制也"。[90]

俞樾作为汉学家,除了保持传统汉学家的特长之外,还能够吸收今文经学的思想,丰富自身的经学研究,在晚清汉学家中别具特色。

王先谦治学偏汉学,但他也对今文三家《诗》尽力搜罗纂辑,并参考陈寿祺、陈乔枞父子《三家诗遗说考》,编撰《诗三家义集疏》28 卷,体制完备,甚便稽考。此书吸收了前人学说,考证精良,是清儒研治今文《诗》的集大成著作。要言之,该书有两个特点:一是今古互参。在经文底本方面,王氏仍以《毛诗》为主,然后把典籍中搜集的三家诗说,置于"注下",眉目十分清楚。疏中首列《毛传》、《郑笺》,再标征引三家诗之出处,最后附以己意,"为之贯通"。[91]二是征引广博,考核精审。其所征引的典籍有百种之多,而征引诸家之说,也非常广泛。特别是清儒陈启源、戴震、惠栋、钱大昕、段玉裁、王念孙、王引之、胡承珙、陈奂、马瑞辰等人的著作,屡见称引。但引述最多的,还是陈寿祺、陈乔枞父子的《三家诗遗说考》,且能有所驳正。但王氏有过于尊信今文之嫌,如他竟认为"《毛传》巨谬,在伪造周、召二《南》新说,羼入大《序》之中"[92],这似乎与他治学偏汉的主要方向不太一致。

陈澧是岭南汉学名家,但他也认可今文。其曾治《榖梁传》,自称:

> 甲午岁,余治《榖梁春秋》。君模出示此编(按指侯康《榖梁礼证》——引者)曰:"此《传》今为绝学,君当努力"……自君模之殁,忽忽十二年,余学业无所成就,尝欲撰《榖梁释例》,屡作屡辍,负良友于地下。[93]

其后,陈澧又拟撰《榖梁传笺》,但当看到许桂林《榖梁传时月日书法释例》、柳兴恩《榖梁大义述》后,认为自己已无可发挥,终未撰作。陈澧虽然重师法,尊郑玄之说,但还是力图对《春秋》三传采取一视同仁的态度。他认为,"知三《传》之病,而后可以治《春秋》。知杜、何、范注，孔、徐、杨疏之病，而后可以治三《传》"，"三传各有得失，不可偏执一家，尽以为是，而其余尽非耳"。[94]

陈澧这种对待今文经的态度，和其时由学海堂培育出的岭南学风是分不开的。阮元创办学海堂，推动了岭南汉学的发展，但他对今文经也能容纳。在一次学海堂策问中，阮元命题道：

> 唐宋人每轻视汉、魏、六朝人，以为无足论。无论宋、齐疏义，断非唐人以后人所能为，即如何邵公之为人，绝无可议，其学如海，亦非后人所能窥。《公羊》之学与董子《繁露》相表里，今能通之者有几人哉？不能通之而一概扫之，可乎？试为《汉何邵公赞》。[95]

阮元叹何休之学如海，并指今日通之者少，且多摒弃之。阮氏感到不满，命学子论议，表现出对何休的认可，而这种容纳今文学的思想自然会对从学海堂出身的陈澧等学者产生影响。

张之洞憎恶公羊学，前文已有论述，但事实上，张之洞对今文经学有一定的包容。在《輶轩语》和《书目答问》中，张之洞作为宗汉学者，对今文经并没有表示出过多的偏见，今文经学家治经以求大义为主的主张，也能够得到张氏的附和。在《书目答问》"汉学专门经学家"类中，他还将庄存与、刘逢禄等人列入，并称"诸家皆笃守汉人家法，实事求是，义据通深者"[96]。对于今文经的重要典籍《春秋公羊传》，他虽然批评"公羊家师说虽多，末流颇涉傅会"[97]，但并不责难，他认为，"《春秋公羊传》，止读孔广森《公羊通义》。国朝人讲《公羊》者，惟此书立言矜慎，尚无流弊"[98]。孔广森的这部书之所以为张之洞所认可，是因为其考据的方法，朴实的学风，以及能够客观看待春秋三《传》的学术态度。

刘师培宗古文经，但并非一味以古文为是，从而处处回护刘歆。他认为刘歆确曾"增益《周官》经",不但如此,刘歆"于《左氏传》,亦稍有所增益"。[99]这在一定程度上吸收了今文经学家的观点。刘师培曾说:

> 仅通一经,确守家法者,小儒之学也;旁通诸经,兼取其长者,通儒之学也。[100]

他尊荀子、郑玄,表现出尊古文容今文的治学态度。荀子兼通齐鲁之学,用公羊之说,博采众长,并不墨守一家。郑玄是古文经大师,但他注《礼》、笺《诗》,均兼采今古文。如他注古文《尚书》,能用今文家欧阳之说;注《周礼》,又采今文《礼记》之说;《仪礼》今古文复杂,郑玄悉以保留折中,并不褒贬是非。笺《毛诗》,多引三家诗说。刘师培赞其"说经集今古文说之大成,不守一先生之言,以实事求是为指归,与汉儒之抱残守缺者迥然不同"[101]。刘氏认为,今文、古文各有偏长,"大约古今说经之书,每书皆有可取处,要在以己意为折衷耳"[102]。无论古文、今文,都有其长,亦有其短,所以"当"者取之,不当者"舍"之,而不应该墨守一家。更重要的是,今古文经,实为同源异流。他说:

> 孔子之以六经教授也,大抵仅录经文以为课本,而参考之语,诠释之词,则大抵以口耳相传。而讲演之时,或旁征事实以广见闻,或判断是非以资尚论,或杂引他说以证异同。弟子各记所闻,故所记互有详略,或详故事,或举微言,详于此者略于彼。所记既有详略,因之而即有异同。然溯厥源流,咸为仲尼所口述。此《春秋》所由分为三,《诗经》所由分为四也。[103]

在刘师培看来,今古文经都是由孔子"六艺"演变而来,有着共同基础,故"今文之说未尝不可注古文","古文之说未尝不可注今文"。[104]刘师培的看法,在古文学家中较有代表性。

章太炎虽然对今文经指斥较烈,但早年也对今文经说有所引述。前文提到章太炎曾撰《刘子政左氏说》,以反驳今文学家的质疑。但事实上他的立说很难令人满意。且在《自述学术次第》中,章氏承认:

> 余初治左氏,偏重汉师,亦颇傍采《公羊》[105]。

可见他早年确实难分今古。晚年章氏悔道:

> 昔撰《刘子政左氏说》,犹从贾素王立法义,今悉不取。[106]

可知他自己也承认其虽守古学,但对今文经学曾经有所吸纳。

从学术的方面来看,能使汉学与今文经学二者相互吸纳与认可的,有两个方面,其一是考据的方法,其二是注重考求经义。一些今文经学家借鉴汉学考据以发挥微言大义,一部分汉学家则接受今文经学家重经义的趋向,在这样的基础之上,双方有一定的融通。而对今文经的重要典籍《春秋公羊传》,一些汉学家如俞樾,更是表现出了接受和认可的态度。

此外,虽然如章太炎等人那样对“经世”有不满的看法,但一部分汉学家对经世的追求,也使得汉学与今文经学有共通之处。

嘉道年间,经世风气逐渐兴起,今文经学家从一开始就带有比较多的经世色彩。但宗古文经的汉学家,大多仍孜孜矻矻,沉醉于训诂考据之中。但道咸以后,一些宗汉学者,也逐渐开始有一些经世论说,对社会民生等问题,提出自己的看法。边疆史地之学的兴起,就体现了明显的经世思想。徐松、张穆、何秋涛等人,感到边疆危机日重,积极研究边疆史地之学,其目的就是为解决这些问题找寻答案。

经过咸同年间经世风气的浸染,更多的汉学家开始重新认识经世之学,在一定程度上表现出对清儒经世学风的认可。清代汉学家一般将顾炎武视为开山祖师,但乾嘉间的汉学家主要在治经的方面传衍了顾炎武之学,而顾炎武所言"君子之为学,以明道也,以救世也"[107]的"笃志经世"之志向,却被忽略。章太炎等人反思顾炎武之说,产生一定的经世倾向。章太炎曾说:

> 若顾宁人者,甄明音韵,纤悉寻求,而金石遗文,帝王陵寝,亦靡不殚精考索,惟惧不究。其用在兴起幽情,感怀前德,吾辈言民族主义犹食其赐。且持论多求根据,不欲空言义理以诬后人,斯乃所谓存诚之学。[108]

可见章太炎重考据,又重视学术之用。他还注意学术与政治的关系,曾引《慎子》"《诗》,往志也;《书》,往诰也;《春秋》,往事也",庄子"《春秋》经世,先王之志"等说,认为"《春秋》,往昔先王旧记也"[109],把《春秋》经与政治发展联系起来。章太炎还对史学经世方面的功用,进行表彰。他说:

> 仆以为民族主义,如稼穑然,要以史籍所载人物制度、地理风俗之类,为之灌溉,则蔚然以兴矣。不然,徒知主义之可贵,而不知民族之可爱,吾恐其渐就萎黄也。[110]

章氏的史学是民族主义史学,其宣扬史学的目的之一,就是要把史学成为认识现实的工具,也能为其反满革命的思想提供资源。

刘师培受家学之蒙,其曾祖刘文淇主张通经致用,对刘师培应该有一定影响。刘师培对颜元、李塨提倡实学,反对"用非所学,学非所用"的思想表示赞同[111],表现出对学以致用思想的认可。

不但像章太炎、刘师培这样受到比较明显的新学思想影响的古文学者有经世意识,如俞樾、王先谦、叶德辉、孙诒让等相对传统的汉学家,同样对经世之风有所接受。

俞樾在为葛士濬所编《皇朝经世文续编》作的序中称:

　　　　然则士生今日,不能博观当世之务,而徒执往古之成说,
　　洵如《吕氏春秋》所讥病变而药不变矣![112]

其至在 1880 年代之后,俞樾对"洋务"开始关注,撰《自强论》、《海
军议》、《战说》等,表现出对时务的关切。

　　由于受到理学经世派的影响,晚清湖南汉学家王先谦、叶德辉
均不免讲经世致用之学。王先谦曾指示学子:

　　　　贺氏所辑《经世文编》及近日林文忠、陶文毅、曾文正、胡
　　文忠、沈文肃、左文襄《文集》、《奏疏》,宜熟观,皆切于时
　　用者。[113]

他认为"士子读书,期于致用",而"近日文人往往拘守帖括,罕能
留意时务……今则强邻偪处,列国纷乘……为士子者,若不争自振
奋,多读有用之书,相与讲明切磋,储为国器,出则疏庸贻笑,无以
励相国家;处则迂腐不堪,无以教告子弟,枉生人世,孤负圣明",
所以当留心国家时务,以"备国家栋梁之用"。[114]叶德辉思想比较
守旧,反对今文经学较为激烈,但他的思想中,也可以看到经世的
影子。如他同样看重儒家致用的一面,他说:

　　　　孔子曰:"入其国,其教可知也。温柔敦厚,《诗》教也;疏
　　通知远,《书》教也;广博易良,《乐》教也;洁静精微,《易》教
　　也;恭俭庄敬,《礼》教也;属辞比事,《春秋》教也。"此六经有
　　用之效也。[115]

　　孙诒让本专意学术,但在经世风气影响之下,也开始关注时
务。他积极从事地方事务,提出"学无新旧,惟其致用"[116]的观点。
本于此,孙诒让先后建立瑞安算学书院、蚕学馆、农学会等,热心维
新事业。其所著《周礼政要》,以古文经论政,受到张之洞的褒奖。

张之洞作为"儒臣"，面对晚清衰局，十分提倡经世致用。他认为：

> 近人往往以读书明理判为两事，通经致用视为迂谈。浅者为科举，博洽者著述取名耳。于己无与也，于世无与也，亦犹之获而弗食，食而弗肥也。[117]

所以，读书要注意其功用。史书具有对时事的借鉴作用，故"读史者贵能详考事迹、古人作用言论，推求盛衰之倚伏、政治之严格、时势之轻重、风气之变迁，为其可以益人神智，遇事见诸设施耳"[118]。他还对史学之"切用"提出自己的看法，认为"史学切用之大端有二：一事实，一典制。事实择其治乱大端，有关今日鉴戒者考之，无关者置之；典制择其考见世变，可资今日取法者考之，无所取者略之"。[119]张氏身为晚清重臣，虽学宗古文经学，但面对时局，留心学术的经世功能，这和今文学家的取向有一致的地方。

注　释

1　龚自珍：《古史钩沉论二》，《龚自珍全集》，上海古籍出版社 1975 年版，第 23 页。

2　龚自珍：《六经正名》，《龚自珍全集》，上海古籍出版社 1975 年版，第 37 页。

3　龚自珍：《太誓答问》十四，《龚自珍全集》，上海古籍出版社 1975 年版，第 71 页。

4　魏源：《两汉经师今古文家法考叙》，《魏源集》上册，中华书局 1976 年版，第 151—152 页。

5　魏源：《默觚上·学篇九》，《魏源集》上册，中华书局 1976 年版，第 24 页。

6　魏源：《武进庄少宗伯遗书序》，《魏源集》上册，中华书局 1976 年版，第 238 页。

7　魏源：《书古微例言下》，《魏源集》上册，中华书局 1976 年版，第 118 页。

8　魏源：《公羊春秋论上》，《魏源集》上册，中华书局 1976 年版，第 131—132 页。

9　邵懿辰：《仪宋堂记》，《邵位西遗文》，同治四年（1865）刊本，第 19—20 页。

10　邵懿辰：《孝子王立斋先生传》，《邵位西遗文》，同治四年（1865）刊本，第 46 页。

11　邵懿辰：《论礼十七篇当从大戴之次本无阙佚》，《礼经通论》，《清经解续编》第 5 册，上海书店 1988 年版，第 585 页。

12 邵懿辰:《论三礼》,《礼经通论》,《清经解续编》第 5 册,上海书店 1988 年版,第
591 页。

13 廖平:《今古学考·今古学经传存佚表》,李耀仙主编:《廖平选集》上册,巴蜀书社
1998 年版,第 64 页。

14 15 16 17 康有为:《致朱蓉生书》,《康有为全集》第 1 集,上海古籍出版社 1987
年版,第 1022、1024、1022—1023、1023—1024 页。

18 康有为:《答朱蓉生书》,《康有为全集》第 1 集,上海古籍出版社 1987 年版,第 1042 页。

19 《抱冰堂弟子记》,《张之洞全集》第十二册,河北人民出版社 1998 年版,第
10631 页。

20 21 张之洞:《诗集·学术》,《张之洞全集》第十二册,河北人民出版社 1998 年版,
第 10559 页。

22 53 98 119 张之洞:《劝学篇》,《张文襄公全集》卷二〇二,沈云龙主编:《近代
中国史料丛刊》482(文海本),第 14481—14482、14558—14563、14503、14505—
14506 页。

23 叶德辉:《叶吏部〈长兴学记〉驳义》,苏舆编:《翼教丛编》,上海书店出版社 2002
年版,第 98 页。

24 25 26 叶德辉:《叶吏部〈輶轩今语〉评》,苏舆编:《翼教丛编》,上海书店出版社
2002 年版,第 76—77、75、74 页。

27 叶德辉:《叶吏部与石醉六书》,苏舆编:《翼教丛编》,上海书店出版社 2002 年版,
第 162 页。

28 叶德辉:《叶吏部正界篇》,苏舆编:《翼教丛编》,上海书店出版社 2002 年版,第
92 页。

29 李慈铭:《赵新又同年左传质疑序》,《越缦堂文集》卷二,《越缦堂诗文集》中册,上
海古籍出版社 2008 年版,第 783—784 页。

30 李慈铭:《与顾河之孝廉书》,《越缦堂文集》卷四,《越缦堂诗文集》中册,上海古籍
出版社 2008 年版,第 819—820 页。

31 李慈铭:《跋何氏学》,《越缦堂文集》卷六,《越缦堂诗文集》中册,上海古籍出版社
2008 年版,874 页。

32 33 朱一新:《朱侍御答康长孺书》,《康有为全集》第 1 集,上海古籍出版社 1987
年版,第 1027、1025 页。

34　35　朱一新:《朱侍御答长孺第三书》,《康有为全集》第 1 集,上海古籍出版社 1987 年版,第 1032、1033 页。

36　参看章太炎:《清儒》,《訄书》重订本,三联书店 1998 年版,第 161 页。

37　41　章太炎:《章太炎自订年谱》,沈云龙主编:《近代中国史料丛刊》672(文海本),第 15 页。

38　汤志钧编:《章太炎年谱长编》下册,中华书局 1979 年版,第 924 页。

39　康有为:《中庸注》,中华书局 1987 年版,第 223 页。

40　章太炎:《尊史》,《訄书》重订本,三联书店 1998 年版,第 323 页。

42　章太炎:《今古文辨义》,汤志钧编:《章太炎政论选集》上册,中华书局 1977 年版,第 108—115 页。此部分内容据章氏文总结而成。

43　章太炎:《驳皮锡瑞三书》,徐亮工编校:《中国近三百年学术史论》,上海古籍出版社 2006 年版,第 102 页。

44　章太炎:《与王鹤鸣书》,《章太炎全集》(四),上海人民出版社 1985 年版,第 151 页。

45　章太炎:《与人论朴学报书》,《章太炎全集》(四),上海人民出版社 1985 年版,第 154 页。

46　章太炎:《国故论衡·原经》,上海古籍出版社 2003 年版,第 63 页。

47　109　章太炎:《检论·春秋故言》,《章太炎全集》(三),上海人民出版社 1984 年版,第 409、407 页。

48　班固:《王莽传》,《汉书》第 12 册卷九九下,中华书局 1962 年版,第 4170 页。

49　皮锡瑞:《经学历史》,中华书局 2004 年版,第 1 页。

50　王筠:《学论》,《清诒堂文集》,齐鲁书社 1987 年版,第 35 页。

51　康有为:《上清帝第一书》,《康有为全集》第 1 集,上海古籍出版社 1987 年版,第 360 页。

52　康有为:《上清帝第二书》,《康有为全集》第 2 集,上海古籍出版社 1990 年版,第 85、100 页。

54　王先谦:《王祭酒与吴生学兢书》,苏舆编:《翼教丛编》,上海书店出版社 2002 年版,第 160 页。

55　叶德辉:《叶吏部答友人书》,苏舆编:《翼教丛编》,上海书店出版社 2002 年版,第 176—177 页。

56　梁鼎芬:《梁节庵太史与王祭酒书》,苏舆编:《翼教丛编》,上海书店出版社 2002 年版,第154—155页。

57　章太炎:《客帝匡谬》,《訄书》重订本,三联书店1998年版,第126页。

58　见汤志钧编:《康有为政论选集》上册,中华书局1981年版,第474—505页。

59　见张枬、王忍之编:《辛亥革命前十年间时论选集》第一卷上册,三联书店1960年版,第94—99页。

60　梁启超:《新史学》,《梁启超史学论著四种》,岳麓书社1998年版,第251页。

61　章太炎:《订孔》,《訄书》重订本,三联书店1998年版,第138页。

62　63　章太炎:《驳康有为论革命书》,汤志钧编:《章太炎政论选集》上册,中华书局1977年版,第204、196页。

64　刘逢禄:《诗古微序》,《刘礼部集》卷九,光绪壬辰年(1892)刊本,第6页。

65　梁启超:《中国近三百年学术史》,朱维铮校注:《梁启超论清学史二种》,复旦大学出版社1985年版,第333页。

66　分见司马迁:《史记·鲁周公世家》、《史记·封禅书》。不过,近年来清华简的出现,动摇了"武王克殷二年"崩亡之说。据李学勤言,清华简《尚书·金縢》篇云:"武王既克殷三年,王不豫有迟。"所言三年,而非二年。清华简较传本《尚书》、《史记》等更古,可信度应该更高。说详李学勤:《由清华简〈金縢〉看周初史事》(载彭林主编:《中国经学》第八辑,广西师范大学出版社2011年版,第2页)。当然,该问题不在本书讨论范围之内,姑存此以誌之。

67　宋翔凤:《过庭录》,中华书局1986年版,第116页。

68　龚自珍:《与江子屏笺》,《龚自珍全集》,上海古籍出版社1975年版,第347页。

69　龚自珍:《最录尚书古文序写定本》,《龚自珍全集》,上海古籍出版社1975年版,第244页。

70　廖平:《经话》,李耀仙主编:《廖平选集》上册,巴蜀书社1998年版,第450页。

71　廖平:《穀梁春秋经传古义凡例》,《穀梁春秋经传古义疏》,光绪庚子(1900)日新书局刊本,第1、3页。

72　季邦俊:《三传折中序》,《春秋三传折中》,李耀仙主编:《廖平选集》下册,巴蜀书社1998年版,第507页。

73　赵尔巽等撰:《清史稿》第43册卷四八二《儒林三》,中华书局1977年版,第13248页。

74　陈乔枞:《袗裪二字辨》,《礼堂经说》,《清经解续编》卷一一七八,第5册,上海书店出版社 1988 年版,第 110—111 页。

75　陈立:《公羊义疏》四十三,《清经解续编》卷一二三一,第 5 册,上海书店出版社
　　1988 年版,第 354 页。

76　近代以来,今文学者崔适以及其后之张西堂,均证《穀梁传》为古文经,此处姑从
　　旧说。

77　郑玄:《六艺论》,安作璋主编:《郑玄集》下册,齐鲁书社 1997 年版,第 676 页。

78　钟文烝:《论传》,《春秋穀梁经传补注》,中华书局 1996 年版,第 24—25 页。

79　皮锡瑞:《师伏堂未刊日记》,《湖南历史资料》,1959 年第 1 期,第 116 页。

80　皮锡瑞:《经学通论·诗经》,中华书局 1954 年版,第 48 页。

81　82　皮锡瑞:《孝经郑注疏自序》,《孝经郑注疏》,吴仰湘校点:《皮锡瑞集》第一
　　册,岳麓书社 2012 年版,第 659、660 页。

83　丁晏:《孝经述注自叙》,《颐志斋文集》卷三,第 5 页。

84　马瑞辰:《毛诗古文多假借考》,《毛诗传笺通释》上册卷一,中华书局 1989 年版,第
　　23、25 页。

85　黄以周:《读王肃易注》,《儆季杂著》第三册,《经说》,第 9 页。

86　陈倬:《以车祛祛》,《骰经笔记》,光绪丙戌(1886)吴县朱氏重刊本,第 33—34 页。

87　章太炎:《俞先生传》,《章太炎全集》(四),上海人民出版社 1985 年版,第 211 页。

88　俞樾:《五亦有中三亦有中解》,《经课续编》卷五,《春在堂全书》第七册,凤凰出版
　　社 2010 年版,第 279—280 页。

89　俞樾:《王制说》,《达斋丛说》,《春在堂全书》第三册,凤凰出版社 2010 年版,第
　　41—42 页。

90　俞樾:《孝经先王申郑注义》,《经课续编》卷七,《春在堂全书》第七册,凤凰出版社
　　2010 年版,第 313 页。

91　92　王先谦:《序例》,《三家诗义集疏》,中华书局 1987 年版,第 1、17 页。

93　陈澧:《穀梁礼证序》,《东塾集》卷三,黄国声主编:《陈澧集》第一册,上海古籍出
　　版社 2008 年版,第 116—117 页。

94　陈澧:《春秋三传》,《东塾读书记》,三联书店 1998 年版,第 22—24 页。

95　阮元:《学海堂策问》,《揅经室续集》卷三,《揅经室集》下册,中华书局 1993 年版,
　　第 1068 页。

96　张之洞:《国朝著述诸家姓名略》,《书目答问二种》,三联书店 1998 年版,第 267 页。

97　117　118　张之洞:《輶轩语·语学第二》,《书目答问二种》,三联书店 1998 年版,第 295、312、298 页。

99　刘师培:《汉宋学术异同论》,《刘师培辛亥前文选》,三联书店 1998 年版,第 413 页。

100　刘师培:《群经大义相通论·公羊荀子相通考》,《刘申叔遗书》上册,江苏古籍出版社 1997 年版,第 361 页。

101　刘师培:《国学发微》,《刘申叔遗书》上册,江苏古籍出版社 1997 年版,第 486 页。

102　刘师培:《经学教科书序》,《刘申叔遗书》下册,江苏古籍出版社 1997 年版,第 2073 页。

103　刘师培:《汉代古文学辩诬·辨明汉代以前经无今古文之分》,《左庵外集》卷四,《刘申叔遗书》下册,江苏古籍出版社 1997 年版,第 1374 页。

104　刘师培:《汉代古文学辩诬·辨明今古文立说多同非分两派》,《左庵外集》卷四,《刘申叔遗书》下册,江苏古籍出版社 1997 年版,第 1380 页。

105　章太炎:《自述学术次第》,《章太炎自订年谱》,沈云龙主编:《近代中国史料丛刊》672(文海本),第 15 页。

106　章太炎:《春秋左氏疑义答问》卷一,《章太炎全集》(六),上海人民出版社 1986 年版,第 259 页。

107　顾炎武:《与人书二十五》,《顾亭林诗文集》,中华书局 1983 年版,第 98 页。

108　章太炎:《答梦庵》,汤志钧编:《章太炎政论选集》上册,中华书局 1977 年版,第 398 页。

110　章太炎:《答铁铮》,《章太炎全集》(四),上海人民出版社 1985 年版,第 371 页。

111　刘师培:《颜李二先生传》,《左庵外集》卷十八,《刘申叔遗书》下册,江苏古籍出版社 1997 年版,第 1813 页。

112　俞樾:《皇朝经世文续编序》,《春在堂杂文四编》七,《春在堂全书》第四册,凤凰出版社 2010 年版,第 328 页。

113　王先谦:《劝学琐言》下,光绪间刊本,第 2 页。

114　王先谦:《岳麓院长王益梧祭酒购〈时务报〉发给诸生公阅手谕》,《时务报》第 18 册,光绪二十三年(1896)正月二十一,第 11 页。

115　叶德辉:《经学通诰》,民国四年(1915)湖南省教育会刊本,第 25 页。

116　孙诒让:《学务本议》,张宪文辑、中国人民政治协商会议浙江省温州市委员会文史资料委员会编:《孙诒让遗文辑存》,浙江人民出版社 1990 年版,第 31 页。

结　语:晚清汉学的趋向

汉学在晚清的趋向是什么？这是在绪论中提出的问题,也是本书要回答的最重要的问题。

从整体的行程来看,晚清汉学的最终趋向无疑是走向衰落的。这种衰落,有三个方面的表现。

首先,从乾嘉年间汉学鼎盛时期开始,就有一些学者对汉学的弊端提出批评。到了嘉道年间,清初顾炎武等学人的经世观念受到重视,被学人予以重新表彰,经世学风逐渐兴起。与此相对的,则是汉学的琐碎和芜杂,很难对现实社会的种种状况提出合理的解释,找到合适的解决办法。且汉学十分注重师说,学术思想遭到锢蔽,不少学者很难寻求到学术上的突破,于是其中一些便走入其他的学术门户,汉学的弊端愈来愈凸显。虽然后来一些汉学家也力图羼入经世学风,但汉学的学术特性注定了在当时的中国社会,其衰落是必然的。

其次,从汉学在晚清学术流派中的地位来看,其衰落的趋向也较为明显。乾嘉之时,虽然占据庙堂的是宋学,但那更多是应试之学,或者修身之学。汉学讲究根柢,注重朴实学风,实事求是,能够成为学术研究的核心。但是,晚清时期,随着学术思想的多元化,诸子学等的兴起,佛学、西学等各种知识元素不但冲击着汉学,整个儒学受到了前所未有的挑战。这种情况下,汉学在整个晚清学术的发展脉络中,逐渐从中心退为多元学术世界中的一元。

最后,从整体的学术成就而言,晚清汉学较诸乾嘉时期,也呈衰落的趋势。汉学以小学、经学、史学为主要研治内容,晚清时期汉学家在这三方面的成就与乾嘉大儒比较,总体上要稍逊一筹。

总之,作为乾嘉汉学意义上的汉学,在晚清时期趋于衰落,是不争的事实。

那么,晚清汉学与乾嘉汉学相较,仅仅是衰减方向上的继续?还是有自己的突破?上面已经谈到,乾嘉汉学意义上的汉学,在晚清的总体趋向是衰落的,但本书的分析已说明,晚清汉学并非是自由落体式的衰落,中间经历着曲折与变化。概言之,晚清汉学在整体性衰落的过程中,展现出其发展的一面,甚至在某些层面上,表现出了一定的突破与创新。

其一,对义理的摄取。乾嘉汉学家除了戴震、凌廷堪、焦循、阮元等之外,大多仅注目于名物训诂、典章考释,而对义理则持排斥的态度。但晚清时期,越来越多的汉学家开始强调,不能够只注重考据,忽视义理。他们吸收宋学和今文经学的观点,在保持自身考据特色的基础上,力图考求义理,以使经义更为明晰。

其二,学术研究的新成果。晚清汉学家虽然在治学的总体成果上不如乾嘉诸儒,但毕竟在《说文》、训诂之学以及《毛诗》、《周礼》、《仪礼》、《春秋左传》、《论语》、《孝经》等经书研究方面取得了不斐的成就。其中,《周礼》、《仪礼》、《春秋左传》、《论语》等成果,甚至较诸乾嘉诸儒也更胜一筹。

其三,新的知识和材料。晚清汉学家处于西学大量阑入的时代,特别是晚清后期的汉学家,能够利用西方知识和新的材料有所创获,这是乾嘉汉学家所不能企及的。但是,对于甲骨等新材料在晚清汉学中的作用,不宜夸大,因为真正利用这些材料进行经史研究的晚清汉学家,并不多。

其四,汉学在清末的转化。一些学者认为,晚清经今文学对清末民初现代学术的形成作用很大,古史辨、"整理国故"等,似乎都能在今文经学疑经风气那里溯到源头。周予同先生在论述新史学之时认为,虽然古文经学在晚清学术上作用很大,"许多史学家或自觉的、或不自觉的,或多的、或少的"受着经古文学的影响,但给予转变期新史学动力的,"是经今文学"。[1] 而一些论者则以为,晚清汉学考据的方法逐渐成为现代学术的重要手段,所以汉学经过清末民初的转化,又在新的学术条件下得到了延续。本书基本同意后者的看法,而且从某种意义上说,这恰是汉学在衰落中发展、延续的一个重要表现。

综上所述,汉学自嘉道以后至于清末,逐渐走向衰落。但在这个过程中,无论是治学的群体、研究的成果,均曾有一度的扩大,其学理也有所创新。随着多种学术潮流、知识元素不断涌现局面的形成,清末时期的汉学,其原有的学术格局已逐渐被拆解,汉学的中心地位渐趋淡化。光绪三十一年(1905)科举制废除之后,经学已很难起到原有的致用功能,经典书籍日益成为专门学者的治学材料。汉学作为既定的概念,已经走入死角。但是,其考据方法,以及效法古文经师从小学入手,说经不流于空疏的实事求是的治学精神,在后世学人中引起共鸣。民国时期,是否谙熟清代汉学家们的考据方法,甚至成为学术是否"科学"的重要标准。至是,自乾嘉年间传承下来的汉学所具有的考据方法和实事求是的治学精神,已被悄然纳入到了新的学术理路之中。在衰落中不断自我更新并有所发展的晚清汉学,也顺理成章地完成了使命的交接与传递。

注　释

1　周予同之说,详见《五十年来中国之新史学》,朱维铮编:《周予同经学史论著选集》
　　(增订本),上海人民出版社 1996 年版,第 523 页。

附 录:晚清汉学家省区分布表[1]

1. 江苏:

序	姓名	生卒	字号	籍贯	主要著作[2]	备注
1	刘宝树	1777—1839	字幼度,号鹤汀	江苏宝应	《娱景堂集》三卷	刘宝楠兄
2	陈奂	1786—1863	字硕甫,号师竹,晚自号南园老人	江苏长洲	《诗毛氏传疏》三十卷;《毛诗传义类》一卷;《郑氏笺考证》一卷;《释毛诗音》四卷;《毛诗说》四卷;《毛诗九谷考》一卷;《公羊逸礼考征》一卷;《师友渊源记》一卷;《三百堂文集》二卷	

序	姓名	生卒	字号	籍贯	主要著作	备注
3	汪喜孙	1786—1848	一名喜荀，字孟慈	江苏江都[3]	《丧服答问纪实》一卷;《尚友记》一卷;《从政录》四卷;《孤儿篇》三卷;《抱璞斋时文》一卷;《汪孟慈文集稿本》;《汪孟慈文集》一卷;《汪孟慈杂抄》;《且住庵文集》;《汪氏学行记》六卷;《容甫先生年谱》一卷	汪中子
4	蒋　彤	嘉道间人		江苏阳湖[4]	《丹棱文钞》四卷;《暨阳答问》四卷;《武进李申耆先生年谱》三卷;《先师小德录》一卷	李兆洛弟子
5	夏炜如	嘉道间人		江苏江阴	《輶录斋稿》四卷	李兆洛弟子
6	方　申	1787—1840	字端斋	江苏仪征	《周易互体详述》一卷;《诸家易象别录》一卷;《周易卦象集证》一卷;《虞氏易象汇编》一卷;《周易卦变举要》一卷;《方氏易学五书》五种	本姓，过继方氏舅，姓从舅，以申为名。刘文淇弟子

序	姓名	生卒	字号	籍贯	主要著作	备注
7	朱骏声	1788—1858	字丰芑, 号允倩	江苏 吴县	《六十四卦经解》;《尚书古经便读》四卷;《仪礼经注一隅》二卷;《夏小正补传》一卷;《春秋三家异文核》一卷;《春秋乱贼考》一卷;《春秋平议》一卷;《说文通训定声》十八卷;《说雅》二卷;《小学识余》五卷;《六书假借经征》四卷;《经史答问》四卷;《古今韵准》一卷;《岁星表》一卷;《传经室文集》十卷赋钞一卷;《朱骏声文集》五卷卷末一卷;《朱氏群书》六种	
8	薛传均	1788—1829	字子韵	江苏 甘泉	《说文答问疏证》六卷;《文选古字通疏证》六卷;《闽游草》一卷	
9	刘文淇	1789—1854	字孟瞻	江苏 仪征	《左传旧疏考正》八卷;《青溪旧屋文集》十一卷;《扬州水道记》四卷;《楚汉诸侯疆域志》三卷	

序	姓名	生卒	字号	籍贯	主要著作	备注
10	张成孙	1789—?	字彦惟	江苏武进[5]	《说文谐声谱》九卷;《端斋勉一居文集》三卷;《张彦惟答方彦闻书三篇》	张惠言子
11	刘宝楠	1791—1855	字楚桢,号念楼	江苏宝应	《论语正义》二十四卷;《念楼集》八卷外集二卷;《愈愚录》六卷;《愈愚续录》;《汉石例》六卷;《清芬集》十卷;《清芬外集》	刘宝树弟
12	朱士端	嘉道间人	字铨甫	江苏宝应	《说文校定本》十五卷;《强识编》四卷续一卷;《宜禄堂收藏金石记》六卷;《吉金乐石山房诗集》二卷;《春雨楼丛书》六种	朱毓楷长子,朱彬侄,王念孙弟子,道光辛巳年(1821)举人
13	丁晏	1794—1875	字俭卿,号柘堂	江苏山阳[6]	《易经象类》一卷;《周易解故》一卷;《易林释文》二卷;《周易述传》二卷续录一卷;《周易讼卦浅说》一卷;《尚书余论》一卷;《禹贡锥指正误》一卷;《禹贡蔡传正误》一卷;《禹贡集释》三卷;《书蔡传附释》一卷;	

序	姓名	生卒	字号	籍贯	主要著作	备注
13	丁晏	1794—1875	字俭卿,号柘堂	江苏山阳[6]	《毛郑诗释》三卷续录一卷;《毛诗草木鸟兽虫鱼疏》二卷;《郑氏诗谱考正》一卷;《诗集传附释》一卷;《周礼释注》二卷;《礼记释注》四卷;《左传杜解集正》八卷;《孝经述注》一卷;《论语孔注证伪》二卷;《史记毛本正误》一卷;《北宋汴学二体石经记》一卷;《读经说》一卷;《读史粹言》一卷;《诸子粹言》一卷;《子史粹言》二卷;《颐志斋文集》十二卷;《曹集诠评》十卷	
14	葛其仁	似为嘉道间人		江苏嘉定	《小尔雅疏证》五卷;《味经斋文集》六卷	
15	黄奭	1809(1810)—?[7]	字右原	江苏甘泉[8]	《尔雅古义》十二卷;《端绮集》二十八卷;《庐云集》二卷;《清颂堂丛书》七种;《黄氏逸书考》二百八十五种;《汉学堂丛书》	江藩弟子

序	姓名	生卒	字号	籍贯	主要著作	备注
16	柳兴恩	1795—1880	原名兴宗，字宾叔	江苏丹徒[9]	《穀梁大义述》三十卷	
17	柳荣宗	1802—1865	字翼南，号德斋、涉田山房	江苏丹徒[10]	《说文引经考异》十六卷	柳兴恩弟
18	汪士铎	1802—1889	原名鏊，字振庵，又字梅村，号悔翁	江苏江宁[11]	《水经注图》一卷附录一卷；《南北史补志》十四卷；《汪梅村先生集》十二卷；《汪梅村先生文外集》一卷；《悔翁诗钞》十五卷补遗一卷；《悔翁词钞》五卷；《悔翁笔记》六卷；《汪悔翁乙丙日记》三卷；《汪士铎书札》	胡培翚弟子
19	朱绪曾	1805—1860[12]	字述之	江苏上元[13]	《开有益斋经说》五卷；《开有益斋读书志》六卷续志一卷；《北山集》三卷；《曹集考异》十二卷	
20	杨大堉	道咸间人	字雅轮	江苏江宁	补《仪礼正义》	胡培翚弟子

序	姓名	生卒	字号	籍贯	主要著作	备注
21	张文虎	1808—1885	字孟彪,一字啸山,号天目山樵	江苏南汇[14]	《舒艺室杂著》甲编二卷,乙编二卷;《舒艺室杂著剩稿》一卷;《舒艺室随笔》六卷,续笔一卷,余笔三卷;《舒艺室诗存》七卷;《舒艺室诗续存》一卷;《舒艺室杂存》四种;《舒艺室尺牍偶存》一卷;《湖楼校书记》一卷,余记一卷;《校刊史记集解索隐正义札记》五卷;《覆瓿集》四种续刻九种;《张文虎日记》	
22	冯桂芬	1809—1874	字林一,号景亭	江苏吴县	《说文解字注考正》十五卷;《说文部首歌》;《显志堂稿》十二卷;《梦奈诗稿》一卷;《弧矢算术细草图解》一卷;《代数》七卷;《校邠庐抗议》二卷	

序	姓名	生卒	字号	籍贯	主要著作	备注
23	徐鼒	1810—1862	字彝舟，号亦才	江苏六合	《周易旧注》十二卷;《未灰斋文集》八卷;《未灰斋文外集》一卷;《读书杂释》十四卷;《小腆纪传》六十五卷;《小腆纪年附考》二十卷;《敝帚斋主人年谱》一卷补一卷	
24	朱右曾	道咸间人	字尊鲁，一说字述之，号咀露	江苏嘉定	《诗地理征》七卷;《逸周书集训校释》十卷;《周书逸文》一卷;《汲冢纪年存真》二卷周年表一卷;《古本竹书纪年辑校》一卷	道光戊戌年(1838)进士
25	胡垣	道咸间人		江苏浦口	《古今中外音韵通例》;《四书通叙次》一卷	
26	承培元	道咸间人	字守丹	江苏江阴	《说文引经证例》二十四卷;《说文解字通释》四十卷校勘记三卷;《广潜研堂说文答问疏证》八卷;《说文解字系传校勘记》三卷;《同文一隅》二卷;《夫须山馆诗稿》一卷	李兆洛弟子

序	姓名	生卒	字号	籍贯	主要著作	备注
27	陈　璓	道咸间人	字聘侯,号恬生	江苏嘉定	《说文引经考证》七卷;《说文引经互异说》一卷;《说文举例》;《国语翼解》六卷;《六九斋譔述稿》三卷	
28	王宗涑	道咸间人	字倬甫,一字叔侯	江苏嘉定[15]	《考工记考辨》八卷	自称陈澧私淑弟子
29	田宝臣	道咸间人	字少泉	江苏泰州	《小学骈支》八卷	
30	庄忠棫	道咸间人		江苏丹徒	《易纬通义》八卷;《周易通义》十六卷;《周易荀氏九家义》九卷;《周易荀氏例》二卷;《周易繁露》;《晋史表》三卷	
31	陈寿熊	1812—1860	字献青	江苏震泽[16]	《读易汉学私记》一卷	
32	丁寿昌	1812?—1865	字颐伯,号菊泉	江苏山阳	《读易会通》;《睦州存稿》	丁晏子
33	雷　浚	1814—1893	字深之,号甘溪	江苏吴县	《说文引经例辨》三卷;《说文外编》十六卷;《韵府钩沉》五卷;《乃有斋庐杂著》一卷;《睡余偶笔》二卷	

序	姓名	生卒	字号	籍贯	主要著作	备注
34	李祖望	1814—1881	字宝遇	江苏江都	《小学类编》七种；《锲不舍斋文集》四卷；《锲不舍斋诗》一卷；《未刊江都李氏所著书》	
35	成蓉镜	1816—1883	字芙卿	江苏宝应	《周易释爻例》一卷；《尚书历谱》二卷；《禹贡班义述》三卷，附考一卷；《郑志考证》一卷；《春秋世族谱拾遗》一卷；《春秋日南至谱》一卷；《汉太初历考》一卷；《駉思室答问》一卷；《释名补证》一卷；《史汉骈枝》一卷；《心巢文录》二卷；《唐月令注跋》一卷；《唐月令续考》一卷；《唐月令注续补遗》一卷	
36	刘毓崧	1818—1867	字伯山，一字松崖	江苏仪征	《周易旧疏考证》一卷；《尚书旧疏考证》一卷；《通义堂文集》十六卷；《通义堂集》二卷	刘文淇子

序	姓名	生卒	字号	籍贯	主要著作	备注
37	丁国钧	似是道咸间人	字秉衡	江苏常熟	《补晋书艺文志》四卷附录一卷补遗一卷;《晋书校文》五卷	
38	梅毓	1821—?	字延祖	江苏江都[17]	《刘更生年表》	梅植之子,同治九年(1870)举人,据云有《穀梁正义长编》一卷
39	薛寿	道咸间人	字介伯	江苏江都	《学诂斋文集》二卷	梅植之弟子、刘文淇弟子
40	刘恭冕	1824—1883	字叔俛	江苏宝应	《何休注训论语述》一卷;《论语正义补》;《礼记天算释》一卷;《广经室文钞》一卷	刘宝楠次子
41	陈倬	1825—1881	字培之	江苏元和	《攷经笔记》一卷;《文选笔记》七卷;《香影余谱》一卷	咸丰己未年(1859)进士,陈奂弟子

序	姓名	生卒	字号	籍贯	主要著作	备注
42	顾广誉	咸同间人	字维康	江苏平湖	《平湖顾氏遗书》五种;《学诗正诂》五卷;《学诗详说》三十卷;《四礼榷疑》八卷;《悔过斋续集》七卷补遗一卷;《札记》一卷	一说为宋学家
43	丁士涵	1828—?	字泳之	江苏元和	《管子校议》	陈奂弟子
44	王　韬	1828—1897	原名利宾,字兰卿	江苏长洲	《春秋历学三种》;《春秋朔闰至日考》三卷附《春秋日食辨证》一卷《春秋朔闰表》一卷	
45	潘祖荫	1830—1890	字伯寅,号郑盫	江苏吴县	《郑盫文存》一卷;《郑盫诗存》一卷;《八喜斋随笔》;《古埙考释》一卷	
46	吴大澂	1835—1902	字清卿,号恒轩,又号愙斋	江苏吴县	《说文古籀补》十四卷补遗一卷附录一卷;《字说》一卷;《古玉图考》;《愙斋集古录》二十六册;《愙斋集古录释文剩稿》;《愙斋砖瓦录》;《吴愙斋尺牍》;《恪斋诗存》九卷	

序	姓名	生卒	字号	籍贯	主要著作	备注
47	潘维城	似是咸同间人	字朗如	江苏吴县	《论语古注集笺》二十卷;《论语考》一卷附一卷;《虚字韵薮》	
48	刘寿曾	1838—1882	字恭甫,一字芝云	江苏仪征	《昏礼重别论对驳义》二卷;《传雅堂集》;《续纂江宁府志艺文》;《刘寿曾集》	刘毓崧侄
49	朱孔彰	1841—1915	原名孔阳,字仲我,晚年自号圣和老人	江苏长洲	《说文重文考》;《中兴将帅别传》三十卷;《校徐集札记》一卷;《半隐庐丛稿》六卷	朱骏声子,光绪壬午年(1882)举人
50	缪荃孙	1844—1919	字炎之,一字筱珊、小山,晚号艺风老人	江苏江阴	《艺风堂文集》七卷;《艺风堂文集外篇》一卷;《艺风钞书》二十种;《艺风堂文漫存》四卷,别存二卷,续集八卷,外集一卷;《拟清史艺文志稿》;《云自在龛笔记》一卷;《缪氏考古录》二卷	丁晏、张之洞、王先谦弟子

续表

序	姓名	生卒	字号	籍贯	主要著作	备注
51	徐天璋	同光间人	字睿川	江苏泰州	《睿川易义合编》一卷;《尚书句解考正》;《诗经集解辨正》二十卷;《论语实测》二十卷;《孟子集注笺正》十四卷;《楚辞叶韵考》四卷;《四书笺疑疏证》八卷;《阙里讲经编》	
52	徐寿基	同光间人		江苏武进	《春秋释地韵编》五卷卷首一卷;《玉谱类编》四卷;《甲子纪年表》一卷;《续广博物志》十六卷;《志学斋集》七种;《经义悬解》五卷;《九河指地》三卷	
53	潘 任	同光间人		江苏常熟	《周易讲义》;《礼记讲义》;《周礼讲义》二卷;《周礼札记》一卷;《孝经讲义》三卷;《孝经郑注考证》一卷;《孝经集注》;《希郑堂经义》一卷;《双桂轩答问》一卷;《博约斋经说》三卷;《郑君粹言》三卷;	

序	姓名	生卒	字号	籍贯	主要著作	备注
53	潘　任	同光间人		江苏常熟	《说文粹言疏证》二卷;《群经纲领》一卷;《读孝经日记》;《羊山诗钞》二卷;《希郑堂丛书》七种	
54	王颂蔚	1848—1895	号蒂卿,又号蒿隐	江苏长洲	《写礼庼遗著》四种;《写礼庼读碑记》一卷;《古书经眼录》一卷;《明史考证捃逸》四十二卷;《写礼庼文集》一卷补遗一卷;《写礼庼诗集》一卷;《写礼庼遗词》一卷	冯桂芬弟子,光绪庚辰年(1880)进士
55	管礼耕	同光间人	字申季	江苏元和	《操戣斋遗书》四卷	冯桂芬弟子,父庆祺从陈奂游
56	袁宝璜	同光间人	字揭禹	江苏元和	《寄蜡庐文集》二卷;《寄蜡庐诗集》二卷	冯桂芬弟子,光绪二十一年(1895)进士

序	姓名	生卒	字号	籍贯	主要著作	备注
57	朱培源	同光间人	字怡云	江苏新阳	《介石山房遗诗》一卷;《介石山房遗文》二卷	冯桂芬弟子,同治癸酉年(1873)拔贡
58	刘岳云	1849—1919	字佛青,号震庵	江苏宝应	《四川尊经书院讲义》一卷;《食旧德斋杂著》二卷;	刘恭冕族弟
59	叶昌炽	1849—1917	字鞠裳,号缘督	江苏苏州	《奇觚庼文集》三卷;《奇觚庼文外集》一卷;《奇觚庼诗集》三卷,前集一卷,补遗一卷,遗词一卷;《邠州石室录》三卷;《语石》十卷;《缘督庐日记钞》十六卷;《缘督庐秘乘》十五种	
60	吴翊寅	1852—?	字孟枈,号悔庵	江苏武进	《周易彖传消息升降大义述》一卷;《周易消息升降爻例》一卷;《易汉学考》一卷;《易汉学师承表》一卷;《汉置五经博士考》一卷;《曼陀罗花室全集》四种;	

序	姓名	生卒	字号	籍贯	主要著作	备注
60	吴翊寅	1852—？	字孟枲,号悔庵	江苏武进	《曼陀罗花室文》三卷集外文一卷;《广雅书局史学丛书目录》	
61	陈玉澍	1853—1906	后更名玉树,字惕庵	江苏盐城	《毛诗异文笺》十卷;《后乐堂文钞》九卷;《后乐堂文钞续编》九卷;《后乐堂诗存》一卷	光绪戊子年(1888)举人
62	于 鬯	1854—1910	字醴尊,一字东厢,自号香草	江苏南汇	《于氏易说》一卷;《读周礼日记》一卷;《读仪礼日记》一卷;《读小戴日记》一卷;《香草校书》六十卷;《香草续校书》二十二卷;《花烛闲谈》一卷;《说文职墨》	黄彭年、张文虎弟子
63	曹元弼	1867[18]—1953		江苏吴县	《易学源流辨》一卷;《周易学》七卷附十四经学开宗一卷;《礼经校释》二十二卷;《礼经学》七卷;《孝经校释》一卷;《孝经郑氏注笺释》三卷;《孝经学》七卷;《孝经六艺大道录》;《大学通义》一卷;《复礼堂文集》十卷;《复礼堂述学诗》十五卷	

序	姓名	生卒	字号	籍贯	主要著作	备注
64	张锡恭	1858—1924	字闻远，号殷南	江苏娄县[19]	《丧服郑氏学》十六卷；《礼学大义》一卷；《茹荼轩文集》十一卷；《茹荼轩续集》六卷	缪荃孙弟子
65	李　详	1859—1931	字审言，中年又字愧生，晚年号媿叟	江苏兴化	《愧生丛录》二卷；《颜氏家训补注》；《学制斋文集》六卷；《学制斋诗集》三卷；《学制斋骈文》二卷；《学制斋骈文续集》；《李审言文集》；《增订文心雕龙校注》	
66	胡玉缙	1859—1940	字绥之，号许庼	江苏吴县	《说文旧音补注》一卷补遗一卷续一卷改错一卷；《胡玉缙书札》；《许庼学林》；《四库全书总目提要补正》；《续四库提要三种》；《写本经典释文残卷书后》	
67	陈庆年	1862—1929	字善余，自号石城乡人，后改横山乡人	江苏丹徒	《横山乡人类稿》十三卷；《兵法史略学》八卷；《横山保石陡存》一卷；《横山草堂丛书》二集	

序	姓名	生卒	字号	籍贯	主要著作	备注
68	王仁俊	1866—1914	字杆郑,号籀许	江苏吴县	《毛诗草木今名释》一卷;《读尔雅日记》一卷;《淮南子扬搉》;《尔雅学》;《格致古微》六卷;《西夏艺文志》一卷;《辽史艺文志补证》一卷;《孔子集语补遗》一卷;《仓颉篇辑补斠证》三卷;《拟汇刊周秦诸子校注辑补善本叙录》;《淮南子万毕术辑》一卷;《存古学堂丛刻》;《说文解字引汉律令考》四卷;《说文解字引汉律令考附录》二卷;《学堂歌笺》;《辟谬篇》二卷;《白虎通义引书表》一卷;《辟谬篇》二卷;《江苏存古学堂纲要》;《说文解字考异订叙例》;《说文解字学讲义》;《许君说文多采用淮南说》;《金石通考》;《敦煌石室真迹录》	雷浚弟子,缪荃孙弟子

序	姓名	生卒	字号	籍贯	主要著作	备注
69	孙 雄	1866—1935	原名同康,字师郑,号铸翁,又号郑斋	江苏常熟	《师郑堂读经札记》一卷;《师郑堂集》六卷;《郑斋类稿》一卷;《郑斋汉学文编》六卷;《郑学斋近体诗》二卷;《师郑堂骈体文存》二卷;《师郑堂骈文》二卷;《师郑堂中国文学讲义》;《寿言轨范集》八卷;《旧京文存》八卷;《旧京诗存》八卷;《郑斋五十以后杂稿》;《漫社三集》二卷,补遗一卷;《郑斋寿言存稿》五卷;《诗史阁壬癸诗存》六卷,补遗一卷;《郑斋感事诗》甲集四卷,乙集一卷;《郑学斋文存·甲集》二卷;《读经救国论》六卷;《诗史阁壬癸诗存》六卷,补遗一卷;《诗史阁丛刊·甲集》六卷;《名人生日表》;《禹斋骈文》一卷;	光绪二十年(1894)进士,缪荃孙弟子,俞樾弟子

序	姓名	生卒	字号	籍贯	主要著作	备注
69	孙雄	1866—1935	原名同康,字师郑,号铸翁,又号郑斋	江苏常熟	《垻篨酬唱集》一卷;《蝇尘酬唱集》八卷,补遗一卷;《丁卯元旦诗》一卷;《禹斋文存》二卷;《乙丑介眉集》一卷;《念萱堂题咏集》四卷	光绪二十年(1894)进士,缪荃孙弟子,俞樾弟子
70	朱记荣	光宣间人	字懋之,号槐卢	江苏吴县	《校经山房丛书》二十七种;《国朝未刊遗书志略》一卷;《金石全例》四种;《算经三书》三种;《行素堂目睹书录》十卷;《汲古阁珍藏秘本书目》一卷;《行素草堂集古印谱》四卷;《行素草堂金石丛书》十六种;《槐庐丛书》五编四十六种;《孙溪朱氏经学丛书初编》十三种	
71	刘师培	1884—1919	一名光汉,字申叔,号左庵	江苏仪征	《刘申叔遗书》;《刘申叔遗书补遗》	刘文淇曾孙,刘毓崧孙,刘寿曾侄,刘贵曾子

2. 浙江：

序	姓名	生卒	字号	籍贯	主要著作	备注
1	赵　坦	嘉道间人	字宽夫	浙江仁和[20]	《春秋异文笺》十三卷；《宝甓斋文集》一卷；《保甓斋文录》二卷；《宝甓斋札记》一卷；	
2	钱仪吉	1783—1850	初名逵古，字蔼人，号衎石，又号新梧，一作心壶	浙江嘉兴	《衎石斋记事稿》十卷；《衎石斋记事续稿》十卷；《良吏述补》；《扬山楼初集》六卷；《旅逸小稿》二卷；《刻楮集》四卷；《闽游集》二卷；《衎石斋续良吏录》；《补晋兵志》一卷；《三国志证闻》三卷；《定庐集》四卷	
3	胡祥麟	似是嘉道间人	字仁南	浙江秀水[21]	《虞氏易消息图说》一卷	
4	方成珪	1785—1850	字国宪，号雪斋	浙江瑞安	《干常侍易注疏证》一卷集证一卷；《集韵考正》十卷；《琎研斋吟草》一卷	

序	姓名	生卒	字号	籍贯	主要著作	备注
5	黄式三	1789—1862	字薇香	浙江定海	《易释》四卷;《春秋释》一卷;《尚书启蒙》五卷;《儆居集》五种;《杂著》六卷;《读子集》四卷;《读通考》二卷;《史说》五卷;《经说》五卷;《春秋释》四卷;《论语后案》二十卷;《儆居遗书》六种;《黄氏塾课》三卷;《儆居集》二十二卷	
6	钱泰吉	1791—1862	字辅宜,号警石,又号深庐	浙江嘉兴	《曝书杂记》三卷;《甘泉乡人稿》二十四卷	钱仪吉弟
7	陈熙晋	1791—1851	原名陈津,字圻木,号西桥	浙江义乌	《春秋述义拾遗》八卷,卷首一卷,卷末一卷;《春秋规过考信》三卷;《征帆集》;《日损斋笔记》一卷考证一卷附录一卷;《河间刘氏书目考》	

序	姓名	生卒	字号	籍贯	主要著作	备注
8	沈涛	1792—1861[22]	原名尔振,字季寿,一字西雍,号匏庐	浙江嘉兴	《易音补遗》一卷;《论语孔注辨伪》二卷;《说文古本考》十四卷;《瑟榭丛谈》二卷;《交翠轩笔记》四卷;《铜熨斗斋随笔》八卷;《柴辟亭读书记》一卷;《十经斋文集》四卷;《十经斋文二集》一卷;《十经斋遗集》六种;《道古堂外集》	段玉裁弟子
9	严章福	道咸间人	号秋樵	浙江归安	《说文校议议》三十卷;《经典通用考》十四卷	严可均从弟
10	许正绶	1795—1861	字斋生	浙江上虞	《重桂堂集》十一卷	道光己丑年(1829)进士
11	凌堃	1796—1862	字仲讷	浙江乌程	《易林》四卷;《周易翼》一卷;《尚书述》一卷;《学春秋理辩》一卷;《德舆集》一卷;《德舆子》五卷;《告蒙编》一卷;《凌氏传经堂丛书》七种	

序	姓名	生卒	字号	籍贯	主要著作	备注
12	管庭芬	1797—1880	字培兰,号芷湘、芷翁	浙江海宁	《天竺山志》十二卷卷首一卷;《花近楼丛书序跋记》二卷;《海昌艺文志》二十四卷;《海昌经籍志略》十六卷,附录一卷;《管庭芬笔记两种》;《日谱》[23]	钱泰吉弟子[24]
13	沈　垚	1798—1840	字效三,号子效	浙江乌程	《落帆楼文稿》四卷;《落帆楼文遗稿》二卷;《落帆楼文集》二十四卷,补遗一卷	
14	曹　籀	1800—?	又名家驹、文昭,字葛民,又字竹书,号柳桥,又号台笠子、石屋子	浙江仁和	《石屋丛书》二卷	
15	高均儒	1812—1869	字伯平,号郑斋	浙江秀水	《续东轩遗集》三卷	

序	姓名	生卒	字号	籍贯	主要著作	备注
16	汪曰桢	1812—1882[25]	字仲雍，一字刚木，号谢城，又号薪甫	浙江乌程	《甲子纪元表》一卷;《古今朔闰考》十二卷;《朔余考》一卷;《岁余度余考》一卷;《四声切韵表》三卷卷首一卷卷末一卷;《如积引蒙》十卷;《古今诸术考》二卷;《湖蚕述》四卷;《推策小识》三十六卷;《历代长术》五十卷附录三卷;《授时术气朔用数钤》三卷;《授时术诸应定率表》十卷;《四分术章蔀定率表》二卷;《古今推步诸术考》二卷;《太岁超辰表》三卷;《疑年表》一卷;《二十四史月日考》;《温热经纬》五卷;《莲漪文钞》八卷;《荔墙词》一卷;《湖雅》九卷;《玉鉴堂诗集》六卷;《荔墙丛刻》十八种	咸丰壬子年（1852）举人

序	姓名	生卒	字号	籍贯	主要著作	备注
17	龚 橙	1817—1878	字孝拱,号昌匏	浙江仁和	《诗本谊》一卷[26]	龚自珍子
18	钟文烝	1818—1877	字朝美	浙江嘉善	《春秋穀梁经传补注》二十四卷卷首一卷卷末一卷	
19	蒋仁荣	似是道咸间人	字杉亭	浙江海宁	《孟子音义考证》二卷	陈奂弟子
20	俞 樾	1821—1907	字荫甫,号曲园	浙江德清	《春在堂全书》	
21	黄以周	1828—1899	字符同,号儆季	浙江定海	《周易故训订》一卷;《周易注疏剩本》一卷;《重卦卦变图》一卷;《礼书通故》五十卷;《礼说》六卷;《经训比义》三卷;《儆季文钞》;《南菁文钞》六卷;《群经说》四卷;《经说略》二卷;《礼说略》三卷;《史说略》四卷;《子叙》一卷;《军礼司马法考证》二卷;《儆季杂著》五种附二种	黄式三季子

序	姓名	生卒	字号	籍贯	主要著作	备注
22	王棻	1828—1899	字子庄，号耘轩	浙江台州	《柔桥文钞》十六卷；《吾溪杂著》二卷；《吾溪诗剩》；《吾溪诗删》；《吾溪诗钞》四卷；《仙居集》十二卷；《晚晴楼诗稿》；《光绪太平续志艺文志》六卷；《光绪太平续志古迹志》三卷；《光绪仙居志金石志》三卷；《光绪仙居志艺文志》一卷；《台学统》一百卷	
23	林兆丰	似是道咸间人	字玉如	浙江慈溪	《隶经剩义》一卷	
24	赵之谦	1829—1884	原名铁三，后改名益甫，中年后定名为之谦，字㧑叔，别号有憨寮、支自、梅庵、冷君等	浙江绍兴	《仰视千七百二十九鹤斋丛书》；《仰视千七百二十九鹤斋丛书》第二集；《汉学师承续记》；《赵㧑州手札》；《赵之谦书札》	

序	姓名	生卒	字号	籍贯	主要著作	备注
25	唐仁寿	1829—1876	字端甫,号镜香	浙江海宁	《讽字室杂录》;《讽字室诗集》	钱泰吉弟子
26	李慈铭	1830—1894	初名模,字式侯,后改今名,字㤞伯,号莼客	浙江会稽[27]	《越缦堂日记》;《越缦堂日记补》;《越缦堂日记钞》;《受礼庐日记》;《祥琴室日记》;《桃花圣解盦日记》;《桃花圣解盦日记第二集》;《籀诗研疋日记》;《息茶庵日记》;《孟学斋日记》;《郇学斋日记》五集;《越缦堂詀詀录》;《杏花香雪斋集》八卷;《越缦堂笔记》一卷;《史记札记》二卷;《越缦堂文集》十二卷;《宋书札记》一卷;《梁书札记》一卷;《魏书札记》一卷;《隋书札记》一卷;《晋书札记》五卷;《三国志札记》一卷;《汉书札记》七卷;《后汉书札记》七卷;《北史札记》一卷;《南史札记》一卷;	

序	姓名	生卒	字号	籍贯	主要著作	备注
26	李慈铭	1830—1894	初名模，字式侯，后改今名，字㤅伯，号莼客	浙江会稽	《越缦堂时文书札》；《李越缦先生杂著》；《越缦堂集》十卷；《越缦堂文钞》；《李慈铭手稿》	
27	平步青	1832—1895	字景荪，别号栋山樵、霞偶、常庸等	浙江山阴	《读经拾沈》一卷；《读史拾沈》二卷；《两负堂札记》；《安越堂外集》十卷；《霞外捃屑》十卷；《樵隐昔寱》二十卷，附录一卷；《香雪崦丛书》丁集；《国朝文椒题辞》六卷；《香雪崦丛书》四集	
28	谭　献	1832—1901	初名廷献，字仲修，号复堂	浙江仁和	《半厂丛书初编》十一种；《复堂文》四卷；《复堂诗》十一卷；《复堂词》一卷；《复堂日记》八卷；《箧中词》六卷续四卷；《复堂文续》五卷；《董子定本》一卷附录一卷；《复堂诗续》一卷；《复堂日记补录》二卷；《复堂日记续录》一卷	

序	姓名	生卒	字号	籍贯	主要著作	备注
29	姚　谌	1834? —1864?	字子展	浙江归安	《景詹閤遗文》	
30	施补华	1835—1890	原名份,字均父	浙江乌程	《泽雅堂文集》十卷;《泽雅堂诗集》六卷	同治九年(1870)举人
31	戴　望	1837—1873	字子高	浙江德清	《颜氏学记》十卷;《论语戴氏注》二十卷;《管子校正》二十四卷;《谪麐堂遗集》文二卷诗二卷补遗一卷	周中孚甥
32	傅云龙	1840—1901	字懋元,一字醒夫	浙江德清	《说文古语考补正》二卷;《日本金石志》五卷;《字学三种》;《续汇刻书目》十二卷补遗一卷;《籑喜庐丛书》四种;《不易介集诗稿》;《傅云龙日记》	
33	劳乃宣	1843—1921	字季瑄,号玉初,别署矩斋,晚号韧叟	浙江桐乡[28]	《增订合声简字谱》;《等韵一得外篇》;《桐乡劳先生遗稿》四种	

序	姓名	生卒	字号	籍贯	主要著作	备注
34	陶方琦	1845—1884	字子缜	浙江会稽	《郑易马氏学》一卷;《郑易小学》一卷;《韩诗遗说补》;《淮南许注异同诂》四卷,补遗一卷续补一卷;《仓颉篇补本》二卷;《汉孳室文钞》四卷补遗一卷;《许君年表》一卷年表考一卷;《湘麋阁遗诗》四卷;《兰当词》二卷;《潆庐初稿》四卷	李慈铭弟子
35	朱一新	1846—1894	字蓉生,号鼎甫	浙江义乌	《义乌朱氏论学书札》一卷;《义乌朱先生文钞》四卷;《汉书管见》四卷;《佩弦斋律赋存》一卷;《佩弦斋试帖》一卷;《佩弦斋杂存》二卷;《佩弦斋诗存》一卷;《佩弦骈文存》一卷;《佩弦斋文存》二卷,卷首一卷;《拙盦丛稿》九种;《京师坊巷志稿》二卷;《吉林形势》;《佩弦斋尺牍》;《朱蓉生驳康学书札》一卷	

序	姓名	生卒	字号	籍贯	主要著作	备注
36	张行孚	同光间人	字子中,号乳伯	浙江安吉	《说文发疑》六卷;《说文审音》十六卷;《说文揭原》二卷	
37	孙诒让	1848—1908	字仲容,号籀庼	浙江瑞安	《尚书骈枝》一卷;《周礼正义》八十六卷;《周礼政要》四卷;《大戴礼记校补》三卷;《名原》二卷;《札迻》十二卷;《周书校补》四卷;《古籀拾遗》三卷;《古籀余论》三卷;《九旗古义述》一卷;《籀庼述林》十卷;《籀庼遗文》二卷;《宋政和礼器文字考》;《契文举例》二卷	
38	沈曾植	1850—1922	字子培	浙江嘉兴	《寐叟题跋》;《海日楼札丛·题跋》;《沈曾植集校注》	
39	黄家岱	1853—1891	字镇青	浙江定海	《嬹艺轩杂著》;《尚书讲义》	黄以周子

序	姓名	生卒	字号	籍贯	主要著作	备注
40	王舟瑶	1858—1925	字星垣，一字玫伯，号默庵潜园、墙东居士	浙江台州	《默庵集》十卷；《默庵诗存》六卷；《默庵居士自定年谱》一卷续编一卷；《水云集》四卷；《京师大学堂经学科讲义》	
41	林颐山	同光间人	字晋霞	浙江慈溪	《经述》三卷；《鸣阴楼文存》	郭嵩焘弟子、黄以周弟子
42	尤莹	1858—1896	字尧顺，又字逯孙，又作麓苏	浙江临海	《式古堂目录》十七卷[29]	俞樾弟子
43	蔡启盛	同光间人		浙江诸暨	《经窥》十六卷；《经窥续》八卷；《策学备纂》三十二卷；《春在堂全书校勘记》一卷；《皇清经解检目录要》八卷附通用表一卷	俞樾弟子
44	宋恕	1862—1910	原名存礼，字燕生，号谨斋；改名恕，字平子，号六斋；后又改名衡	浙江平阳	《六斋卑议》一卷附录一卷；《留别杭州求是书院诸生诗》一卷；《宋恕集》	

序	姓名	生卒	字号	籍贯	主要著作	备注
45	许克勤	同光间人		浙江海宁	《读周易日记》一卷;《经谊杂识》一卷;《吴郡通典》五卷	黄彭年弟子
46	罗振玉	1866—1940	字叔蕴,一字叔言,号雪堂,又号贞松老人	浙江上虞	《读碑小笺》;《存拙斋札疏》;《殷商贞卜文字考》;《殷虚书契前编》;《殷虚书契菁华》;《殷虚书契后编》;《殷虚古器物图录》;《流沙坠简考证》;《干禄字书笺证》;《集蓼编》	
47	章炳麟	1869—1936	原名学乘,字枚叔,后改名炳麟,号太炎	浙江余杭	《春秋左传读叙录》;《春秋左氏疑义答问》五卷;《重订三字经》;《章太炎文钞》四卷;《国故论衡》三卷;《小学答问》;《章氏丛书》十三种;《章氏丛书续编》七种;《古文尚书拾遗》二卷;《古文尚书拾遗定本》;《太炎文录初编》文录二卷,别录三卷;《说文部首均语》;	樾、献、周、孙诒让弟子以俞谭黄

序	姓名	生卒	字号	籍贯	主要著作	备注
47	章炳麟	1869—1936	原名学乘,字枚叔,后改名炳麟,号太炎	浙江余杭	《齐物论释》一卷;《齐物论释定本》一卷;《管子余义》一卷;《庄子解故》一卷;《刘子政左氏说》一卷;《菿汉微言》一卷;《菿汉昌言》;《太史公古文尚书说》一卷;《体撰录》一卷;《新出三体石经考》	俞樾、谭献、黄以周弟子
48	冯汝玠	1875—?[30]	别号环玺斋主人	浙江桐乡	《文字揔枢》二卷卷首一卷;《指事说》三卷;《文字析解》;《墨人录》;《冯汝玠日记》;《文字形义总元》;《环玺斋主人年谱》一卷;《竹简遗文》;《三体石经古文笺》稿本二卷	

3. 四川:

序	姓名	生卒	字号	籍贯	主要著作	备注
1	刘　沅	1768—1855	字止唐,一字讷如,号清阳居士、青阳子、碧霞居士	四川双流	《易经恒解》五卷卷首一卷;《书经恒解》六卷书序辨正一卷;《诗经恒解》六卷;《周官恒解》六卷;《仪礼恒解》十六卷;《礼记恒解》四十九卷;《春秋恒解》八卷余传一卷;《孝经直解》一卷;《四书恒解》十四卷;《史存》三十卷;《大学古本质言》一卷;《槐轩杂著》四卷;《正讹》八卷;《拾余四种》四卷《恒言》一卷《剩言》一卷《家言》一卷《杂问》一卷;《槐轩约言》一卷;《埙箎集》十卷;《子问》二卷又问一卷;《俗言》一卷;《明良志略》一卷;《寻常语》一卷;《下学梯航》一卷;《蒙训》一卷;《槐轩要语》一卷;《老子考辨》一卷;《槐轩全书》二十二种	

序	姓名	生卒	字号	籍贯	主要著作	备注
2	杨国桢	1782—1849	字海梁	四川崇阳	《易经音训》二卷；《书经音训》一卷；《诗经音训》二卷；《周礼音训》二卷；《仪礼音训》二卷；《礼记音训》四卷；《春秋左传音训》八卷；《春秋公羊传音训》二卷；《春秋穀梁传音训》二卷；《孝经音训》一卷；《尔雅音训》一卷；《河南中州同官录》；《杨国桢海梁氏自叙年谱》一卷	
3	王劼	嘉道间人	字子任，一字海楼	四川巴县	《尚书后案驳正》二卷；《毛诗序传定本》三十卷；《毛诗读》三十卷	嘉庆十八年（1813）举人
4	范泰衡	嘉道间人	字宗山	四川	《读周易记》六卷附补记；《读尚书记》；《读大学记》一卷；《读中庸记》一卷；《读孝经记》	道光十四年（1834）举人

序	姓名	生卒	字号	籍贯	主要著作	备注
5	何志高	道咸间人	字西夏	四川万县	《易经图说》;《易经本义》四卷卷首一卷卷末一卷;《春秋大传补说》四卷;《通书》一卷;《释书》一卷;《释诗》一卷;《礼论》一卷;《四论解》一卷;《王道九功》一卷;《中庸集注》一卷;《将步》一卷;《浑天易象》一卷;《大象》一卷;《谷语》一卷;《西夏经义注释》十三种	
6	赵树吉	1827—1880	字沅青,一作元卿	四川宜宾	《冃邪山房文略》二卷;《冃邪山房疏草》二卷;《冃邪山房诗存》八卷;《冃邪山房骈文》二卷;《瓮天琐录》一卷;《瓮天琐录》一卷;《沅青诗录》;《瓮天经义录》	道光庚辰年(1850)进士
7	吴楚			四川	《说文染指》二卷	
8	王金城	咸同间人		四川	《转注本义考》二卷	

序	姓名	生卒	字号	籍贯	主要著作	备注
9	吕调阳	1832—1892	一名吕吴调阳，字晴笠，号竹庐	四川彭县	《易一贯》一卷；《诗序议》四卷；《考工记考》一卷；《周官司徒类考》一卷；《解字赘言》、《汉地理志详释》四卷；《中庸节训》一卷；《大学节训》一卷；《志学编八种》；《曰若编》七卷；《诸子释地》一卷；《古史释地》三卷；《群经释地》六卷；《释地三种》；《三代纪年考》一卷；《重订谈天正议》一卷；《释天》一卷；《洪范原数》一卷；《海内经附传》；《逸经释》一卷；《史表号名通释》三卷；《穆天子传释》一卷；《五藏山经传》五卷；《东南洋针路》；《重修彭县志艺文门》二卷；《商周彝器释铭》六卷；《古律吕考》；《六书十二声传》十二卷	同治三年（1864）举人
10	饶炯	咸同间人		四川资中	《许书发凡类参》；《文字存真》十四卷	

序	姓名	生卒	字号	籍贯	主要著作	备注
11	岳　森	同光间人	字森宗	四川南江	《癸甲襄校录》;据云有《考工记考证》、《说文举例》、《蜀汉地志》、《六书次第说》	王闿运弟子
12	张慎仪	1846—1921	字淑威	四川成都	《广释亲》一卷附录一卷;《蜀方言》二卷;《方言别录》二卷;《续方言新校补》二卷;《续方言拾遗》二卷;《今悔庵词》一卷;《今悔庵文》一卷;《诗经异文补释》十六卷;《今悔庵诗》一卷补录一卷;《薆园丛书》九种;《憨叟撒笔》四卷;《忍默宦撒笔》一卷;《义生堂书目提要》	
13	李滋然	1847—1921	字命三	四川长寿	《周礼古学考》十一卷;《采薇僧集》一卷;《采薇僧诗草》一卷;《四书朱子集注古义笺》六卷;《四库全书书目表》四卷;《四库未收书目表》一卷;《明夷待访录纠谬》;《群经纲纪考》十六卷卷首一卷;	光绪十五年(1899)进士

序	姓名	生卒	字号	籍贯	主要著作	备注
13	李滋然	1847—1921	字命三	四川长寿	《仓颉辑补斠证小笺》二卷;《孔子集语补遗商正》一卷;《说文解字引汉律令考补正》一卷;《尔雅旧注考证》	光绪十五年（1899）进士
14	李天根	同光间人	字澄波	四川双流	《说文部首略注读本》二卷;《说文部首韵语》;《注释字体蒙求》;《音韵析义》二卷;《六书释义》二卷;《念劬堂分类对联》三卷,卷末一卷;《中国文字学贯解》三编;《中国文字来源及变迁》	
15	冯世�瀛	同光间人	号壶川	四川酉阳[31]	《雪樵经解》三十卷附录三卷;《增订耕余琐录》十二卷;《增修酉阳直隶州总志艺文志》三卷;据云有《石经考辨》	

序	姓名	生卒	字号	籍贯	主要著作	备注
16	吴之英	1857—1918	字伯朅，号蒙阳渔者	四川名山	《经学初程》；《仪礼奭固》、《礼器图》十七卷卷首一卷卷末三卷；《汉师传经表》一卷；《寿栎庐文集》一卷；《寿栎庐诗集》一卷；《寿栎庐卮言和天》四卷；《天文图考》四卷；《经脉分图》四卷	廖平弟子
17	蓝光策	光宣间人		四川资阳	《春秋公法比义发微》六卷；《启秀堂文集》二卷	光绪十四年（1898）举人
18	姜国伊	光宣间人	字尹人	四川岷阳	《孝经注》；《尹人文存》二卷；据云有《周易古本》、《尚书注》、《诗经诗无邪序传》、《仪礼注》、《春秋传义》、《孝经述》、《论语述》、《家语正》、《大学古本述注》、《中庸古本述注》、《孟子述注》、《读书别墅文存》	光绪十二年（1886）举人

4. 安徽:

序	姓名	生卒	字号	籍贯	主要著作	备注
1	江有诰	1773—1851	字晋三,号古愚	安徽歙县	《江氏音学十书》;《入声表》一卷;《廿一部谐声表》一卷;《唐韵四声正》一卷;《古韵总论》一卷;《唐韵四声正》一卷;《楚辞韵读》一卷;《群经韵读》一卷;《诗经韵读》四卷;《先秦韵读》二卷;《宋赋韵读》一卷;《等韵丛说》一卷	皖派小学家,段玉裁弟子
2	胡培翚	1782—1849	字载屏,号竹村、紫蒙	安徽绩溪	《仪礼正义》四十卷;《燕寝考》三卷;《禘祫问答》一卷;《研六室杂著》一卷;《研六室文钞》十卷	胡匡衷孙,凌廷堪弟子
3	胡廷缓	嘉道间人		安徽绩溪	《尚书今古文五藏说》一卷	
4	徐卓	似是嘉道间人		安徽休宁	《经义未详说》五十二卷;《蔗鹿偶谈》四卷;《休宁碎事》十二卷;《节序日考》四卷	
5	马瑞辰	1782—1853	字符伯	安徽桐城	《毛诗传笺通释》三十二卷	马宗琏子

序	姓名	生卒	字号	籍贯	主要著作	备注
6	胡绍勋	道咸间人		安徽绩溪	《四书拾义》五卷	胡培翚弟子
7	胡绍煐	1792—1860		安徽绩溪	《文选笺证》三十二卷	胡培翚弟子
8	姚配中	1792—1844	字仲虞	安徽旌德	《周易姚氏学》十六卷,卷首一卷;《周易通论月令》二卷;《易学阐元》一卷;《书学拾遗》一卷;《一经庐文钞》一卷;《一经庐琴学》二卷琴操题解一卷;《一经庐丛书》五种	
9	夏　燮	1800—1875	字嗛甫,又字季理,别号江上蹇叟、谢山居士	安徽当涂	《五服释例》二十卷;《中西纪事》二十四卷,卷首一卷;《述均》十卷;《明通鉴》一百卷,卷首一卷,目录二十卷;《校汉书八表》八卷;《音学辨微》一卷,校正一卷,校刊记一卷	
10	马寿龄	?—1870	字鹤船	安徽当涂	《说文段注撰要》	胡培翚弟子,私淑段玉裁

序	姓名	生卒	字号	籍贯	主要著作	备注
11	倪文蔚	1823—1890	字茂甫，号豹岑	安徽望江	《郑工启事》二卷；《禹贡说》一卷；《两强勉斋文存》二卷；《两强勉斋古今体诗存》四卷；《两强勉斋馆课诗赋存》二卷；《迁存遗文》二卷	
12	胡 澍	1825—1872	字荄甫，一字甘伯，号石生	安徽绩溪	《说文解字部目》；《黄帝内经素问校义》一卷；据云《释人疏证》、《左传服氏注义》、《通俗文疏证》，俱毁于兵火	胡培翚族侄孙
13	马其昶	1855—1930	字通伯，晚号抱润翁	安徽桐城	《诗毛氏学》三十卷；《马通伯先生礼记节本》六卷；《孝经谊诂》一卷；《大学谊诂》一卷；《中庸谊诂》一卷；《老子故》二卷；《庄子故》八卷；《屈赋微》二卷；《中庸篇义》一卷；《周易费氏学》八卷叙录一卷；《抱润轩文集》二十二卷；《抱润轩遗集》一卷；《马通伯文钞》二卷；《桐城耆旧传》十二卷	

5. 湖南:

序	姓名	生卒	字号	籍贯	主要著作	备注
1	黄本骥	1781—1856	字仲良,号虎痴	湖南宁乡	《六经蒙求》一卷;《痴学》八卷;《湖南方物志》八卷;《皇朝经籍志》六卷;《古志石华》三十卷;《避讳录》五卷;《三志合编》七卷;《郡县分韵考》十卷;《诗韵检字》一卷附韵字辨似;《孟子年谱》一卷;《三礼从今》三卷;《隋唐石刻拾遗》二卷关中金石记隋唐石刻原目一卷;《元碑存目》一卷;《三十六湾草庐稿》十卷;《三长物斋诗略》五卷;《红雪词钞》四卷;《历代职官表》六卷;《骈字启蒙》	
2	何绍基	1799—1873	字子贞,号东洲,晚号蝯叟	湖南道州	《东洲草堂文钞》二十卷;《东洲草堂诗钞》三十卷,东洲草堂诗余一卷;《使黔草》三卷;《东洲草堂日记》;《何蝯叟日记》一卷	阮元弟子

续表

序	姓名	生卒	字号	籍贯	主要著作	备注
3	邹汉勋	1806—1854	字三杰，号叔绩	湖南新化	《邹叔子遗书》七种；《颛顼历考》二卷；《红崖刻石释文》一卷；《敩艺斋文集》三卷诗集一卷；《五韵论》二卷；《读书偶识》十卷，附一卷；《敩艺斋外集》一卷；《新化邹氏敩艺斋遗书》五种；《敩艺斋文存》八卷	
4	周寿昌	1814—1884	字应甫，一字荀农，晚号自庵	湖南长沙	《思益堂日札》五卷；《思益堂集》；《三国志注证遗》四卷，补四卷；《五代史记纂误补续》一卷；《汉书注校补》五十六卷；《后汉书注补正》八卷；《思益堂骈体文钞》一卷；《思益堂词钞》一卷	道光乙巳年（1845）进士

序	姓名	生卒	字号	籍贯	主要著作	备注
5	郭嵩焘	1818—1891	乳名龄儿,学名先杞,后改名嵩焘,字伯琛,号筼仙、云仙、筼轩,别号玉池山农、玉池老人	湖南湘阴	《周易释例》;《毛诗余义》;《礼记质疑》四十九卷;《中庸章句质疑》二卷;《大学质疑》二卷;《大学章句质疑》一卷;《养知书屋文集》二十八卷;《养知书屋诗集》十五卷;《玉池老人自叙》一卷;《养知书屋遗集》;《史记札记》;《剑闲斋师门盦问》一卷附手扎;《郭嵩焘日记》;《郭氏佚书》六种	初为宋学,后专汉学
6	曾纪泽	1839—1890	字劼刚	湖南湘乡	《曾惠敏公全集》;《五音韵谱正字》二卷;《说文重文本部考》一卷附录一卷	曾国藩子

序	姓名	生卒	字号	籍贯	主要著作	备注
7	王先谦	1842—1917	字益吾，号葵园	湖南长沙	《诗三家义集疏》二十八卷卷首一卷；《释名疏证补》八卷，续一卷，补遗一卷，附一卷；《庄子集解》；《虚受堂文集》十六卷；《虚受堂书札》二卷；《王益吾尺牍》；《汉书补注》；《葵园四种》	偏汉学，又重今文
8	郭庆藩	1844—1896	字子瀞，一字岵瞻	湖南湘阴	《说文经字正谊》四卷，卷首一卷；《庄子集释》十卷；《十二梅花书屋诗》六卷	
9	胡元玉	似是咸同间人	字子瑞	湖南长沙	《雅学考》一卷；《研经书院课集》；《授经簃课集》；《驳春秋名字解诂》一卷；《沅水校经堂课集》；《璧沼集》四卷；《汉音拘沈》一卷叙例一卷附记一卷；《郑许字义异同评》二卷；《镜珠精舍杂撰》九种	胡元仪兄。二胡之学，后近于今文

序	姓名	生卒	字号	籍贯	主要著作	备注
10	胡元仪	1848—1907	字子威	湖南长沙	《毛诗谱》一卷;《始诵经室文录》一卷;《王会篇注》一卷图赞二卷;《北海三考》六卷;《步姜词》二卷;《知非集》;《词旨畅》二卷;《瞻阒集虚》一卷	王闿运弟子
11	李辅耀	1848—1916	字补孝,号幼梅又号和定	湖南湘阴	《读礼丛钞》十六种;《玩止水斋遗稿》四卷	
12	陈毅	同光间人		湖南湘乡	《郇庐遗文》一卷;《所知集初编》十二卷	王先谦弟子
13	曾廉	1856—1928	字伯隅	湖南邵阳	《禹贡九州岛今地考》二卷;《蠡庵集》十八卷卷首一卷;《蠡庵续集》八卷,遗录一卷;《元书》一百零二卷卷首一卷;《元史考订》四卷	
14	陈瀚	同光间人	字裕楣,号子峻,一号德轩	湖南湘乡	《剑闲斋遗集》六卷;《剑闲斋集》七卷,附录一卷;《涂山赋稿》一卷	郭嵩焘弟子

序	姓名	生卒	字号	籍贯	主要著作	备注
15	叶德辉	1864—1927	字奂彬，号郎园，又号直山	湖南长沙[32]	《说文籀文考证》二卷补遗一卷；《同声假借字考》二卷；《说文读若字考》七卷；《说文读同字考》一卷；《六书古微》十卷；《经学通诂》；《郎园论学书札》一卷；《古今夏时表》一卷；《石林燕语校》十卷；《观古堂诗文集》二十二卷；《观古堂文外集》一卷；《郎园读书志》十六卷；《观古堂所著书》第一集；《观古堂所著书》二集十五种；《释人疏证》二卷；《郎园北游文存》；《郎园山居文录》二卷；《书林清话》十卷；《书林余话》二卷	王先谦弟子

6. 山东:

序	姓名	生卒	字号	籍贯	主要著作	备注
1	翟云升	1776—1858	字舜堂,号文泉	山东掖县[33]	《隶篇》十五卷《续》十五卷《再续》十五卷;《隶样》八卷;《焦氏易林校略》十六卷;《说文辨异》八卷;《㙤许外篇》二卷;《说文形声后案》四卷;《韵字鉴》四卷;《书劄》不分卷	桂馥弟子
2	王筠	1784—1854	字贯山,号菉友	山东安丘	《毛诗重言》一卷;《毛诗双声迭韵说》一卷;《说文解字句读》三十卷;《说文系传校录》三十卷;《说文释例》八卷《说文韵谱校》五卷;《弟子职正音》一卷;《文字蒙求》四卷;《夏小正正义》一卷;《王詹事集》一卷;《四书说略》四卷《菉友臆说》;《菉友蛾术编》二卷;《王菉友九种》;《鄂宰四稿》;《北史论略》一卷;《汉水发源考》一卷;《史记校》二卷	

续表

序	姓名	生卒	字号	籍贯	主要著作	备注
3	马国翰	1794—1857	字词溪，号竹吾	山东历城	《目耕帖》三十卷；《夏小正诗》十二卷；《玉函山房文集》五卷；《玉函山房诗集》四卷	
4	吴式芬	1796—1856	字子苾，号诵孙，	山东海丰[34]	《攈古录》二十卷；《攈古录金文》三卷；《金石汇目分编》二十卷；《封泥考略》十卷（与陈介祺合撰）；《出都日记》一卷	
5	许瀚	1797—1866	字印林，一字符翰	山东日照	《别雅订》五卷；《古今字诂疏证》；《弟子职》一卷；《太玄》十卷；《攀古小庐杂著》十二卷；《攀古小庐遗著》一卷；《攀古小庐文》一卷；《许瀚日记》	
6	孔广牧	道咸间人	字力赏	山东曲阜	《礼记天算释》一卷；《先圣生卒年月日考》二卷；《勿二三斋诗集》一卷；《饮冰子词存》一卷	孔子第七十世孙，从学于宝应成蓉镜

序	姓名	生卒	字号	籍贯	主要著作	备注
7	周悦让	咸同间人	字孟白或孟伯,一字梦伯又号梦白	山东莱阳	《倦游庵椠记》;《管子通》;《增修登州府志艺文志》四卷;《增修登州府志金石志》二卷	道光丁未年(1847)进士
8	陈介祺	1813—1884	字寿卿,号簠斋,晚号海滨病史、齐东陶父	山东潍县	《簠斋传古录》一卷;《传古别录》一卷;《封泥考略》十卷(与吴式芬合撰);《簠斋访碑拓碑笔剟》;《簠斋金文题识》;《簠斋金文考》;《秦前文字之语》;《簠斋尺牍》	
9	孙葆田	1840—1911	字佩南	山东荣成	《汉人经解辑存序目》一卷;《汉儒传经记》一卷;《孟子编略》五卷,卷末一卷;《岁余偶录》三种;《宋人经义约钞》三卷;《校经室文集》六卷,补遗一卷	
10	宋书升	1842[35]—1915	字晋之、贞阶,号旭斋	山东潍县	《周易要义》;《夏小正释义》一卷;《旭斋文钞》	光绪十八年(1892)进士

序	姓名	生卒	字号	籍贯	主要著作	备注
11	王懿荣	1845—1900	字正儒、正孺，一字廉生、莲生	山东福山	《王文敏公诗文手稿》;《王文敏公时文选录》;《王文敏公试策手稿》;《天壤阁丛书》十九种增刊六种;《天壤阁杂记》一卷;《王文敏公奏疏》;《经进稿》二卷;《汉石存目》二卷附录二卷;《翠墨园语》一卷;《王文敏公集》八卷;《王懿荣集》	周悦让弟子
12	丁以此	1846—1921	字竹筠	山东日照	《毛诗正韵》四卷附韵例一卷;《春秋疑义录》二卷;《读诗日录》十二卷	

7. 顺天、直隶:

序	姓名	生卒	字号	籍贯	主要著作	备注
1	雷学淇	嘉道间人	字瞻叔,号竹卿,又号介庵	直隶通州[36]	《介庵经说》十卷,补二卷;《夏小正本义》四卷;《竹书纪年辨误》一卷;《竹书纪年考证》一卷;《纪年年表》二卷;《纪年帝系名号归一图》二卷;《纪年地形都邑图》一卷;《纪年历法天象图》一卷	嘉庆十九年1814进士
2	沈道宽	1772—1853	字栗仲	顺天大兴[37]	《论语比》一卷;《话山草堂文集》一卷;《话山草堂诗钞》四卷;《话山草堂词钞》	
3	徐　松	1781—1848	字星伯	顺天大兴	《徐星伯说文段注札记》;《西域水道记》;《汉书西域传补注》	英和弟子[38]
4	苗　夔	1783—1857	初名学植,字先路,号仙麓	直隶肃宁	《毛诗韵订》十卷附录一卷;《说文建首字读》;《说文声读表》七卷;《说文声订》二十八卷;《说文解字系传校勘记》;《歌麻古韵考》	道光辛卯年（1831）优贡

序	姓名	生卒	字号	籍贯	主要著作	备注
5	方履篯	1790—1831	字彦文	顺天大兴	《万善花室文稿》七卷；《万善花室文稿续编》一卷；《万善花室骈体文钞》一卷；《万善花室词》一卷；《金石萃编补正》；《万善花室遗集》	
6	王萱龄	道咸间人	字北堂	直隶昌平[39]	《周秦名字解故附录》一卷；《周秦名字解故补》一卷；《周易大义图说续稿》一卷	
7	刘书年	1811—1861	字仙石	直隶献县	《刘贵阳经说》一卷；《刘贵阳说经残稿》一卷；《涤滥轩说经残稿》一卷；《山外山房诗集》二卷；《黔粤接壤里数考》一卷；《江左王谢世系考》一卷；《四书集字》一卷；《涤滥轩词残稿》一卷；《涤滥轩杂著》四卷；《涤滥轩文残稿》一卷	

序	姓名	生卒	字号	籍贯	主要著作	备注
8	张之洞	1837—1909	字孝达，号香涛、香岩，又号壶公、无竞居士，晚年自号抱冰	直隶南皮	《张文襄公全集》二百二十八卷，卷首二卷	
9	郑杲	？—1900	字东甫	直隶迁安	《论书序大传》一卷；《春秋说》二卷；《东甫遗稿》四卷；《郑东父笔记》一卷；《郑东父遗书》六卷；《书张尚书之洞劝学篇后》一卷；《郑东父杂著》一卷	
10	王树枏	1852—1936	字晋卿	直隶新城[40]	《费氏古易订文》十二卷；《周易释贞》二卷；《尔雅说诗》二十二卷；《郭氏尔雅订经》二十五卷；《尚书商谊》三卷；《广雅补疏》四卷；《尔雅郭注佚存补订》二十卷；《尔雅郭读证异》；《校正孔氏大戴礼记补注》十三卷；《文稿杂钞》；	

序	姓名	生卒	字号	籍贯	主要著作	备注
10	王树枬	1852—1936	字晋卿	直隶新城	《陶庐文集》七卷;《学记笺证》四卷;《离骚注》;《夏小正订传》四卷;《新疆访古录》二卷;《新疆物候志》一卷;《陶庐笺牍》四卷;《闲闲老人诗集》十卷目录二卷;《闲闲老人年谱》二卷;《天元草》五卷;《彼得兴俄记》一卷;《欧洲族类源流略》五卷;《欧洲列国战事本末》二十二卷;《陶庐丛刻》初集十九种;《陶庐丛刻》二集二十五种;《墨子斠注补正》二卷;《文莫室骈文》一卷;《陶庐诗续集》九卷;《陶庐诗再续集》;《文莫室诗集》八卷;《陶庐骈文》一卷;《文莫室骈文》一卷;《陶庐外篇》一卷;《奉天萃升书院讲义·经学》一卷;《陶庐老人自订年谱》二卷;《诗十月之交日食天元细草》二卷;《陶庐百篇》四卷	

8.广东:

序	姓名	生卒	字号	籍贯	主要著作	备注
1	张 杓	1781—1851	字磬泉	广东番禺[41]	《仪礼古今考》一卷;《磨甀斋文存》一卷	
2	曾 钊	1793—1854	字勉士、毓修	广东南海	《虞书命义和章解》一卷;《周易虞氏义笺》九卷;《诗毛郑异同辨》二卷;《周礼注疏小笺》五卷;《面城楼集钞》四卷;《面城楼丛刻》	
3	侯 康	1798—1837	字君模,原名廷楷	广东番禺[42]	《春秋古经说》二卷;《穀梁礼证》;《补后汉书艺文志》四卷;《补三国艺文志》四卷;《后汉书补注续》一卷;《三国志补注续》一卷	
4	朱次琦	1807—1881	字稚圭,一字子襄	广东南海	《朱九江先生集》十卷,卷首四卷;《是汝师斋遗诗》一卷;《朱九江先生论史口说》	

序	姓名	生卒	字号	籍贯	主要著作	备注
5	徐灏	1809—1879	字子远，一字伯朱，号灵洲	广东番禺	《通介堂经学》三十七卷；《说文解字注笺》十四卷；《乐律考》二卷；《通介堂文集》一卷；《灵洲山人诗录》六卷；《象形文释》四卷	
6	陈澧	1810—1882	字兰甫，号东塾	广东番禺	《东塾杂俎》十四卷；《番禺陈东塾先生书札》一卷；《东塾读书记》十五卷；《东塾遗书》四种；《东塾集》六卷；《东塾余集》三卷；《汉儒通义》七卷；《广经室文抄》四卷；《东塾类稿》；《番禺陈氏东塾丛书》六种	
7	陈璞	1820—1887	字子瑜，号古樵，别署尺冈归樵	广东番禺	《两汉纪校记》二卷；《尺冈草堂遗集》诗八卷文四卷；《东垣十书》十二种	咸丰元年（1851）举人，曾任学海堂学长

序	姓名	生卒	字号	籍贯	主要著作	备注
8	桂文灿	1823—1884	字子白，又字昊庭	广东南海	《易大义补》一卷；《禹贡川泽考》二卷；《毛诗释地》六卷；《郑氏诗笺礼注异义考》一卷；《周礼今释》六卷；《周官证古》二卷；《孝经集解》一卷；《论语皇疏考证》十卷；《孟子赵注考证》一卷；《弟子职解诂》一卷；《南海桂氏经学丛书》；《潜心堂集》；《经学博采录》十二卷	道光二十九年（1849）举人，陈澧弟子
9	廖廷相	1844—1898	字子亮，一字译群	广东南海	《三礼表》	陈澧弟子

9. 贵州：

序	姓名	生卒	字号	籍贯	主要著作	备注
1	郑　珍	1806—1864	字子尹，晚号柴翁	贵州遵义	《仪礼私笺》八卷；《轮舆私笺》二卷；《说文新附考》六卷；《郑学录》四卷；《巢经巢经说》一卷；《巢经巢遗稿》四卷；《巢经巢文集》六卷，《诗集》九卷，《诗后集》四卷，《遗诗》一卷；《巢经巢文钞》四卷；《巢经巢诗钞外集》一卷；《巢经巢诗钞后集》六卷；《播雅》二十四卷；《凫氏图说》一卷；《亲属记》二卷；《巢经巢全集》	
2	莫友芝	1811—1871	字子偲，自号郘亭，又号紫泉，晚号眲叟	贵州独山	《郘亭遗文》八卷；《郘亭诗钞》六卷；《郘亭遗诗》八卷；《韵学源流》一卷；《宋元旧本书经眼录》三卷附录二卷；《唐写本说文解字木部笺异》一卷；《持静斋藏书记要》二卷；《郘亭知见传本书目》十六卷；	

序	姓名	生卒	字号	籍贯	主要著作	备注
2	莫友芝	1811—1871	字子偲，自号郘亭，又号紫泉，晚号眲叟	贵州独山	《独山莫氏郘亭丛书》七种六十六卷；《郘亭书札》不分卷（载《历史文献》第六辑）	
3	傅寿彤	咸同间人	字青宇	贵州贵筑[43]	《澹勤室全集》；《古音类表》九卷；《澹勤室诗》六卷，补遗一卷；《秋闱杂咏》一卷；《孔庭学裔》五卷	咸丰癸丑年（1853）进士
4	黄彭年	1823—1890	字子寿	贵州贵筑	《陶楼文钞》十四卷；《陶楼杂著》；《黄子寿先生遗札》；《紫泥日记》一卷；《黄陶楼日记》；《黄彭年文稿辑存》不分卷；《陶楼函稿》	
5	郑知同	1831—1890	字伯更	贵州遵义	《说文本经答问》二卷；《说文逸字附录》一卷；《说文浅说》一卷；《六书浅说》；《轮舆图》一卷；《国语笺》；《屈庐诗稿》四卷；《漱芳斋文钞》	郑珍子

序	姓名	生卒	字号	籍贯	主要著作	备注
6	黎庶昌	1837—1898	字莼斋	贵州遵义	《春秋左传杜注校勘记》一卷;《拙尊园丛稿》六卷;《黎莼斋先生手稿》	郑珍弟子,莫友芝妹夫
7	朱大韶	似是咸同间人		贵州盘县	《春秋传礼征》十卷;《实事求是斋经义》二卷	

10. 福建:

序	姓名	生卒	字号	籍贯	主要著作	备注
1	林春溥	1775—1861	字立源,号鉴堂	福建闽县	《竹柏山房十五种》;《孟子时事年表》一卷;《孔门师弟年表》一卷;《孟子列传纂》一卷;《孔子世家补订》一卷;《历代年号分韵》一卷;《闲居杂录》二卷;《古书拾遗》四卷;《春秋经传比事》二十二卷;《开卷偶得》十卷;《古史考年异同表》二卷;《古史纪年》十四卷;《开辟传疑》二卷;《宜略识字》二卷;《武王克殷日记》一卷;	

序	姓名	生卒	字号	籍贯	主要著作	备注
1	林春溥	1775—1861	字立源,号鉴堂	福建闽县	《四书拾遗》六卷;《战国纪年》六卷地舆一卷年表一卷;《春秋经传比事》二十二卷;《灭国五十考》一卷	
2	陈庆镛	1795—1858	字乾翔、笙叔,号颂南	福建泉州	《籀经堂类稿》二十四卷;《籀经堂集》十四卷补遗二卷;《籀经堂钟鼎文考释跋尾》;《齐陈氏韶舞乐罍通释》二卷;《梧槚集编》一卷	陈寿祺弟子
3	林昌彝	1803—1876	字惠常,号五虎山人	福建福州	《读易寡过》;《三礼通释》二百八十卷,卷首一卷,目录四卷;《左传杜注勘讹》一卷;《三传异同考》一卷;《说文二徐本互校辨伪》;《说文注辨段》一卷;《温经日记》六卷;《衣讔山房全集》;《小石渠阁文集》六卷;《一镫课读图题册》二卷;《海天琴思录》八卷;	陈寿祺弟子。据云哈佛燕京学社有林昌彝文稿

序	姓名	生卒	字号	籍贯	主要著作	备注
3	林昌彝	1803—1876	字惠常，号五虎山人	福建福州	《海天琴思续录》八卷；《诗玉尺》二卷；《鸿雪联吟》一卷；《砚桂绪录》十六卷；《射鹰楼诗话》二十四卷；《林昌彝诗文集》	陈寿祺弟子。据云哈佛燕京学社有林昌彝文稿
4	何秋涛	1824—1862	字愿船	福建光泽	《周易爻辰申郑义》一卷；《禹贡郑氏略例》一卷；《一镫精舍甲部稿》五卷；《王会篇笺释》三卷；《津门客话》	陈庆镛弟子
5	陈衍	1856—1937	字石遗	福建侯官	《尚书举要》五卷，总说一卷；《考工记辨正》三卷；《考工记补疏》；《说文解字辨证》十四卷；《说文举例》七卷；《石遗室文集》十二卷；《石遗室文续集》一卷；《石遗室文三集》一卷；《石遗室文四集》；《游西苑记》；《石遗室诗话》十三卷；《石遗室诗话续编》一卷；《石遗室诗》六卷，补遗一卷；	

序	姓名	生卒	字号	籍贯	主要著作	备注
5	陈　衍	1856—1937	字石遗	福建侯官	《石遗室诗续集》二卷;《朱丝词》二卷;《感旧集小传拾遗》四卷;《石遗室师友诗录》六卷;《闽侯县志金石》一卷;《闽侯县志艺文》二卷;《石遗先生集》;《陈石遗集》	

11. 湖北:

序	姓名	生卒	字号	籍贯	主要著作	备注
1	李道平	嘉道间人	字遵生,一字远山,号蒲眠居士	湖北安陆	《易筮遗占》一卷;《周易集解纂疏》三十六卷卷首一卷;《有获斋文集》六卷,附录一卷	
2	刘传莹	1817—1848	字实甫,号椒云	湖北汉阳	《群经大义录》一卷;《石经考》三篇;《汉魏石经考》三篇;《孟子要略》五卷附录一卷;《音韵学稽古录》一卷;《刘椒云先生遗集》四卷,卷首一卷	后转宋学

序	姓名	生卒	字号	籍贯	主要著作	备注
3	张裕钊	1823—1894	字方侯、廉聊,号濂亭	湖北武昌	《濂亭文集》八卷;《濂亭遗文》五卷;《濂亭遗诗》二卷;《张廉卿先生文集》;《张濂亭文钞》一卷;《张廉卿先生尺牍》;《张濂卿先生诗文手稿》;《张廉乡先生论学手札》;《张廉卿先生文》二卷	曾国藩弟子
4	杨守敬	1839—1915	字鹏云,号惺吾,晚号邻苏老人	湖北宜都	《学书迩言》;《晦明轩稿》;《日本访书志》;《水经注疏》;《丁戊金石跋》一卷;《禹贡本义》一卷	
5	吴光耀	同光间人		湖北江夏	《古文尚书正辞》三十三卷;《五代史记纂误续补》六卷;《华峰文集》六卷;《道学平议》十卷;《慈禧三大功德记》五卷	
6	关棠	光宣间人	字季华	湖北汉阳	《读易札记》一卷;《汉阳关先生遗集》二卷;《关季华先生尺牍》	光绪乙酉年(1885)举人

12. 河南:

序	姓名	生卒	字号	籍贯	主要著作	备注
1	蒋湘南	1793—1854	字子潇	河南固始	《卦气表》一卷卦气证一卷;《七经楼文钞》六卷补遗一卷校勘记一卷;《七经楼集》;《春晖阁诗选》六卷校勘记一卷;《后泾渠志》三卷;《江西水道考》五卷;《华岳图经》一卷校勘记一卷;《蒋子遗书》七种	
2	王嗣邵	咸同间人	字协之	河南鹿邑	《目耕堂笔记》二卷	
3	胡清瑞	同光间人	字辑五	河南襄城	据云有《大学原文集解》一卷、《中庸原文集解》一卷	

13. 山西:

序	姓名	生卒	字号	籍贯	主要著作	备注
1	祁寯藻	1793—1866	字叔颖,号淳甫,改实甫,又号春圃、观斋、息翁	山西寿阳	《食笋斋日课》;《馤馠亭集》三十二卷;《馤馠亭后集》十二卷;《寿阳祁氏遗稿》	

序	姓名	生卒	字号	籍贯	主要著作	备注
2	张　穆	1808—1849	字诵风，初名瀛暹，一字石洲，号月斋	山西平定	《蒙古游牧记》十六卷；《斋文集》八卷补遗一卷；《斋诗集》四卷；《顾亭林先生年谱》四卷，附录一卷；《阎潜丘先生年谱》四卷	
3	阎汝弼	1814—？	字梦岩	山西寿阳	《周易爻征广义》六卷卷首一卷卷末一卷	

14. 江西：

序	姓名	生卒	字号	籍贯	主要著作	备注
1	黄爵滋	1793—1853	字德成，号树斋	江西宜黄	《仙屏书屋初集》；《仙屏书屋初集年记》三十一卷；《仙屏书屋初集文录》；《仙屏书屋初集诗录》十六卷；《后录》二卷	
2	吴嘉宾	1803—1864	字子序	江西南丰	《丧服会通说》四卷；《读四书说》六卷；《求自得之室文钞》十二卷	道光戊戌年（1838）进士
3	龙起涛	1832—1900	一作启涛，字仿山	江西永新	《毛诗补正》二十五卷；《刻鹄轩存稿》二卷；《天霞山馆文存》六卷	同治十三年（1874）进士

15. 广西:

序	姓名	生卒	字号	籍贯	主要著作	备注
1	郑献甫	1801—1872	原名存纮,字献甫,避文宗旧讳,以字行,号小谷	广西象州	《补学轩文集》六卷;《补学轩诗集》八卷;《补学轩文集续刻》四卷;《愚一录》十二卷	
2	朱　琦	1803—1861	字濂甫,号伯韩	广西临桂[44]	《怡志堂诗文集》十四卷;《怡志堂文初编》六卷;《怡志堂诗初编》八卷;《怡志堂诗钞》一卷;《来鹤山房文钞》二卷;《来鹤山房诗稿》四卷;《倚华楼诗》四卷;《书札》	道光乙未年(1836)进士
3	龙启瑞	1814—1858	字辑五,号翰臣	广西临桂	《经籍举要》;《经德堂文集》六卷;《经德堂文别集》二卷;《增订字学举要》;《尔雅经注集证》三卷;《古韵通说》二十卷;《浣月山房诗集》五卷;《汉南春柳词》一卷;《惜抱轩汉书评点》	道光二十一年(1841)状元

16.云南:

序	姓名	生卒	字号	籍贯	主要著作	备注
1	方玉润	1811—1883	字友石,一字黝石,自号鸿濛子	云南宝宁[45]	《诗经原始》十八卷,卷首二卷;《鸿蒙室文钞二集》二卷;《鸿蒙室诗钞》二十卷,卷首一卷,卷末一卷;《星烈日记汇要》四十卷卷首二卷卷末一卷;《方玉润书札》	方凌瀚子

注　释

1　本表资料来源:杜连喆、房兆楹:《三十三种清代传记综合引得》,中华书局1987年版;钱仪吉、缪荃孙、闵尔昌、汪兆镛等:《清代碑传全集》,上海古籍出版社1987年版(收《碑传集》、《续碑传集》、《碑传集补》、《碑传集三编》);钱仲联:《广清碑传集》,苏州大学出版社1999年版;陈乃乾:《清代碑传文通检》,北京图书馆出版社2003年版;徐世昌:《清儒学案》,中华书局2008年版;江藩:《国朝汉学师承记》,中华书局1983年版;赵之谦:《国朝汉学师承续记》,漆永祥整理本,《中国典籍与文化论丛》第七期,北京大学出版社2002年版;支伟成:《清代朴学大师列传》,岳麓书社1998年版;王钟翰点校:《清史列传》,中华书局1987年版;赵尔巽:《清史稿》,中华书局1977年版;蔡冠洛:《清代七百名人传》,中国书店1984年版;清史编委会:《清代人物传稿》(上下编),中华书局、辽宁人民出版社,1984—1994年版;江庆柏:《清代人物生卒年表》,人民文学出版社2005年版;尚小明:《清代士人游幕表》,中华书局2005年版;叶衍兰、叶恭绰:《清代学人象传合集》,上海古籍出版社1989年版;诸家文集、诸地方志。

2　以四部分类著作为主,下同。

3　今扬州。

4　今武进,属常州。

5　今属常州。

6　今淮安。

7　同治四年(1865)尚健在，一说约卒于咸丰初年。参见曹书杰：《黄奭生卒考》，《东北师大学报(哲学社会科学版)》1989 年第 6 期。

8　一说安徽歙县。

9　10　一说镇江。

11　今南京。

12　见刘枚：《朱绪曾家世生平著述过略》，《江苏教育学院学报(社会科学版)》2007 年第 5 期。

13　今南京。

14　今属上海。

15　一说顺天府通州。

16　今吴江，属苏州。

17　一说甘泉。

18　据《云间两徵君集·茹荼轩续集序》有"八十三叟"云云，时己丑年(1949)，因旧时常以虚岁为算，故曹元弼当生于 1867 年；又，钱仲联先生编《广清碑传集》有"补遗六篇"刊于《苏州大学学报》2000 年第 2 期，收王欣夫先生所撰《吴县曹先生行状》，云曹氏"卒于农历癸巳九月十五日丑时，距生于清同治六年丁卯正月初八日酉时，享年八十有七"，则曹元弼生卒年当为西元 1867—1953，可确知。

19　今属上海松江。

20　今杭州。

21　今嘉兴。

22　一说卒年为 1855。见汪林茂：《从传统到近代：晚清浙江学术的转型》，中国社会科学出版社 2011 年版，第 69 页。

23　据徐永明言，浙江图书馆古籍部善本库藏管氏《日谱》(即日记)稿本凡四十七册。见徐永明：《管庭芬未曾重订曲海总目》，《中国典籍与文化》2001 年第 2 期。又，其部分《日谱》近经整理刊行，见虞坤林整理：《渟溪日记》，中华书局 2013 年版。

24　见章钰：《读书敏求记校证补辑类记》，《读书敏求记校证》，上海古籍出版社 2007 年版，第 1 页。据章氏言，泰吉《甘泉乡人稿》中记管氏生平，"平生好手写书籍"，所著书尚有《消夏录》四种，《一瓶笔存》124 卷等，存天津图书馆。

25　一说 1813—1881。关于汪曰桢生卒年,诸家记述颇不统一,难以裁定,兹姑取一说。

26　著述颇多,参看车行健:《龚橙的著述与学术》,《东华人文学报》第二期(2000 年 7 月),第 143—168 页。

27　今绍兴。

28　生于广平府,今河北永年。

29　即《清经解续编》之索引。

30　《年谱》自叙至民国 28 年(1939)。

31　今属重庆。

32　祖籍江苏吴县,太平天国之时,父叶雨村始迁居湖南,占籍长沙。

33　今莱州。

34　今无棣。

35　一说 1844。见高默之遗稿、周庆元整理:《宋书升与〈周易要义〉》,政协山东省潍坊市潍城区委员会学宣文史委员会编:《潍城文史资料》第十八辑,2002 年,第 144 页。

36　今北京通州。

37　今属北京。

38　详见徐松:《英煦斋师卜魁城赋跋》,《徐星伯先生小集》,收入缪荃孙辑:《烟画东堂小品二十三种》第 7 册,民国 9 年(1920)本,第 17 页;《恩福堂笔记跋》,《徐星伯先生小集》,第 20—21 页。另,徐松《老夫子大人示读〈卜魁集〉,恭赋长句》落款"受业徐松";《英和年谱》末徐亦自称"门下士"。见《恩福堂笔记·诗钞·年谱》,北京古籍出版社 1991 年版,第 266、414 页。

39　今属北京。

40　今河北高碑店。

41　原籍浙江山阴。

42　祖籍江苏无锡。

43　今属贵阳。

44　今桂林。

45　今广宁。

主要参考引用书目

史料

（西汉）司马迁：《史记》，中华书局，1982。

（东汉）班固：《汉书》，中华书局，1962。

（东汉）郑玄：《郑玄集》，齐鲁书社，1997。

（唐）房玄龄等：《晋书》，中华书局，1974。

（清）陈奂：《诗毛氏传疏》，中国书店，1984。

（清）陈奂：《师友渊源记》，邃雅斋丛书本。

（清）陈立：《公羊义疏》，《清经解续编》第 5 册，上海书店出版社，1988。

（清）陈澧：《汉儒通义》，咸丰六年（1856）刻本。

（清）陈澧：《东塾集》，沈云龙主编：《近代中国史料丛刊》461（文海本）。

（清）陈澧：《东塾读书记》，三联书店，1998。

（清）陈澧：《切韵考》，广东高等教育出版社，2004。

（清）陈乔枞：《礼堂经说》，《清经解续编》第 5 册，上海书店出版社,1988。

（清）陈庆镛:《籀经堂类稿》,光绪癸未(1883)刊本。

（清）陈瑑:《说文引经考证》,同治甲戌(1874)崇文书局重刊本。

（清）陈倬:《斅经笔记》,光绪丙戌(1886)吴县朱氏重刊本。

（清）成蓉镜:《禹贡班义述》,《清经解续编》第5册,上海:上海书店出版社,1988。

（清）戴震:《戴震文集》,中华书局,1980。

（清）丁晏:《颐志斋丛书》,同治元年(1862)刻本。

（清）丁晏:《颐志斋文集》,民国刊本。

（清）丁寿昌:《睦州存稿》,沈云龙主编:《近代中国史料丛刊》605。

（清）段玉裁:《经韵楼集》,光绪甲申(1884)刊本。

（清）方成珪:《集韵考正》,道光二十七年(1847)刻本。

（清）方东树:《汉学商兑》,与江藩《汉学师承记》合刊,三联书店,1998。

（清）方濬颐:《二知轩文存》,光绪四年(1878)刊本。

（清）方玉润:《诗经原始》,中华书局,1986。

（清）冯桂芬:《显志堂集》,沈云龙主编:《近代中国史料丛刊续编》783(文海本)。

（清）纪昀:《纪晓岚文集》第1册,河北教育出版社,1991。

（清）龚自珍:《龚自珍全集》,上海古籍出版社,1975。

（清）顾炎武:《顾亭林诗文集》,中华书局,1983。

（清）管同:《因寄轩文二集》,光绪五年(1879)刊本。

（清）郭嵩焘:《郭嵩焘诗文集》,岳麓书社,1984。

（清）贺熙龄:《寒香馆文钞》,道光二十八年(1848)刻本。

（清）胡培翚：《燕寝考》，道光二十五年（1845）守山阁指海本。

（清）胡培翚：《研六室文钞》，道光十七年（1837）泾川书院刻本。

（清）黄式三：《儆居集》，光绪十四年（1888）续刻本。

（清）黄以周：《儆季杂著》，自刊本。

（清）黄家岱：《嬹艺轩杂著》，《儆季杂著》附。

（清）蒋湘南：《七经楼文钞》，中州古籍出版社，1991。

（清）焦循：《雕菰楼集》，道光四年（1824）刻本。

（清）康有为：《康有为全集》第 1 集，上海古籍出版社，1987。

（清）康有为：《康有为全集》第 2 集，上海古籍出版社，1990。

（清）康有为：《中庸注》，中华书局，1987。

（清）雷浚：《说文引经例辨》，光绪壬午（1882）刻本。

（清）李慈铭：《越缦堂诗文集》，上海古籍出版社，2008。

（清）李元度：《天岳山馆文钞》，沈云龙主编：《近代中国史料丛刊》402（文海本）。

（清）李元音：《十三经西学通义》，光绪三十二年（1906）刻本。

（清）廖平：《穀梁春秋经传古义疏》，光绪庚子（1900）日新书局刊本。

（清）林昌彝：《林昌彝诗文集》，上海古籍出版社，1989。

（清）林昌彝：《三礼通释》，同治三年（1864）刻本。

（清）刘宝楠：《愈愚录》，光绪十五年（1889）广雅书局刻本。

（清）刘传莹：《刘椒云先生遗集》，民国间刊本。

（清）刘逢禄：《刘礼部集》，光绪壬辰年（1892）刊本。

（清）刘恭冕：《广经室文钞》，《宝应刘氏集》，广陵书社，2006。

（清）刘恭冕：《论语正义》（诸子集成本），上海书店出版社，1986。

（清）刘开：《刘孟涂集》，道光六年（1836）刊本。

（清）刘师培：《刘申叔遗书》，江苏古籍出版社，1997。

（清）刘师培：《刘师培辛亥前文选》，三联书店，1998。

（清）刘寿曾：《刘寿曾集》，台北：中央研究院中国文哲研究所筹备处，2001。

（清）刘禺生：《世载堂杂忆》，中华书局，1960。

（清）刘毓崧：《通义堂文集》，南林刘氏求恕斋刊本。

（清）龙启瑞：《经德堂文集》，光绪四年（1878）京师刊本。

（清）卢文弨：《抱经堂文集》，中华书局，1990。

（清）罗振玉：《殷商贞卜文字考》，宣统二年（1910）玉简斋石印本。

（清）莫友芝：《唐写本说文木部笺异》，影山草堂六种本。

（清）莫友芝著，张剑、陶文鹏、梁光华编辑校点：《莫友芝诗文集》，人民文学出版社，2009。

（清）潘任：《博约斋经说》，虞山潘氏丛书本。

（清）潘任：《孝经郑注考证》，虞山潘氏丛书本。

（清）潘维城：《论语古注集笺》，光绪七年（1881）刻本。

（清）皮锡瑞：《皮鹿门学长第七次讲义》，《湘报类纂》乙下，光绪二十八年（1902）上海中华编译印书馆本。

（清）皮锡瑞：《师伏堂未刊日记》，《湖南文史资料》1958年第4期、1959年第1、2期、1981年第2辑，长沙：湖南人民出版社。

（清）皮锡瑞：《孝经郑注疏》，吴仰湘校点：《皮锡瑞集》第一册，岳麓书社，2012。

（清）皮锡瑞：《经学通论》，中华书局，1954。

（清）皮锡瑞：《经学历史》，中华书局，2004。

（清）钱大昕：《潜研堂集》，上海古籍出版社，2010。

（清）阮元：《十三经注疏附校勘记》，中华书局，1980。

（清）阮元：《研经室集》，中华书局，1993。

（清）邵懿辰：《邵位西遗文》，同治四年(1865)刊本。

（清）邵懿辰：《礼经通论》，《清经解续编》第 5 册，上海书店，1988。

（清）沈垚：《落帆楼文集》，《续修四库全书》第 1525 册，上海古籍出版社，2002。

（清）沈曾植：《海日楼札丛·海日楼题跋》，辽宁教育出版社，1998。

（清）宋翔凤：《过庭录》，中华书局，1986。

（清）苏舆编：《翼教丛编》，上海书店出版社，2002。

（清）孙星衍：《岱南阁集》，中华书局，1996。

（清）孙诒让：《籀庼述林》，民国五年(1916)刻本。

（清）孙诒让：《墨子间诂》，中华书局，2009。

（清）孙诒让：《名原》，齐鲁书社，1986。

（清）孙诒让：《籀庼遗著辑存》，齐鲁书社，1987。

（清）孙诒让：《大戴礼记斠补》，齐鲁书社，1988。

（清）孙诒让：《札迻》，中华书局，2009。

（清）谭嗣同：《谭嗣同全集》(增订本)，中华书局，1981。

（清）王劼：《尚书后案驳正》，《四库未收书辑刊》第六辑第 2 册，北京出版社，1997。

（清）王金城：《转注本义考》，清刻本。

（清）王念孙：《读书杂志》，江苏古籍出版社，2000。

（清）王先谦：《葵园四种》，岳麓书社，1986。

（清）王先谦：《三家诗义集疏》，中华书局，1987。

（清）王先谦：《劝学琐言》，光绪间刊本。

（清）王筠：《清诒堂文集》，齐鲁书社，1987。

（清）汪鸣銮：《睡余偶笔》，光绪甲午（1894）刊本。

（清）汪喜孙：《汪孟慈文集稿本》，邃雅斋丛书本。

（清）魏源：《魏源集》，中华书局，1976。

（清）翁方纲：《复初斋文集》，光绪丁丑（1877）重校、戊寅（1878）补正本。

（清）吴大澂：《说文古籀补》，中华书局，1988。

（清）吴翊寅：《易汉学考》，光绪癸巳（1893）广州刻本。

（清）许瀚：《攀古小庐全集》（上册），齐鲁书社，1985。

（清）徐灏：《通介堂经说序》，"学寿堂丛书"本。

（清）徐灏：《通介堂文集》，1924 年刊本。

（清）徐鼒：《读书杂释》，中华书局，1997。

（清）夏炯：《夏仲子集》，咸丰五年（1855）刻本。

（清）夏炘：《景紫堂文集》，沈云龙主编：《近代中国史料丛刊》934（文海本）。

（清）夏炘：《述朱质疑》，咸丰壬子（1852）新镌本。

（清）夏炘：《檀弓辨诬》，同治四年（1865）刻本。

（清）严章福：《经典通用考》，吴兴刘氏嘉业堂刊本。

（清）姚鼐：《惜抱轩诗文集》，上海古籍出版社，1992。

（清）姚莹：《中复堂全集·东溟文集》，沈云龙主编：《近代中国史料丛刊续编》51（文海本）。

（清）姚配中：《周易姚氏学》，光绪三年（1877）崇文书局雕本。

（清）叶德辉：《经学通诰》，湖南省教育会，民国四年（1915）刻本。

（清）于鬯：《香草校书》，中华书局，1984。

（清）俞樾：《春在堂全书》，光绪二十三年（1897）石印本。

（清）俞樾：《诸子平议》，中华书局，1954。

（清）俞樾：《古书疑义举例》，中华书局，2005。

（清）曾国藩：《曾文正公全集·求阙斋日记类钞》，沈云龙主编：《近代中国史料丛刊续编》第一辑（文海本）。

（清）曾国藩：《曾国藩全集》，岳麓书社，1994。

（清）张崇兰：《古文尚书私议》，光绪丁酉（1897）重刻本。

（清）张慎仪：《诗经异文补释》，"蔓园丛书"本。

（清）张锡恭：《茹荼轩文集》，民国十二年（1923）华亭封氏篑进斋刻本。

（清）张星鉴：《仰萧楼文集》，光绪六年（1880）新阳朱氏刻本。

（清）张之洞：《书目答问二种》，三联书店，1998。

（清）张之洞：《张文襄公全集》，沈云龙主编：《近代中国史料丛刊》482—485（文海本）。

（清）章太炎：《菿汉三言》，辽宁教育出版社，2000。

（清）章太炎：《国故论衡》，上海古籍出版社，2003。

（清）章太炎：《訄书》，三联书店，1998。

（清）章太炎：《章太炎全集》（一—六），上海：上海人民出版社，1984—1986。

（清）章太炎：《章太炎自订年谱》，沈云龙主编：《近代中国史料丛刊》672（文海本）。

（清）章学诚著，叶瑛校注：《文史通义校注》，中华书局，1985。

（清）赵之谦撰，漆永祥整理：《汉学师承续记》，载《中国典籍与文化》编辑部编：《中国典籍与文化论丛》第七辑，北京：北京大学出版社，2002。

（清）郑珍：《巢经巢文集》，香山黄氏古愚室1949年影印本。

（清）郑珍：《郑珍全集》，上海古籍出版社，2012。

（清）钟文烝:《春秋穀梁经传补注》,中华书局,1996。

（清）周悦让:《倦游庵椠记》,齐鲁书社,1996。

（清）朱克敬:《儒林琐记·雨窗消意录》,岳麓书社,1983。

（清）朱士端:《强识编》,同治元年（1862）刻本。

（清）朱一新:《无邪堂答问》,中华书局,2000。

（民国）梁启超:《清代学术概论》,上海古籍出版社,1998。

（民国）梁启超:《中国近三百年学术史》,朱维铮校注:《梁启超论清学史二种》,复旦大学出版社,1985。

（民国）梁启超:《梁启超史学论著四种》,岳麓书社,1998。

（民国）黄侃:《黄侃国学文集》,中华书局,2006。

（民国）蒙文通:《经学抉原》,上海古籍出版社,2006。

（民国）唐文治:《读焦氏孟子正义》,《南菁讲舍文集》,光绪己丑（1889）雕本。

（民国）王国维:《静安文集》,辽宁教育出版社,1997。

（民国）王国维:《古史新证——王国维最后的讲义》,清华大学出版社,1994。

（民国）王国维:《观堂集林》,中华书局,1959。

（民国）徐世昌:《清儒学案》,中华书局,2008。

（民国）赵尔巽等:《清史稿》,中华书局,1977。

（民国）杨东莼:《中国学术史讲话》,东方出版社,1996。

（民国）支伟成:《清代朴学大师列传》,岳麓书社,1998。

李耀仙主编:《廖平选集》,巴蜀书社,1998。

廖幼平:《廖季平年谱》,巴蜀书社,1985。

孙延钊:《孙衣言孙诒让父子年谱》,上海社会科学院出版社,2003。

王逸明主编:《叶德辉集》,学苑出版社,2007。

汤志钧编:《康有为政论选集》,中华书局,1981。

汤志钧编:《章太炎年谱长编》,中华书局,1979。

汤志钧编:《章太炎政论选集》,中华书局,1977。

张枬、王忍之编:《辛亥革命前十年间时论选集》第一卷,三联书店,1960。

张宪文辑、中国人民政治协商会议浙江省温州市委员会文史资料委员会编:《孙诒让遗文辑存》,浙江人民出版社,1990。

论著

艾尔曼 Elman Benjamin A. ,*The Inter – Relation Between Changes In Ch' ing Classical Studies and Changes In Policy Questions on Civil Examinations*,中央研究院中国文哲研究所编委会编:《清代经学国际研讨会论文集》,台北:中央研究院中国文哲研究所筹备处,1994。

艾尔曼 Elman Benjamin A. ,*From Philosophy to Philology*:*Intellectual and Social Aspects of Change in Late Imperial China*. Cambridge, Mass. : Council on East Asian Studies, Harvard Univ. , 1984.

艾尔曼 Elman Benjamin A. ,*Classicism, Politics, and Kinship*:*The Ch'ang – chou School of New Text Confucianism in Late Imperial China*. Berkeley, Calif. : Univ. of California Pr. , 1990.

暴鸿昌:《清代汉学与宋学关系辨析》,《史学集刊》1997 年第2 期。

本田成之:《中国经学史》,上海书店出版社,2001。

常乃惪:《中国思想小史》,上海古籍出版社,2005。

陈冬生:《清代山东"汉学"流变及学术成就》,《东岳论丛》

2004 年第 3 期。

陈居渊:《清代朴学与中国文学》,百花洲文艺出版社,2000。

陈居渊:《论晚清儒学的"汉宋兼采"》,《孔子研究》1997 年第 3 期。

陈居渊:《论乾嘉汉学的更新运动》,《中国史研究》2002 年第 4 期。

陈奇:《刘师培的汉宋学观》,《近代史研究》1987 年第 4 期。

陈其泰:《论嘉道时期学术风气的新旧推移》,《中国史研究》1998 年第 4 期。

陈祖武、朱彤窗:《乾嘉学派研究》,河北人民出版社,2005。

陈祖武:《清代学术源流》,北京师范大学出版社,2012。

戴逸:《汉学探析》,《清史研究集》第 2 辑,中国人民大学出版社,1982。

房德邻:《儒学的危机与嬗变——康有为与近代儒学》,台北:文津出版社,1992。

龚书铎:《略谈张之洞的儒学》,《河北师院学报》1997 年第 3 期。

龚书铎:《近代中国与文化抉择》,北京师范大学出版社,1993。

龚书铎:《中国近代文化探索》(增订本),北京师范大学出版社,1997。

龚书铎主编:《清代理学史》,广东教育出版社,2007。

郭沫若:《中国古代社会研究》,人民出版社,1964。

郭院林:《清代仪征刘氏左传家学研究》,中华书局,2008。

侯外庐:《中国思想通史》第五卷,人民出版社,1956。

黄爱平:《朴学与清代社会》,河北人民出版社,2003。

黄爱平:《清代汉学的发展阶段与流派演变》,《中国文化研究》2001 年第 1 期。

黄长义:《从考据到经世:嘉道之际的学术转向》,《武汉大学学报(人文社会科学版)》1999 年第 3 期。

黄克武:《清代考证学的渊源——民初以来研究成果之评介》,(台湾)《近代中国史研究通讯》1991 年第 11 期。

姜广辉:《乾嘉汉学再评价——兼评方东树对汉学的回应》,《哲学研究》1994 年第 12 期。

姜广辉主编:《中国经学思想史》(第四卷),中国社会科学出版社,2010。

姜亮夫:《孙诒让学术检论》,《浙江学刊》1999 年第 1 期。

姜义华:《章太炎思想研究》,上海人民出版社,1985。

今关寿麿:《宋元明清儒学年表》,北京图书馆出版社,2002。

李帆:《刘师培与中西学术:以其中西交融之学和学术史研究为核心》,北京师范大学出版社,2003。

林存阳:《〈史籍考〉撰修始末辨析》,《故宫博物院院刊》2006 年第 1 期。

刘大年:《评近代经学》,《中国社会科学院学者文选·刘大年集》,中国社会科学出版社,2000。

刘巍:《中国近代学术之命运》,北京师范大学出版社,2013。

林庆彰编:《中国经学史论文选集》,台北:文史哲出版社,1992。

林庆彰、杨晋龙主编:《陈奂研究论集》,台北:中央研究院中国文哲研究所筹备处,2000。

林庆彰、张寿安主编:《乾嘉学者的义理学》,台北:中央研究院中国文哲研究所,2003。

林庆彰、蒋秋华主编:《晚清经学研究文献目录:1901—2000》,台北:中央研究院中国文哲研究所,2006。

柳诒徵:《汉学与宋学》,东南大学、南京高师国学研究会编:《国学研究会演讲录》第一集,上海:商务印书馆,1924。

柳诒徵:《中国文化史》,上海:东方出版中心,1996。

罗继祖编:《永丰乡人行年录》,《雪堂类稿》附,辽宁教育出版社,2003。

罗检秋:《清末古文家的经世学风及经世之学》,《近代史研究》2001 年第 6 期。

罗检秋:《从清代汉宋关系看今文经学的兴起》,《近代史研究》2004 年第 1 期。

罗检秋:《晚清汉学传统之演变》,《天津社会科学》2005 年第 1 期。

罗检秋:《清末正统汉学家的学术二重性》,载朱诚如、王天有编:《明清论丛》第六辑,紫禁城出版社,2005。

罗检秋:《晚清汉学的源流与衍变》,《光明日报》2006 年 6 月 5 日。

罗检秋:《嘉庆以来汉学传统的衍变与传承》,中国人民大学出版社,2006。

罗雄飞:《俞樾的经学研究及其思想》,中国文史出版社,2005。

罗志田:《权势转移:近代中国的思想、社会与学术》,湖北人民出版社,1999。

麦哲维:《考证学的新面貌:从〈皇清经解续编〉看道光以下的学术史》,台湾大学中国文学研究所:《中国文学研究》第 11 期,1997 年 5 月。

麦哲维 Miles, Steven Bradley, *Local Matters: Lineage, Scholarship and The Xue Haitang Academy in The Construction of Regional Identities in South China*, 1810 – 1880. Ph. D. Thesis, University of Washington, 2000.

彭明辉:《晚清的经世史学》,台北:麦田出版公司,2002。

漆永祥:《从赵之谦〈论学丛札〉看〈汉学师承续记〉》,《中国典籍与文化》2004 年第 1 期。

钱穆:《中国近三百年学术史》,商务印书馆,1997。

钱穆:《古史地理论丛》,三联书店,2004。

钱穆:《中国学术思想论丛》(卷八),安徽教育出版社,2004。

秦博理 Keenan, Barry C., *Imperial China's Last Classical Academies: Social Change in The Lower Yangtze*, 1864 – 1911, Berkeley, Calif. : Institute of East Asian Studies, 1994.

《清代碑传全集》,上海古籍出版社,1987。

丘为君:《批判的汉学与汉学的批判:章太炎对考据学的反省及对戴震汉学的阐释》, *Critical Han Learning and Han Learning Criticized: Chang Tai – yen's Reflections on Kao – cheng Learning and Interpretations of Tai Chen's Han Learning*, (台湾)《清华学报》1999 年卷 29 第 3 期。

桑兵:《晚清民国的国学研究》,上海古籍出版社,2001。

尚小明:《学人游幕与清代学术》,社会科学文献出版社,1999。

尚小明:《清代士人游幕表》,中华书局,2005。

史革新:《晚清理学研究》,台北:文津出版社,1994。

史革新:《略论晚清汉学的兴衰与变化》,《史学月刊》2003 年第 3 期。

孙钦善:《清代考据学的分期和派别》,《中国文化研究》2004年春之卷。

孙延钊:《孙衣言孙诒让父子年谱》,上海社会科学院出版社,2003。

汤志钧:《近代经学与政治》,中华书局,1989。

汤志钧:《近代今、古文学派的异同与分合》,《河北学刊》2005年第4期。

汤志钧:《清代经今古文学的传承》,国立中山大学清代学术研究中心编:《清代学术论丛》第1辑,台北:文津出版社,2001。

汤志钧:《清代常州经今文学派与戊戌变法》,《历史教学》1953年第11期。

田汉云:《中国近代经学史》,西安:三秦出版社,1996。

王家俭:《清史研究论数》,台北:文史哲出版社,1994。

王汎森:《中国近代思想与学术的系谱》,河北教育出版社,2001。

王汎森:《章太炎的思想(1868—1919)及其对儒学传统的冲击》,台北:时报文化出版公司,1985。

王应宪:《清代吴派学术研究》,华东师范大学出版社,2009。

魏永生:《清中晚期汉宋学关系研究》,北京师范大学博士论文,1999。

魏永生:《黄式三学术思想评议》,《东方论坛》2000年第3期。

吴雁南主编:《清代经学史通论》,云南大学出版社,2001。

熊月之:《西学东渐与晚清社会》,上海人民出版社,1994。

徐道彬:《皖派学术与传承》,黄山书社,2012。

严少璗:《汉籍在日本的流布研究》,江苏古籍出版社,1992。

严寿澄:《近世中国学术通变论丛》,台北:国立编译馆,2003。

杨树毂、杨树达记,崔建英整理:《郎园学行记》,《近代史资料》总第 57 号,中国社会科学出版社,1985。

杨向奎:《读胡培翚的〈仪礼正义〉》,《孔子研究》1991 年第2 期。

杨向奎:《中国古代社会与古代思想研究》(上下册),上海人民出版社,1962、1964。

余英时:《中国思想传统的现代诠释》,台北:联经出版事业公司,1987。

余英时:《论戴震与章学诚》,三联书店,2000。

袁行云:《许瀚年谱》,齐鲁书社,1983。

张宏三、杨儒宾编:《日本汉学研究初探》,华东师范大学出版社,2008。

张丽珠:《清代义理学新貌》,台北:里仁书局,1999。

张丽珠:《"汉宋之争"难以调和的根本歧见》,收林庆彰、张寿安主编:《乾嘉学者的义理学》,台北:中央研究院中国文哲研究所,2003。

张岂之主编:《中国近代史学学术史》,中国社会科学出版社,1996。

张升:《〈史籍考〉撰修考》,北京师范大学历史系编:《史学论衡》第 2 辑,北京师范大学出版社,1992。

张寿安:《礼、理争议——清嘉道间汉宋学之争的一个焦点》,中央研究院中国文哲研究所编委会编:《清代经学国际研讨会论文集》,台北:中央研究院中国文哲研究所筹备处,1994。

张寿安:《以礼代理:凌廷堪与清中叶儒学思想之转变》,河北教育出版社,2001。

张舜徽:《清人文集别录》,中华书局,1963。

张舜徽:《清人笔记条辨》,中华书局,1986。

张素卿:《清代汉学与左传学》,台北:里仁书局,2007。

张昭军:《儒学近代之境:章太炎儒学思想研究》,社会科学文献出版社,2002。

张昭军:《晚清汉宋调和论析》,《清史研究》2006 年第 4 期。

郑师渠:《晚清国粹派——文化思想研究》,北京:北京师范大学出版社,1997。

周启荣 Chow, Kai - wing, *The Rise of Confucian Ritualism in Late Imperial China: Ethics, Classics, and Lineage Discourse*, Stanford, Calif. : Stanford University Press, 1994.

朱瑞平:《孙诒让小学谫论》,商务印书馆,2005。

朱维铮:《求索真文明——晚清学术史论》,上海古籍出版社,1996。

朱维铮编:《周予同经学史论著选集》(增订本),上海人民出版社,1996。

后　记

　　这本书即将出版，心中也曾闪过欣慰与喜悦，但更多充斥着惶恐与愧疚。

　　本书的基础是2007年夏天通过答辩的博士论文。那场答辩会，导师龚书铎先生特意邀请了清代学术史专家黄爱平教授、房德邻教授、罗检秋教授、李帆教授和张昭军教授组成答辩委员会，对论文进行审查和质问。问辩过程自上午八点半开始，一直持续到中午十二点半，众人始终谈兴甚浓。直到龚先生不得不两次来询问，答辩会才终告结束。在这四个小时里，我一面向诸位前辈请教，一面暗自感激龚先生如此费心，将博士论文答辩会安排成一场小型专题研讨会，使我无论在学识、学品方面，均受益良多，令我毕生难忘。

　　但当初我并不曾奢望做"晚清汉学"这个题目。第一次到龚先生家中报告选题设想时，我交出了一份有关沈曾植的研究计划，先生极为认真地翻看，最后说了句："这改一改就可以做开题报告了。"算是认可。不过因为一些其他原因，我并没有继续沈曾植的研究，后来一度打算改以"崔适与今文经学"为题，先生闻听不是很满意。一时间，我有些不知所措。

　　或许先生感到我在清代学术史方面有兴趣,也有一点点积累,便鼓励我做大一点的题目,让我多读清儒的书,并向他报告读书的体会。如是反复数次,我逐渐找到了点感觉。最终的博士论文题目,也就在和先生的聊天过程中产生了。而每次聊完天告辞时,先生总会说:"念书去吧。"那平静的样子,至今仍深深印刻在脑海之中。

　　这个题目不好写,我一开始就明白,但我私心以为,做这样"宏大"的题目可以作为培植学力的训练,为以后花更大的力气做研究打基础。先生发现我这样的想法后,即当面训斥说:"要做就要做好。"这让我想起曾巩在《南齐书·序》里说的一段话:"古之所谓良史者,其明必足以周万事之理,其道必足以适天下之用,其智必足以通难显之情,然后其任可得而称也。"这是何等的要求!此后我便再不敢怠慢,尽力把自己的读书心得融汇到论文的写作中去。

　　两阅寒暑,在龚先生的教导和鞭策下,论文成形,并最终通过答辩。但我深知这篇论文远未达到先生的要求和期望,故决心在参加工作后认真修订,甚至如果条件允许,当大范围重新撰写。然而,因为忙于各类工作,重新撰写的想法已不太可能实现,唯有对论文小修小补,才是比较现实可行的修订方法。就这样在毕业后的几年里,时断时续的修改增删(有时一断达一年之久),如今终于完成。虽然书中仍存在非常明显的不足,比如因为学力不逮,原来设定的一些目标没能逐一实现;全书前三章有一些内容重复的地方(在论文撰写时先生就表达过这方面的担心),尽管努力调整与回避,仍然无法完全避免,等等。即便如此,我仍愿意将这本书拿出来求正于诸位前辈、同好,希望在学术之路上能继续得到帮助和指引,同时也为自己曾经的好高骛远留下一个明确的印记。

　　需要说明的是,本书的基本框架为 2011 年 11 月仙逝的龚先生生前所手定,书中的一些看法融合着先生的思考及认识(先生当时在论文的空白处,常针对我的错误写下大段自己的见解,我将这些内容消化在修正后的行文里),如果本书尚有一些价值,当归功于先生的悉心教导。而书中出现的错误与不妥的说法,因先生已不及一一改正,其责任自然在我。此外,囿于体例,对于学界前辈、同好,书中均不称"先生"或"女士",此绝无不敬之意,深望谅解。

　　求学多年,终于能有所交待,当在此深深感谢关心爱护我的诸位师友和亲人。

　　小学二三年级的班主任张会杰老师(名字的写法不知是否准确),第一次教我的时候才 19 岁。在当时的环境下,她对我说的一句"一看就是个大学生的苗子",使幼小的我备受鼓舞,在此后 20 余年的学习道路上,从未感到过疲惫和空虚。

　　硕士生导师郑永福教授,自我本科时起,以他的博学、敏锐和幽默,带我初识学术门径,也常令我反复思考,到底学问是什么,到底学问该如何做。师母吕美颐教授,在学术、生活上关怀备至,如今想起,仍感温暖。

　　在北师大读书时有幸认识的史革新教授、李帆教授、张昭军教授,不仅赐书鼓励,还在学术史研究方面多有指点。惜史老师享年不永,未能更多请益。北京大学房德邻教授,中国人民大学黄兴涛教授、黄爱平教授,中国社会科学院近代史所耿云志教授、罗检秋教授、郑大华教授、贾小叶女士,虽相见次数不多,但每次请教,均给予提示性的建议。

　　老同学张仲民兄、张会超兄、董建交兄、梁勇兄、刘继青兄,以及曹志敏师姐、何玲师姐、王惠荣女士、仝卫敏女士,多年来不断督促和帮助，让我保持学术的动力。老友李婧女士，不但时常激励，还帮我修改博士论文中的错字病句。老同学王雨晨兄，以及在北师大曾经住过827宿舍的樊龙智兄、王健刚兄、王庆振兄、徐龙飞兄，犹忆2003年踏雪出游的欢乐场景，不知何时才能重来一次。还有樊昊兄、苑文昌兄、刘璞兄、刘彦兄、姜军兄、李丹阳兄、薄海昆兄、郭子林兄、刘丹忱兄、吴二华兄、王秀丽女士、孟化女士、唐笑天女士，有缘相识，友情不需多言。

相识10年，在我撰写各种文章感到困惑时最常求助的李在全、王建伟两位仁兄，谢谢你们提出的意见总是那么一针见血。

曾经工作过的北京航空航天大学的同事们，特别是郑彦良老师、田玉兰老师，助我在告别学生生涯后，能尽快完成身份的转换，这份情永怀在心。

如今供职的北京市社科院历史所的诸位同仁，在王岗先生、吴文涛女士的带领下，创造出难得的宽松、快乐的氛围，这在当今压力甚大的社会中尤为可贵。孙冬虎先生、刘仲华先生、郑永华先生，在学术问题上时相切劘，提供不少精妙的思路与想法。

感谢人民出版社编审张秀平女士，没有她的专业与高效，这本书的出版不知要待到何时。

当然，最应该感谢的，是我的父母。我生长在河南省的一个小县城，父母上学时遭逢"文革"，未曾接受过正规的高等教育。他们一辈子辛苦工作，供我上学，从不让我分心于学业之外的任何事。如今，他们或许并不完全清楚我的工作内容是什么，但却始终义无反顾地支持着我，让我可以继续像从前那样，安心地做点想做的事。

最后，我把这本书献给我的外祖母，在我们那儿，我会叫她姥娘。姥娘身体一直很好，可忽然在3年前得病去世。我现在还记得她临终时的模样，浑身蜡黄，嘴唇轻微蠕动着，看着我的双眼充满无限的眷恋、不舍和期待。直到今天，我仍然不能完全接受她已离去的事实。现在，我要把这本书带回老家，默默地放到她的坟前，然后轻轻地喊一声："姥娘，我想你。"

　　在撰写和修改博士论文的过程中，我深感晚清汉学所涉及的人物、著作及问题甚多，我学无根柢，又驽钝不慧，因而书中的讹误和舛谬之处肯定不少，敬请各位前辈、同好不吝批评指正。

　　　　　　　　　　　　　　　　　2013 年 10 月 10 日
　　　　　　　　　　　　　　　　　写毕于北京清河小营

图书在版编目（CIP）数据

晚清汉学研究 / 程尔奇著.
– 北京：人民出版社，2013
ISBN 978-7-01-012708-8

Ⅰ.①晚… Ⅱ.①程… Ⅲ.①汉学 – 研究 – 中国 – 清后期
Ⅳ.① K249.078

中国版本图书馆 CIP 数据核字（2013）第 245484 号

晚清汉学研究

WANQING HANXUE YANJIU

作　　者：程尔奇
责任编辑：张秀平
封面设计：徐　晖

人人 出版社出版发行
地　　址：北京市东城区隆福寺街 99 号
邮政编码：100706　http://www.peoplepress.net
经　　销：新华书店总店北京发行所经销
印刷装订：北京昌平百善印刷厂
出版日期：2013 年 10 月第 1 版　2013 年 10 月第 1 次印刷
开　　本：880 毫米 × 1230 毫米　1/32
印　　张：11.375
字　　数：280 千字
书　　号：ISBN 978-7-01-012708-8
定　　价：39.00 元